Pourquoi les hommes n'écoutent jamais rien et les femmes ne savent pas lire les cartes routières

Allan & Barbara Pease

Pourquoi les hommes n'écoutent jamais rien et les femmes ne savent pas lire les cartes routières

Illustrations : GABS

Traduit de l'anglais par Thomas Segal

Cette édition de *Pourquoi les hommes n'écoutent jamais rien et les femmes ne savent pas lire les cartes routières*
est publiée par Succès du Livre SAS
avec l'aimable autorisation des Éditions Générales First.

ISBN 13 : 9782738215741

SOMMAIRE

10. MARIAGE, AMOUR ET ROMANCE

INTRODUCTION

Balade dominicale.

Balade dominicale

Par un dimanche après-midi ensoleillé, Paul, Anne et leurs trois filles étaient partis pour une balade en voiture jusqu'à la plage. Paul était au volant. Anne était assise à son côté, se tournant de temps à autre vers ses filles pour se joindre à leurs conversations animées. Pour Paul, c'était comme si elles parlaient toutes en même temps, en un incessant tir de barrage aussi incompréhensible qu'incohérent... pour lui. Au bout d'un moment, il en a eu assez.

"Est-ce que vous pouvez toutes vous taire !" hurla-t-il.

Un silence de mort se fit dans la voiture.

Puis Anne risqua un "Pourquoi ?"

"Parce que j'essaie de conduire !" répondit Paul exaspéré.

Les "femmes" se regardèrent avec étonnement en marmonnant : "essayer de conduire ?" Elles n'arrivaient pas à voir le rapport qu'il pouvait y avoir entre leur conversation et la capacité de leur père et mari à conduire. Quant à lui, il n'arrivait pas à comprendre pourquoi elles parlaient toutes en même temps, parfois de sujets différents, et même sans aucun rapport apparent entre eux. Pourquoi ne pouvaient-elles pas tout simplement se taire et le laisser se concentrer sur sa conduite ? Leur parlotte avait déjà failli lui faire rater la dernière sortie de l'autoroute.

Ici, le problème fondamental est simple : les hommes et les femmes sont différents. Ni pires ni meilleurs – mais différents. Scientifiques, anthropologues, socio-biologistes savent cela depuis des années. Mais ils étaient également terriblement conscients du fait que s'ils avaient publiquement fait part de leur savoir dans notre monde si "politiquement correct", ils seraient devenus des parias. Aujourd'hui, la société est persuadée que les hommes et les femmes possèdent exactement les mêmes capacités, les mêmes aptitudes et le même potentiel – juste au moment où, paradoxalement, la science est sur le point de prouver qu'ils sont totalement différents.

Et où cela nous mène-t-il ? En tant que société, sur un terrain extrêmement glissant. Ce n'est qu'en comprenant les différences entre les hommes et les femmes que nous pourrons vraiment bâtir quelque chose sur nos forces – plutôt que sur nos faiblesses individuelles. Dans ce livre, nous avons bénéficié des énormes progrès réalisés récemment par la science de l'évolution humaine, tout en montrant comment les leçons apprises s'appliquent aux relations entre homme et femme. Nos conclusions seront sujettes à controverse. Elles seront combattues. À l'occasion, elles seront extrêmement troublantes. Mais elles nous donneront à tous une compréhension solide et approfondie des nombreuses choses étranges qui se produisent entre les hommes et les femmes. Si seulement Paul et Anne avaient lu ce livre avant de monter dans leur voiture...

Pourquoi ce livre a été difficile à écrire ?

Il nous a fallu trois ans et plus de quatre cent mille kilomètres pour écrire ce livre. Au cours de nos recherches, nous avons étudié des journaux, interrogé des spécialistes et donné des conférences en Australie, en Nouvelle-Zélande, à Singapour, en Thaïlande, à Hong Kong, en Malaisie, en Angleterre, en Écosse, en Irlande, en Italie, en Grèce, en Allemagne, aux Pays-Bas, en Espagne, en Turquie, aux États unis, en Afrique du Sud, au Botswana, au Zimbabwe, en Zambie, en Namibie et en Angola.

L'une des tâches les plus difficiles a été d'obtenir des organisations publiques ou privées qu'elles donnent leur opinion sur les faits. Par exemple, moins de 1 % des pilotes de ligne sont des femmes. Lorsque nous avons essayé d'en parler avec des responsables de compagnies aériennes, nombreux furent ceux qui étaient trop terrifiés à l'idée de devoir exprimer leur opinion de peur d'être accusé d'être sexiste ou anti-femme. Ils ont été nombreux aussi à se contenter d'un “sans commentaire” et certaines entreprises nous ont même menacés si leur nom était ne serait-ce que mentionné dans notre livre. Les dirigeantes ont souvent mieux coopéré, bien que nombre d'entre elles aient adopté immédiatement une attitude défensive, considérant notre recherche comme une attaque du féminisme sans même savoir de quoi il s'agissait. Certaines opinions autorisées que nous avons obtenues l'ont été “hors micro”. Elles sont émises par des cadres et des universitaires à la faveur de rencontres discrètes, à l'abri de portes closes, et avec la garantie que ni leur nom ni celui de leur entreprise ou faculté ne seraient cités. Nombre d'entre eux avaient... deux opinions : leur opinion officielle et politiquement correcte et leur véritable opinion personnelle qu'il n'était pas question de leur attribuer.

Vous trouverez ce livre tantôt stimulant, tantôt saisissant, mais toujours fascinant. Bien qu'il soit basé sur des preuves scientifiques solides, nous avons utilisé des conversations quotidiennes, des croyances et des scénarios qui vont de l'humour à la franche hilarité pour faire en sorte qu'il soit amusant à lire. L'objectif de ce livre est de vous aider, vous les lecteurs, à apprendre davantage sur vous-même et sur le sexe opposé, afin que votre interaction et vos relations soient plus complètes, agréables et satisfaisantes.

Ce livre est dédié à tous les hommes et les femmes qui, au moins une fois, se sont retrouvés assis, à 2 heures du matin, à s'arracher les cheveux face à leur partenaire tout en lui disant : “Mais pourquoi ne comprends-tu pas ?” Souvent les relations échouent parce que les hommes ne comprennent toujours pas pourquoi une femme ne ressemble pas davantage à un homme et que les femmes s'attendent à ce que les hommes se comportent comme elles. Ce livre vous aidera non seulement à mieux comprendre le sexe opposé, mais il vous aidera à mieux vous comprendre vous-même. Et comment vous pourrez, tous les deux, mener une vie plus joyeuse, plus saine et plus harmonieuse.

UNE MÊME ESPÈCE POUR DES MONDES DIFFÉRENTS

Chapitre premier

L'évolution des espèces.

Les hommes et les femmes sont différents. Ni pires ni meilleurs – mais différents. La seule chose ou à peu près qu'ils aient en commun est qu'ils appartiennent à la même espèce. Ils vivent dans des mondes différents, avec des valeurs différentes et selon un ensemble de règles différentes. Tout le monde sait cela, mais très peu de personnes, en particulier les hommes, sont disposées à l'admettre. La vérité est pourtant complètement là. Des preuves ? Dans les pays occidentaux, environ la moitié des mariages se terminent par un divorce, et les relations les plus sérieuses s'arrêtent le plus souvent avant un engagement à long terme. Quelles que soient leur culture, leur croyance et leur origine, hommes et femmes discutent constamment les opinions, comportements, attitudes et convictions de leurs partenaires.

Des choses évidentes

Quand un homme va aux toilettes, il y va habituellement pour une seule raison. Les femmes utilisent les toilettes comme des clubs sociaux et des espaces thérapeutiques. Des femmes qui entrent dans des toilettes en parfaites étrangères peuvent en ressortir comme les meilleures amies du monde. Alors que tout le monde trouverait franchement louche si un homme demandait : “Paul, je vais aux toilettes, tu veux venir avec moi ?”

Les hommes maîtrisent la télécommande et passent leur temps à zapper entre les chaînes de télé ; les femmes ne détestent pas regarder les pubs. Dans les moments de stress, les hommes boivent et envahissent d'autres pays ; les femmes mangent du chocolat et vont faire les magasins.

Les femmes reprochent aux hommes d'être insensibles, indifférents, de ne pas écouter, de manquer de chaleur et de compassion, de ne pas parler, de ne pas donner suffisamment d'amour, de ne pas s'engager dans une relation, de vouloir des relations sexuelles plutôt que faire l'amour et de… laisser la lunette des toilettes relevée.

Les hommes reprochent aux femmes leur manière de conduire, d'être incapables de lire un répertoire des rues, de lire les cartes routières à l'envers, de n'avoir aucun sens de l'orientation, de trop parler sans jamais aller droit au but, de ne pas prendre suffisamment souvent l'initiative en amour et de… laisser la lunette des toilettes baissée.

Les hommes ne retrouvent jamais rien mais leurs CD sont classés par ordre alphabétique. Les femmes peuvent toujours retrouver le double des clés de la voiture mais rarement la route la plus directe pour arriver à destination.

Les hommes pensent qu'ils sont le sexe sensible. Les femmes *savent* qu'elles le sont.

Combien faut-il d'hommes pour changer un rouleau de papier toilettes ?
On ne sait pas. Ça n'est jamais arrivé.

Les hommes sont fascinés par la capacité des femmes, entrant dans une pièce pleine de monde, à avoir instantanément quelque chose à dire à propos de chacun ; les femmes n'arrivent pas à croire que les hommes soient si peu observateurs. Les hommes ne comprennent pas la raison obscure qui fait qu'une femme ne voit pas clignoter le voyant lumineux de la jauge d'essence au beau milieu du tableau de bord mais peut immédiatement repérer une chaussette sale orpheline planquée dans un coin sombre. Les femmes sont étonnées que les hommes réussissent à garer leur voiture dans un tout petit emplacement uniquement grâce au rétroviseur mais qu'ils ne puissent jamais trouver leur point G.

Si une femme se perd en voiture, elle s'arrêtera et demandera son chemin. Pour un homme, c'est un signe de faiblesse. Il continuera à tourner en rond pendant des heures, en murmurant des choses comme : "J'ai trouvé un nouveau chemin pour y aller" ou bien "Je suis dans le coin" ou encore "Ça y est, je reconnais cette station-service !"

Des spécialisations différentes

Les hommes et les femmes ont évolué différemment parce qu'ils le devaient. Les hommes chassaient, les femmes faisaient la cueillette. Les hommes assuraient la protection, les femmes étaient chargées de soigner. Résultat : leur corps et leur cerveau ont évolué de manière totalement différente.

À mesure que leur corps changeait physiquement pour mieux s'adapter à leurs fonctions spécifiques, leur cerveau a suivi la même transformation. Les hommes sont devenus plus grands et plus forts que la plupart des femmes, tandis que leur cerveau s'est développé pour s'adapter à leurs tâches. Les femmes, quant à elles, étaient pour la plupart satisfaites de voir les hommes travailler au-dehors, tandis qu'elles entretenaient le feu dans les cavernes, et leur cerveau a évolué de manière à assumer cette fonction.

Au cours des millions d'années, les structures cérébrales des hommes et des femmes ont continué à évoluer de manières différentes. Aujourd'hui, nous savons que les deux sexes traitent l'information différemment. Ils pensent différemment. Ils croient en des choses différentes. Ils ont des perceptions, des priorités et des comportements différents.

Affirmer ou prétendre le contraire ne peut qu'engendrer déception, confusion et désillusion pour le reste de votre vie.

L'argument "stéréotype"

Depuis la fin des années quatre-vingt, nous avons connu une explosion des recherches sur les différences entre mâles et femelles et sur la manière dont fonctionnent les cerveaux de l'homme et de la femme. Pour la première fois de l'histoire de l'homme, un équipement informatique sophistiqué nous a permis de voir le cerveau fonctionner "en direct" et, avec cette percée capitale sur le vaste terrain de l'esprit humain, a répondu à nombre des questions que nous nous posions sur les différences entre hommes et femmes. Les recherches abordées dans ce livre ont été collectées à partir d'études scientifiques, médicales, psychologiques et sociologiques. Toutes montrent clairement un point : toutes les choses ne sont pas égales ; les hommes et les femmes sont différents. Pendant pratiquement tout le XXe siècle, ces différences ont été éludées par l'explication du conditionnement social, qui veut que nous sommes ce que nous sommes à cause des attitudes de nos parents et professeurs, lesquels, en retour, reflètent les attitudes de leur société. Par conséquent, on habillait les petites filles en rose et on leur donnait des poupées pour jouer, tandis qu'on donnait aux petits garçons, habillés en bleu, des soldats de plomb et des maillots de football. On chouchoutait et caressait les petites filles, tandis qu'on collait une tape dans le dos des petits garçons en leur disant que ce n'est pas bien de pleurer. Jusque très récemment, on pensait qu'à sa naissance un bébé était doté d'un cerveau aussi vierge qu'une ardoise, sur laquelle professeurs et maîtres pouvaient inscrire leurs choix et préférences. Les preuves biologiques disponibles aujourd'hui nous montrent une image quelque peu différente des raisons pour lesquelles nous pensons comme nous le faisons. Cela démontre de manière convaincante que ce sont nos hormones et nos connections cérébrales qui sont en grande partie responsables de nos attitudes, nos préférences et notre comportement. Ce qui veut dire que, si des garçons et des filles grandissaient sur une île déserte sans aucune société organisée ni parents pour les guider, les filles continueraient à faire des câlins, à privilégier le toucher, à se faire des amis et à jouer à la poupée, tandis que les garçons se défieraient mentalement et physiquement et formeraient des groupes avec une hiérarchie claire.

> Les terminaisons nerveuses situées dans l'utérus et l'effet des hormones déterminent notre manière de penser et de nous comporter.

Comme vous le verrez, la façon dont notre cerveau est connecté ainsi que le flux des hormones à travers notre corps sont les deux facteurs qui dictent en grande partie la manière dont nous pensons et nous nous comportons. Nos instincts, ce sont tout simplement nos gènes qui déterminent comment notre corps se comporte dans des circonstances données.

N'est-ce vraiment qu'une conspiration des mâles ?

Depuis les années soixante, un certain nombre de groupes de pression ont tenté de nous persuader de nier notre héritage biologique. Ils affirment que les gouvernements, les religions et les systèmes d'éducation se résument à un simple complot des hommes pour réprimer et étouffer les femmes, pour les garder sous la botte masculine. Leur faire des enfants étant un moyen de contrôler encore davantage les femmes.

Historiquement, c'est ainsi que cela peut certainement apparaître. Mais la question doit être posée : si femmes et hommes sont identiques, comme ces groupes l'affirment, comment se fait-il que les hommes ne soient jamais parvenus à vraiment dominer le monde ? L'étude du fonctionnement du cerveau nous fournit aujourd'hui de nombreuses réponses. Nous ne sommes pas identiques. Les hommes et les femmes doivent être égaux dans leurs droits à exprimer pleinement leurs potentialités, mais ils ne sont certainement pas identiques dans leurs capacités innées. Savoir si les hommes et les femmes sont *égaux* est une question politique ou morale, mais savoir s'ils sont *identiques* est une question scientifique.

> L'égalité des hommes et des femmes est une question politique ou morale ; la différence essentielle est une question scientifique.

Ceux qui s'opposent à l'idée selon laquelle notre biologie affecte notre comportement le font souvent avec les meilleures intentions du monde – ils contestent le sexisme. Mais ils font une confusion au sujet de la différence entre *égal* et *identique*, qui sont deux notions totalement différentes. Dans ce livre, vous verrez comment la science confirme que les hommes et les femmes sont profondément différents à la fois physiquement et mentalement – ils ne sont pas pareils.

Nous avons étudié et enquêté sur les recherches des plus grands paléontologues, ethnologues, psychologues, biologistes et spécialistes du cerveau. Les différences cérébrales entre les femmes et les hommes sont aujourd'hui très claires, au-delà de toute spéculation, de tout préjudice ou de tout doute raisonnable.

Lorsque nous faisons la part des différences entre mâles et femelles telles qu'elles sont abordées dans ce livre, certaines personnes peuvent affirmer : "Non, cela ne me ressemble pas, je n'agis pas comme cela !" Bon d'accord, peut-être ces personnes n'agissent-elles pas comme cela. Mais nous parlons ici des hommes et des femmes dans la *moyenne*, c'est-à-dire la manière dont la plupart des hommes et des femmes se comportent la plupart du temps, dans la plupart des situations et pour l'essentiel du passé. "Moyen" veut dire que, si vous vous trouvez dans une pièce pleine de gens, vous remarquerez que les hommes sont plus grands et plus costauds que les femmes, en fait plus grands de 7 % et plus costauds de 8 % en moyenne. La personne la plus grande ou la plus forte peut être une femme, mais, en moyenne, les hommes sont plus grands et plus costauds que les femmes. Dans *Le Livre Guinness des records*, les personnes les plus grandes et les plus fortes ont pratiquement toujours été des hommes. L'être humain le plus grand de l'histoire était Robert Peshing, qui mesurait 2,79 m ; et, en 1998, la plus grande personne du monde était un Pakistanais du nom d'Alan Channa, qui mesurait 2,31 m. Les livres d'histoire sont pleins de "Gros Jean" et de "Petite Jeanne" ! Ce n'est pas du sexisme. C'est un fait.

Notre position en tant qu'auteurs

À la lecture de ce livre, certaines personnes peuvent devenir suffisantes, arrogantes ou éprouver de la colère. Cela parce que, dans une mesure plus ou moins grande, ces personnes ont été victimes de philosophies idéalistes qui affirment que les hommes et les femmes sont pareils. Aussi devons-nous clarifier notre position dès à présent. Nous, les auteurs, avons écrit ce livre pour vous aider à développer et améliorer vos relations avec les deux sexes. Nous pensons que les hommes et les femmes devraient avoir une égalité des chances pour embrasser une carrière dans le domaine qu'ils ou elles ont choisi et que, à qualification égale, hommes et femmes devraient recevoir un salaire égal pour le même travail.

La différence n'est pas l'opposé de l'égalité. L'égalité signifie être libre de choisir de faire les choses que nous voulons faire, et la différence signifie que, en tant qu'homme ou femme, nous puissions ne pas vouloir faire les mêmes choses.

Notre but est d'examiner objectivement les relations entre hommes et femmes, d'expliquer l'histoire, les significations et les implications en question, et de mettre au point des techniques et des stratégies pour une vie plus heureuse et plus pleine. Nous ne tournerons pas autour du pot avec des suppositions ou des clichés politiquement corrects. Si quelque chose ressemble à un canard, crie comme un canard, marche comme un canard et qu'il y a suffisamment d'éléments pour prouver que c'est un canard, alors c'est comme cela que nous l'appellerons.

La preuve présentée ici montre que les deux sexes sont intrinsèquement *enclins* à se comporter de manières différentes. Nous ne suggérons pas que l'un ou l'autre sexe doit ou devrait agir de manière spécifique.

L'argument de l'inné et de l'acquis

Juliette a donné naissance à des jumeaux, une fille et un garçon. Delphine, qu'elle a enveloppée dans une couverture rose, et Grégoire, qu'elle a mis dans une couverture bleue. Les membres de la famille offrent des peluches à Delphine, et un petit ballon et un maillot de football à Grégoire. Tout le monde roucoule et murmure doucement à l'oreille de Delphine, en lui disant combien elle est belle et mignonne, mais seuls les éléments féminins de la famille la prennent dans leurs bras pour la cajoler. Quand ce sont des hommes qui viennent voir les jumeaux, ils portent leur attention sur Grégoire, parlant plus fort, en lui chatouillant le ventre et en le soulevant en l'air tout en lui parlant de sa future carrière de footballeur.

Tout le monde a vécu cette scène. Reste qu'elle soulève une question : est-ce que ce comportement d'adulte est dû à notre biologie ou est-ce un comportement acquis perpétué de génération en génération ? Est-ce de l'inné ou de l'acquis ?

Depuis le début du XXe siècle, psychologues et sociologues ont cru que l'essentiel de notre comportement et de nos préférences était dû à notre conditionnement social et à notre environnement. Toutefois, nous savons que veiller au développement de quelqu'un est un phénomène appris – les mères adoptives, qu'il s'agisse de femmes ou de singes, s'occupent en général merveilleusement bien de leurs enfants. D'un autre côté, les scientifiques affirment que la biologie, la chimie et les hormones sont largement responsables. Depuis 1990, les preuves se sont accumulées pour venir soutenir la vision scientifique selon laquelle nous naissons avec l'essentiel de notre matériel cérébral déjà installé. Le fait que les hommes soient habituellement des chasseurs et les femmes des “éleveuses” dicte, aujourd'hui encore, notre comportement, nos croyances et nos priorités. Une étude importante réalisée à l'université de Harvard montre que non seulement nous nous comportons différemment face aux petits garçons et aux petites filles, mais nous nous adressons également à eux avec des mots différents. Aux petites filles nous disons : “Tu es si gentille”, “tu es un petit cœur”, “tu es une belle petite fille”, tandis que, devant les petits garçons, nous élevons la voix en disant : “Eh ! Ça c’est un grand garçon !” ou “Hou la la ! Comme tu es costaud !”

Toujours est-il que ce n’est pas en offrant des poupées Barbie aux filles et des Action Men (anciennement Big Jim) aux garçons que l’on crée leur comportement ; ces cadeaux ne font qu’exacerber ce comportement. De même, l’étude de Harvard a découvert que les comportements distinctifs des adultes envers les petites filles et les petits garçons ne font qu’accentuer les différences déjà existantes.

Posez un canard dans une mare et il se met à nager. Si vous regardez sous la surface de l’eau, vous voyez que le canard a les pattes palmées. Si vous analysez son cerveau, vous découvrez qu’il dispose d’un “module natation” déjà en place. La mare n’est que l’endroit où le canard se trouve à un moment donné et non pas ce qui cause ou provoque son comportement.

Les recherches montrent que nous sommes davantage un produit de notre biologie que les victimes de stéréotypes sociaux. Nous sommes différents parce que nos cerveaux sont connectés différemment. Cela nous amène à percevoir le monde de manières différentes. Et à avoir des valeurs et des priorités différentes. Ni meilleures ni pires, mais différentes.

Votre guide de l'Homme

Ce livre est un peu comme un guide pour visiter une culture ou un pays étranger. Il contient des expressions locales ou de l'argot du cru, du langage gestuel et un aperçu des raisons pour lesquelles les habitants sont ce qu'ils sont.

Les plupart des touristes se rendent dans les pays étrangers sans s'être vraiment renseignés sur ces pays et sont soit intimidés soit critiques parce que les habitants de ces pays ne parlent pas français ou ne savent pas ce qu'est un bon steak-frites. Mais, pour profiter et bénéficier de l'immersion dans une autre culture, vous devez d'abord comprendre l'histoire et l'évolution de ce pays. Puis vous devez connaître quelques expressions élémentaires et goûter à son mode de vie pour apprécier davantage cette culture. De cette manière, vous n'aurez pas l'air d'un touriste et vous n'agirez pas comme tel – le genre de personne qui ne tirerait pas plus de profit de cette expérience que si elle restait tout simplement chez elle à *évoquer* les autres pays.

> Lors d'une visite au Château de Windsor, on a entendu un touriste américain dire : "C'est un château magnifique, mais pourquoi diable l'ont-ils construit aussi près de l'aéroport ?"

Ce livre vous montrera comment profiter et bénéficier de la connaissance du sexe opposé. Mais d'abord vous devez également comprendre son histoire et son évolution.

Ce livre traite de faits et de réalité. Il parle de gens véritables, de recherche authentique, d'événements véridiques et de conversations enregistrées. Aussi, vous n'avez pas à vous soucier de dendrites, corps calleux, neuropeptides, imagerie à résonance magnétique (IRM) et autre dopamine nécessaires dans la recherche sur les fonctions cérébrales. Nous parlons ici d'une science relativement nouvelle baptisée "sociobiologie" – l'étude de la façon dont notre comportement est expliqué par nos gènes et notre évolution.

Vous découvrirez un puissant ensemble de concepts, de techniques et de stratégies qui sont scientifiquement prouvés et qui apparaissent, pour l'essentiel, comme évidents ou de bon sens. Nous avons mis de côté toutes les techniques, les pratiques ou les opinions qui ne se fondent pas sur, ou sont prouvées par, la science.

Nous parlons ici du singe nu moderne – le singe qui contrôle le monde avec des super ordinateurs et qui peut atterrir sur Mars, et le singe dont l'ancêtre est un poisson. Il nous a fallu des millions d'années pour devenir une espèce, pourtant, aujourd'hui, nous nous enfonçons dans un monde technologique et politiquement correct qui ne laisse que peu ou pas de place à notre biologie.

Il nous a fallu près de cent millions d'années pour nous transformer en une société suffisamment sophistiquée pour envoyer un homme sur la Lune, mais, une fois là-haut, il devait continuer à aller aux toilettes tout comme ses ancêtres primitifs. Les humains peuvent être légèrement différents d'une culture à l'autre mais, au fond, leurs besoins et leurs envies sont les mêmes. Nous vous démontrerons en quoi et comment nous héritons de nos caractéristiques différentes de comportement ou comment elles se transmettent de génération en génération et, comme vous le verrez, il n'y a pratiquement aucune différence culturelle.

Jetons maintenant un bref coup d'œil sur la manière dont notre cerveau s'est développé.

Comment nous en sommes arrivés à ce stade

Il était une fois, il y a très, très longtemps, hommes et femmes vivaient joyeusement ensemble et travaillaient en harmonie. Chaque jour, l'homme se hasardait hors de la caverne dans un monde hostile et dangereux pour risquer sa vie de chasseur afin de rapporter de quoi manger à sa femme et ses enfants, et il assurait leur défense contre les animaux sauvages et les ennemis du clan. Pour ce faire, il a développé des capacités d'orientation sur de longues distances afin de pouvoir repérer la nourriture et la rapporter, ainsi que des capacités de tireur pour viser et toucher une cible en mouvement. Son travail était clair et simple : il était un “chasseur de repas” et c'est tout ce que les autres attendaient de lui.

De son côté, la femme se sentait valorisée parce que son homme mettait sa vie en jeu pour s'occuper des siens et les protéger. Son succès en tant qu'homme se mesurait à sa capacité à tuer une proie et à la rapporter au foyer, et son estime de soi se mesurait à l'appréciation de sa femme pour son travail et ses efforts. La famille dépendait de lui pour exprimer pleinement ses capacités de "chasseur de repas" et de protecteur – et rien d'autre. Il n'a jamais eu besoin "d'analyser les relations", et on n'attendait pas de lui de sortir les poubelles ou de changer les couches de bébé.

Le rôle de la femme était tout aussi clair. Le fait qu'elle soit en charge de la maternité a dicté à la femme l'évolution de sa conduite et la manière dont ses capacités se sont spécialisées pour remplir ce rôle. Elle avait besoin de contrôler son environnement immédiat pour repérer tout danger, d'avoir des capacités d'orientation sur de courtes distances, en utilisant des points de repère pour retrouver son chemin, et d'avoir une capacité très sensible pour "sentir" les petits changements dans le comportement et l'apparence des enfants et des adultes. Les choses étaient simples : il était le "chasseur de repas", elle était la "gardienne du nid".

Elle passait ses journées à s'occuper de ses enfants, à cueillir des fruits, à cultiver des légumes, à ramasser des noix et à communiquer avec les autres femmes du groupe. Elle n'avait pas à se soucier de l'approvisionnement en nourriture ou de combattre les ennemis, et sa réussite se mesurait à sa capacité à s'occuper de la vie de famille. Son estime de soi venait de l'appréciation de son homme sur la manière dont elle gérait le foyer et de ses capacités à soigner.

Sa capacité à porter des enfants était considérée comme magique, même sacrée, car elle seule détenait le secret de donner la vie. On n'attendait pas d'elle qu'elle chasse des animaux, qu'elle combatte des ennemis ou qu'elle change des ampoules.

La survie était difficile, mais les relations, faciles. Et cela a été le cas pendant des centaines de milliers d'années. À la fin de chaque journée, les chasseurs rentraient avec leurs proies. Leurs prises étaient réparties équitablement, et tout le monde mangeait ensemble dans la caverne commune. Chaque chasseur échangeait une partie de ses prises pour des fruits et légumes cueillis par la femme.

Après le repas, les hommes s'asseyaient autour du feu, en le regardant, en jouant à des jeux, en racontant des histoires ou en partageant des blagues. C'était la version masculine préhistorique du zapping devant la télé ou de la lecture absorbante du journal. Ils étaient exténués par leur journée de chasse et se reposaient afin de reprendre cette chasse le lendemain. Les femmes continuaient à s'occuper des enfants et à s'assurer que les hommes avaient suffisamment mangé et s'étaient suffisamment reposés. Chacun appréciait les efforts de l'autre : les hommes n'étaient pas considérés comme des paresseux ni les femmes comme leurs domestiques opprimées.

Ces rituels et comportements simples existent toujours dans les civilisations anciennes, notamment à Bornéo, dans certaines parties de l'Afrique et de l'Indonésie, chez certaines tribus d'Aborigènes, en Australie, de Maoris, en Nouvelle-Zélande, et chez les Inuits, au Canada et au Groenland. Dans ces cultures, chaque personne connaît et comprend son rôle. Les hommes apprécient les femmes, et les femmes apprécient les hommes. Chacun voit l'autre comme un contributeur exceptionnel et unique à la survie et au bien-être de la famille. Mais, pour les hommes et les femmes qui vivent dans les pays civilisés modernes, ces vieilles règles ont été totalement oubliées, et l'anarchie, la confusion et le mécontentement ont pris leur place.

Nous ne savions pas que ce serait comme cela

La cellule familiale ne dépend plus uniquement des hommes pour sa survie, et on n'attend plus des femmes qu'elles restent à la maison pour s'occuper du foyer. Pour la première fois de l'histoire de notre espèce, la plupart des hommes et des femmes sont un peu perdus quant à la description de leur tâche et de leur rôle. Vous, le lecteur de ce livre, représentez la première génération d'humains à être confrontée à un ensemble de circonstances et de conditions que vos ancêtres n'ont jamais eu à connaître. Pour la première fois de l'histoire, nous nous tournons vers nos partenaires à la recherche de l'amour, de la passion et de l'accomplissement personnel parce que la survie élémentaire n'est plus primordiale. Notre structure sociale moderne nous fournit généralement un niveau de subsistance élémentaire grâce à la retraite, à la sécurité sociale, à la défense des consommateurs et à diverses institutions publiques. Aussi, quelles sont les nouvelles règles, et où les apprenons-nous ? Ce livre tente de fournir quelques réponses.

Pourquoi maman et papa ne sont d'aucune aide

Si vous êtes né avant 1960, vous avez grandi en voyant vos parents se comporter l'un envers l'autre selon les règles antiques de la survie de l'homme et de la femme. Vos parents répétaient le comportement qu'ils avaient appris de *leurs* parents, qui, eux-mêmes, copiaient *leurs* parents, qui imitaient *leurs* parents, imitant en cela les hommes des cavernes dans leurs rôles clairement définis.

Aujourd'hui, ces règles ont complètement changé, et vos parents ne savent pas comment ils peuvent vous aider. Le taux de divorce chez les jeunes mariés se situe autour de 50 %, et, si l'on prend en considération le concubinage et les relations homosexuelles, le taux *véritable* de séparation chez les couples est probablement supérieur à 70 %. Nous avons besoin d'apprendre un nouvel ensemble de règles, de manière à découvrir comment être heureux et survivre émotionnellement pour entrer, intact, dans le XXIe siècle.

Nous ne sommes qu'une espèce animale de plus

La plupart des gens ont du mal à se voir simplement comme une espèce animale de plus. Ils refusent l'évidence selon laquelle 96 % de ce que l'on peut trouver dans leur corps se retrouve également à l'intérieur

d'un cochon ou d'un cheval. La seule chose qui nous différencie des autres animaux est notre capacité à penser et à nous projeter dans l'avenir. Les autres animaux ne peuvent que réagir aux situations sur la base de la connexion génétique de leur cerveau et par la répétition de comportement. Ils ne peuvent pas *penser*, ils ne peuvent que *réagir*.

La plupart des gens acceptent et admettent que les animaux ont des instincts qui déterminent largement leur comportement. Ce comportement instinctif est facile à observer – les oiseaux chantent, les grenouilles coassent, les chiens lèvent la patte et les chats chassent. Mais il ne s'agit pas de comportements intellectuels, c'est pourquoi nombreuses sont les personnes qui ont du mal à faire le lien entre ce comportement et le leur. Elles oublient même le fait que leurs tout premiers comportements étaient instinctifs : pleurer et sucer.

Quels que soient les comportements que nous héritions de nos parents, positifs ou négatifs, il est probable que nous les transmettons à nos enfants de la même manière que le font les autres animaux. Lorsque nous apprenons une nouvelle aptitude, nous la transmettons génétiquement à nos enfants, de la même manière que les scientifiques peuvent créer des générations de rats intelligents ou de rats idiots à partir d'un groupe divisé en fonction de leur capacité à retrouver leur chemin dans un labyrinthe ou leur tendance à être complètement perdus. Lorsque, en tant qu'humains, nous nous accepterons comme un animal dont les pulsions et réactions sont le fruit d'une évolution de plusieurs millions d'années, il sera plus simple et facile de comprendre nos besoins élémentaires et nos pulsions, et de nous accepter et d'accepter les autres. C'est là que réside la voie du vrai bonheur.

PARFAITEMENT LOGIQUE

Chapitre 2

Les hommes sont incapables de trouver les choses à l'endroit où elles se trouvent.

La soirée battait déjà son plein à l'arrivée de Mathieu et Clara. Une fois à l'intérieur, Clara regarda Mathieu droit dans les yeux et, sans quasiment bouger les lèvres, elle lui dit : "Jette un œil sur le couple, là-bas, près de la fenêtre..." Aussitôt, Mathieu tourna la tête pour regarder. "Ne regarde pas maintenant ! soupira-t-elle. Tu es vraiment lourd !" Clara n'arrivait pas à comprendre pourquoi Mathieu avait tourné la tête d'une manière aussi peu discrète, et Mathieu n'arrivait pas à croire que Clara ait pu voir toutes les autres personnes de la pièce sans jamais tourner la tête.

Dans ce chapitre, nous explorerons la recherche des différences entre hommes et femmes dans le domaine de la perception sensorielle et les implications de ces différences sur nos relations.

Les femmes sont des radars

Cela semble parfaitement évident pour une femme de sentir qu'une autre femme a de la peine ou est affectée, alors qu'il faut à un homme des preuves matérielles telles que pleurs, saute d'humeur ou gifle avant qu'il ait le moindre indice sur la situation. Parce que, comme la plupart des mammifères femelles, les femmes sont dotées de capacités sensorielles bien plus perfectionnées que celles des hommes. En tant que donneuses de vie et "gardiennes du nid", elles ont cultivé la capacité à sentir les changements subtils d'attitude ou d'humeur chez les autres. Ce que l'on appelle communément "l'intuition féminine" est pour l'essentiel la capacité accrue de la femme à remarquer les détails infimes et les changements dans l'apparence ou le comportement des autres. C'est quelque chose qui, à travers l'histoire, a toujours fasciné les hommes qui cherchaient à tromper cette intuition – et qui se faisaient et se font invariablement prendre.

L'un des participants à nos séminaires nous a déclaré qu'il n'arrivait pas à comprendre comment sa femme, qui avait une si bonne vue pour repérer les choses qu'il essayait de lui cacher, soit la même personne devenue soudainement aveugle dès qu'il s'agissait de rentrer la voiture en marche arrière dans le garage. Le fait d'estimer la distance entre le pare-chocs de la voiture et le mur du fond du garage alors que l'on est en mouvement est une capacité spatiale, située dans le lobe frontal droit du cerveau, qui n'est pas très développée chez la plupart des femmes. Nous verrons cela plus tard, dans le chapitre 5.

> "Ma femme peut repérer un cheveu blond sur ma veste à plus de cinquante mètres, mais elle emboutit systématiquement la porte du garage en garant la voiture."

Pour assurer la survie de leur famille, les "gardiennes du nid" devaient impérativement être capables de saisir les moindres changements, dans le comportement de leur progéniture, qui seraient autant de signes de douleur, de faim, de blessure, d'agression ou de dépression. De leur côté, les mâles, étant des "chasseurs de repas", ne restaient jamais suffisamment longtemps dans la caverne pour apprendre à lire les signaux non verbaux ou à maîtriser les communications interpersonnelles. Le professeur en neuropsychologie Ruben Gur, de l'université de Pennsylvanie, s'est servi des résultats de scanner cérébral pour montrer que, lorsque le cerveau d'un homme est au repos, au moins 70 % de son activité électrique est inerte. Le scanner cérébral des femmes indique une activité de 90 % dans le même état de repos, confirmant ainsi que les femmes reçoivent constamment des informations de leur environnement et qu'elles les analysent en permanence. Une femme connaît les amis de ses enfants, leurs espoirs, leurs rêves, leurs amours, leurs peurs secrètes, à quoi ils pensent, comment ils se sentent et, en général, quelles bêtises ils préparent. Les hommes, eux, sont vaguement au courant que des personnes de petite taille vivent également dans la maison.

Tout est dans les yeux

L'œil est une extension du cerveau qui se situe à l'extérieur du crâne. La rétine, dans le fond du globe oculaire, contient environ cent trente millions de cellules en forme de bâtonnets, appelés photorécepteurs, qui perçoivent le noir et le blanc, et sept millions de cellules en forme de cônes, qui perçoivent les couleurs.

C'est le chromosome X qui fournit ces cônes. Les femmes ont deux chromosomes X, ce qui leur confère une plus grande variété de cônes que les hommes, et cette différence est notable dans la manière dont les femmes sont capables de décrire les couleurs avec un luxe de détails. Un homme utilisera des descriptions élémentaires de couleurs telles que rouge, bleu et vert, mais une femme parlera d'ivoire, d'aigue-marine, de gris sarcelle, de mauve ou de vert pomme.

La taille du blanc des yeux de l'être humain est plus importante que celle des yeux des autres primates. Cela autorise un mouvement des yeux et une direction du regard qui sont vitaux dans la communication humaine en vis-à-vis. Les yeux des femmes ont davantage de blanc que les yeux des hommes, parce que les communications personnelles de proximité font partie intégrante des liens maternels ; un blanc d'œil plus grand permet d'envoyer et de recevoir une plus grande variété de signaux oculaires en observant la direction vers laquelle les yeux bougent.

Ce type de communication oculaire n'est pas primordial pour la plupart des autres espèces animales, c'est pourquoi elles ont peu ou pas de blanc d'œil et se reposent sur le langage corporel comme forme principale de communication.

La femme a-t-elle des yeux derrière la tête ?

Eh bien, pas tout à fait mais presque ! Non seulement les femmes disposent d'une plus grande variété de cônes dans la rétine, mais elles ont également une vision périphérique plus large que les hommes. Comme "gardiennes du nid", les femmes sont pourvues d'un logiciel cérébral qui leur autorise un angle d'au moins 45 degrés de vision claire de chaque côté de la tête ainsi qu'au-dessus et en dessous du nez. La vision périphérique de nombreuses femmes est efficace à pratiquement 180 degrés. Les yeux des hommes sont plus grands que ceux des femmes, et leur cerveau les a configurés en une espèce de "tunnel de vision" à longue portée, ce qui signifie que les hommes peuvent voir clairement et précisément directement en face d'eux et à de grandes distances, comme s'ils étaient toujours affublés d'une paire de jumelles.

> Les femmes ont une vision périphérique plus grande, les hommes ont une vision en tunnel.

En tant que chasseur, l'homme avait besoin d'une vision qui lui permette de repérer, de fixer et de suivre les cibles au loin.

Il a évolué de manière à avoir une vision pratiquement affublée d'œillères, afin de ne pas être distrait de ses cibles, tandis qu'une femme avait besoin d'avoir des yeux qui lui donnent un grand angle de vision, afin qu'elle puisse contrôler et repérer tout prédateur qui viendrait à se glisser près du nid. C'est la raison pour laquelle l'homme d'aujourd'hui peut trouver facilement son chemin jusqu'à un troquet éloigné, mais ne peut jamais trouver des choses dans le frigo, les placards ou les tiroirs.

Le champs de vision de l'homme.

En 1997, au Royaume uni, il y a eu 4 132 enfants tués ou blessés sur les routes, parmi lesquels on dénombre 2 460 garçons pour seulement 1 492 filles. En Australie, le nombre d'accidents de la circulation impliquant des garçons est plus du double de celui des accidents impliquant des filles. Les garçons prennent davantage de risques en traversant la rue que les filles et cela, combiné à une vision périphérique médiocre, augmente leur taux d'accident.

Pourquoi les yeux des femmes voient autant de choses

Chaque seconde, des milliards de photons, équivalant à cent millions d'octets d'ordinateur, frappent la rétine de l'œil. C'est bien trop pour que le cerveau puisse le gérer, aussi celui-ci réduit-il cette information uniquement à ce qui est nécessaire pour la survie. Par exemple, une fois que notre cerveau a appréhendé toutes les couleurs du ciel, il sélectionne seulement ce que nous avons besoin de voir – la couleur bleue. Notre cerveau réduit notre vision pour que nous puissions nous concentrer sur une chose spécifique. Si nous cherchons une aiguille sur un tapis, nous avons un champ visuel plus concentré. Le cerveau des hommes, étant pré-connecté pour la chasse, a un champ visuel encore plus étroit. Le cerveau des femmes décode l'information avec une portée périphérique plus large en raison de son passé à défendre le nid.

Le cas glissant du beurre porté disparu

Toutes les femmes du monde ont eu, au moins une fois dans leur vie, une conversation semblable à celle qui va suivre avec un homme planté devant le frigo ouvert.

David : “Où est le beurre ?”
Jeanne : “Dans le frigo.”
David : “Je regarde à l'intérieur, mais je ne vois pas de beurre.”
Jeanne : “Il y est. Je l'ai rangé il y a dix minutes !”
David : “Non. Tu l'as sûrement mis ailleurs. Je ne trouve absolument aucune trace de beurre dans ce frigo !”

À cet instant, Jeanne entre dans la cuisine, tend son bras vers le frigo et, comme par magie, en ressort une plaquette de beurre. Les hommes peu habitués ont le sentiment qu'il s'agit d'un subterfuge et accusent les femmes de toujours cacher les choses dans les tiroirs et les placards. Chaussettes, chaussures, sous-vêtements, confitures, beurre, clés de voiture, portefeuille – pourtant, tout est là, simplement ils ne peuvent pas les voir. Parce qu'elles disposent d'un grand angle de vision périphérique, les femmes peuvent, sans même bouger la tête, voir tout ou presque ce que contient un réfrigérateur ou un placard. Les hommes, eux, bougent la tête de gauche à droite et de bas en haut à la recherche de l'objet “porté disparu”.

Cette différence de vision a des implications importantes dans tous les aspects de notre vie. Les statistiques des assurances automobiles, par exemple, montrent qu'il est moins probable qu'une conductrice soit impliquée dans un accident à une intersection qu'un conducteur. Sa vision périphérique plus grande lui permet de voir les voitures arrivant sur les côtés. En revanche, il est plus probable que cette même conductrice subira un choc à l'avant ou à l'arrière de la voiture lorsqu'elle tente de faire un créneau, dans la mesure où cette démarche met en jeu ses capacités spatiales moins développées.

La vie d'une femme devient beaucoup moins tendue lorsqu'elle comprend les problèmes que les hommes éprouvent à voir les choses de près. Lorsqu'une femme dit à un homme, "c'est dans le placard", il est moins stressant pour lui de la croire et de continuer sa recherche.

Les hommes mis en échec quand ils "matent"

La vision périphérique plus large dont bénéficient les femmes explique pourquoi elles sont rarement piégées alors qu'elles sont en train de lorgner les hommes.

Il n'est pas un homme ou presque qui n'ait été accusé, à un moment ou un autre, de reluquer le sexe opposé, mais très peu de femmes ont eu droit au même reproche de la part des hommes. Il ressort des recherches sur le sexe un peu partout dans le monde que les femmes regardent autant le corps des hommes, parfois même plus, que les hommes ne regardent celui des femmes. Et pourtant les femmes, grâce à leur vision périphérique supérieure, se font rarement prendre.

Voir c'est croire

La plupart des gens ne croient à quelque chose que lorsqu'ils en voient la preuve – mais peut-on avoir confiance en ses yeux ? Des millions de personnes dans le monde croient à l'existence des ovnis, malgré le fait que 92 % de tous les ovnis aperçus l'ont été dans des régions reculées, un samedi soir peu après 23 heures – soit juste après la fermeture des bistrots. Jamais un ovni n'a été vu par un Premier ministre ou un chef d'État, jamais un ovni n'a atterri sur un campus, près d'un laboratoire de recherche ou à la Maison-Blanche. De plus, on ne les jamais vus atterrir par mauvais temps.

Le chercheur Edward Boring a mis au point les illustrations ci-après pour montrer comment nous percevons des choses différentes à partir de la même image. Dans le premier dessin ("Que voyez-vous ?"), les femmes sont plus enclines à voir une vieille dame avec son menton posé sur le col de son manteau de fourrure, tandis que les hommes auraient davantage tendance à voir le profil gauche d'une jeune femme qui regarde au loin.

L'illustration 2 est une autre illustration destinée à montrer que ce que nous voyons n'est pas nécessairement ce que nous avons.

“Que voyez-vous ?”

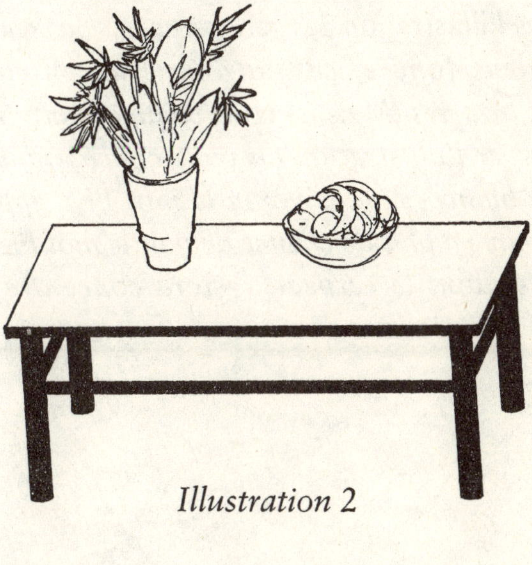

Illustration 2

Dans cette illustration, votre cerveau est trompé et croit que la partie de la table en arrière plan est plus longue que la partie au premier plan. Les femmes sont habituellement amusées par ce phénomène, tandis que les hommes exigent qu'on leur donne une règle pour prendre eux-mêmes les mesures.

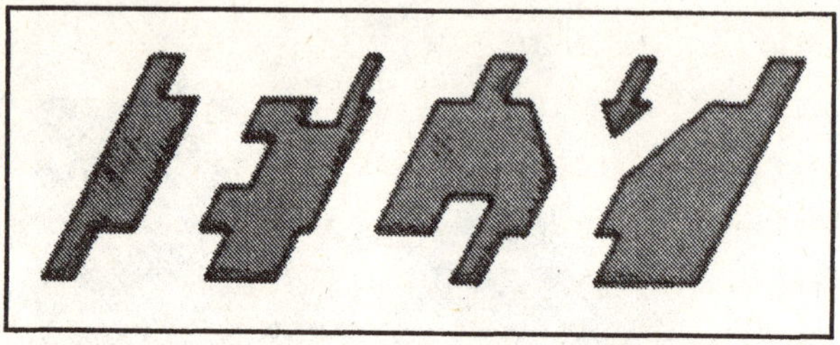

Illustration 3

Dans l'illustration 3, votre cerveau se concentre sur la couleur foncée, ce qui donne un ensemble de formes bizarres. Mais, si vous changez votre manière d'observer l'illustration en vous concentrant sur les parties blanches, vous voyez le mot FLY apparaître. Une femme a plus de chance de voir le mot FLY qu'un homme, dont le cerveau restera concentré sur les formes géométriques.

Pourquoi les hommes devraient conduire la nuit

Alors que la femme voit mieux dans le noir que l'homme, en particulier à l'extrémité rouge du spectre, les yeux d'un homme lui permettent une meilleure vision à longue portée sur un champ visuel plus étroit, ce qui lui donne une meilleure – et bien plus sûre – vision de nuit à longue portée que la femme. Associé à une capacité spatiale de son hémisphère cérébral droit, cela permet à l'homme de segmenter et d'identifier le mouvement des autres véhicules devant et derrière lui sur la route. La plupart des femmes peuvent témoigner de ce que l'on peut appeler une cécité nocturne : l'incapacité de distinguer de quel côté de la route arrive la circulation. C'est une tâche que la vision de chasse de l'homme lui permet de gérer. Cela signifie que, si votre couple s'apprête à faire un long voyage par la route, il serait logique que la femme conduise de jour et que l'homme prenne le volant durant la nuit. Les femmes peuvent voir davantage de détails dans le noir que les hommes mais sur un champ visuel plus court et plus large.

> Sur de longs déplacements, les hommes devraient conduire de nuit et les femmes de jour.

Les hommes souffrent d'une fatigue oculaire plus importante que les femmes, parce que leurs yeux sont configurés pour la longue portée et doivent constamment être réajustés, notamment quand ces yeux se trouvent face à un ordinateur ou un journal. Les yeux des femmes sont mieux équipés pour les activités de courte portée, leur permettant ainsi de pouvoir travailler plus longtemps sur des petits détails. En outre, le cerveau de la femme est prévu pour effectuer un travail de coordination minutieux sur un espace réduit, ce qui veut dire que les femmes en moyenne excellent dans l'acte de faire passer un fil dans le chas d'une aiguille ou encore de voir les détails sur un écran d'ordinateur.

Pourquoi les femmes ont-elles un "sixième sens" ?

Pendant des siècles, des femmes ont été brûlées au motif qu'elles avaient des pouvoirs "surnaturels". Parmi ces "pouvoirs" figuraient la capacité de prédire l'avenir de relations, celle de détecter les menteurs, celle de parler aux animaux ou celle de découvrir la vérité.

En 1978, nous avons conduit une expérience pour une émission de télévision qui a mis en évidence la capacité des femmes à "lire" le langage du corps des bébés. Dans une maternité, nous avons réalisé une sélection de clips vidéo de dix secondes de bébés en train de pleurer et nous avons demandé aux mères de regarder les clips, le son éteint. De cette manière, les mères ne pouvaient recevoir qu'une information visuelle.

La plupart des mères ont rapidement pu détecter toute une série d'émotions, allant de la faim à la douleur en passant par l'envie de faire un rot ou la fatigue. Quand les pères ont passé le même test, leur taux de réussite a été pitoyable – moins de 10 % d'entre eux ont pu détecter plus de deux émotions. Et encore, nous suspections que nombre de pères ne faisaient que deviner. De nombreux pères déclaraient triomphalement “le bébé veut sa maman”. La plupart des hommes n'avaient que peu, ou pas du tout, de capacité à décoder les différences entre les pleurs des bébés. Nous avons également réalisé la même expérience avec des grands-parents, pour déterminer si l'âge pouvait affecter le résultat. La plupart des grands-mères ont réalisé entre 50 et 70 % du score des mères, tandis que de nombreux grands-pères n'ont même pas pu reconnaître leur propre petit-fils ou petite-fille !

Notre étude avec des vrais jumeaux a révélé que la majorité des grands-pères étaient incapables d'identifier chacun des jumeaux, alors que la plupart des femmes de la famille éprouvaient moins de difficulté à les différencier. Les films sur de vrais jumeaux qui réussissent à tromper les autres pour assouvir une passion ou pour les escroquer ne pourraient, en réalité, marcher que si ces jumeaux étaient des jumelles – les hommes sont plus faciles à tromper.

Dans une salle où il y a cinquante couples, il faut en moyenne dix minutes à une femme pour analyser les relations de chacun des couples présents. Quand une femme entre dans une pièce, ses capacités sensorielles supérieures lui permettent de rapidement déterminer les couples qui s'entendent bien, ceux qui se sont disputés, qui fait des avances à qui et où se trouvent les femmes amicales ou ennemies. Quand un homme entre dans une pièce, nos caméras nous montrent tout à fait autre chose. Les hommes parcourent la pièce pour repérer la sortie et l'entrée – ses connexions antiques déterminent d'où peut provenir une attaque potentielle et les moyens d'y échapper. Ensuite, il cherche les visages familiers ou les ennemis possibles avant de "dessiner" l'ensemble de la pièce. Son esprit logique repérera les choses qui devraient être réparées, comme une fenêtre branlante ou une ampoule éteinte. Entre-temps, les femmes ont vu tous les visages dans la pièce et savent déjà ce qui se passe, qui est qui et ce qu'ils ressentent.

Pourquoi les hommes ne peuvent pas mentir aux femmes

Notre recherche sur le langage du corps révèle que, dans les communications face à face, les signaux non verbaux représentent 60 à 80 % de l'impact du message, tandis que les sons vocaux représentent 20 à 30 %. Le reste, entre 7 et 10 %, est composé par les mots. L'équipement sensoriel supérieur de la femme récupère et analyse cette information et sa capacité cérébrale de rapidement transférer entre les hémisphères la rend plus efficace pour intégrer et déchiffrer les signaux verbaux, visuels et autres.

Toute la vérité, rien que la vérité.

C'est la raison pour laquelle la plupart des hommes ont des difficultés à mentir à une femme face à face. Mais, comme la plupart des femmes le savent, il est relativement facile de mentir à un homme face à face, dans la mesure où il ne dispose pas de la sensibilité nécessaire pour détecter les incohérences entre les signaux verbaux et non verbaux. La plupart des femmes pourront toujours simuler un orgasme en toute tranquillité. S'ils veulent mentir à une femme, la plupart des hommes auraient intérêt à le faire par téléphone, par lettre ou alors toutes lumières éteintes et... une couverture sur la tête.

Nous sommes tout ouïe

Dans notre passé de primate, nos oreilles ressemblaient à celles des chiens, des chats ou des chevaux. L'oreille du chien, dont la forme actuelle s'apparenterait à celle de l'oreille humaine originelle, est capable d'entendre des ultrasons inaudibles pour nous. Les recherches ont montré que l'oreille du chien détecte des sons allant jusqu'à 50 000 cycles par seconde et, parfois même dans certains cas, des sons de 100 000 cycles par seconde. Un bébé peut détecter des sons allant jusqu'à 30 000 cycles par seconde, mais cette capacité décroît jusqu'à 20 000 cycles par seconde à la fin de l'adolescence, et jusqu'à 12 000 cycles à soixante ans. Les chaînes stéréo ont une capacité de 25 000 cycles par seconde ce qui, en clair, signifie que, si vous désiriez offrir une nouvelle chaîne à vos grands-parents, vous jetteriez votre argent par la fenêtre – ils n'en auraient pas vraiment un usage efficace.

Oreille de chien.

Oreille humaine.

L'oreille humaine comprend des vestiges de neuf muscles, et environ 20 % des gens sont encore capables de faire bouger leurs oreilles en utilisant ces muscles. Il semble que nos oreilles soient devenues fixes lorsque nous avons commencé à tourner la tête en direction d'un son, et le pavillon des oreilles s'est alors déplié pour éliminer les distorsions. Charles Darwin a identifié le petit morceau situé à l'intérieur du repli supérieur de l'oreille humaine comme étant le vestige de la pointe originelle de nos oreilles de primate et il l'a baptisé le "point de Darwin".

Elle entend aussi mieux...

Les femmes ont une meilleure audition que les hommes et elles excellent dans la détection des sons aigus. Le cerveau d'une mère est programmé pour entendre un bébé pleurer dans la nuit, tandis qu'un père peut ne pas l'entendre et continuer à dormir. Si un chaton miaule au loin, une femme l'entendra. L'homme, lui, grâce à ses capacités spatiales et d'orientation, pourra indiquer à la femme l'endroit où se trouve le petit chat.

> Une fuite de robinet peut rendre une femme folle, alors que l'homme continuera à dormir.

À l'âge d'une semaine, les filles peuvent distinguer la voix de leur mère ou les pleurs d'un autre bébé de tous les autres sons présents dans une même pièce. Les petits garçons en sont parfaitement incapables. Le cerveau de la femme a la capacité de séparer et de catégoriser les sons et de prendre des décisions pour chacun de ces sons. Cela explique la capacité qu'a une femme d'écouter une personne dans une conversation face à face tout en surveillant la conversation d'une autre personne. Cela explique également pourquoi les hommes ont des difficultés à suivre une conversation alors que la télévision est allumée ou que quelqu'un est en train de faire du bruit en lavant la vaisselle. Si le téléphone sonne, les hommes demanderont aux autres de se taire, de baisser la musique ou d'éteindre la télévision. Alors qu'une femme répondra simplement au téléphone.

Les femmes lisent entre les lignes

Les femmes ont une sensibilité supérieure pour différencier les changements de ton dans le volume de la voix. Ce qui leur permet de saisir les changements émotionnels chez les enfants aussi bien que chez les adultes. Résultat : pour un homme capable de chanter, on compte huit femmes capables d'en faire autant. Cette capacité permet d'expliquer en partie les expressions féminines telles que “Change de ton avec moi !” ou “Pas ce ton-là avec moi !” quand ces dames se disputent avec des hommes. La plupart de ces messieurs n'ont pas la moindre idée de qu'elles veulent dire.

Des tests réalisés sur des bébés révèlent que deux fois plus de filles que de garçons réagissent à un son fort. Cela explique pourquoi les filles sont plus facilement calmées et réconfortées par la voix aiguë d'un bébé que les garçons, et pourquoi les mères chantent intuitivement des berceuses aux filles mais parlent ou jouent avec les garçons. L'audition féminine contribue de manière significative à ce que l'on appelle “l'intuition féminine” et est l'une des raisons pour lesquelles une femme est capable de comprendre à demi-mot ce que disent les gens. Pourtant, les hommes ne devraient pas perdre tout espoir. Ils excellent dans l'identification et l'imitation de bruits animaliers, ce qui aurait été un avantage certain pour les anciens chasseurs. Malheureusement, cela ne leur sert plus vraiment à grand-chose de nos jours.

Les hommes savent "écouter" la direction

Les femmes sont meilleures que les hommes pour identifier les sons, mais les hommes peuvent leur indiquer d'où proviennent ces sons. Associée à la capacité du mâle à identifier et imiter les bruits des animaux, cette capacité fait de l'homme un chasseur efficace. Mais comment ce son est-il converti par le cerveau sur une carte routière ?

Le professeur Masakasu Konishi, du California Institute of Technology, a découvert quelques-unes des réponses grâce à des hiboux, des oiseaux qui sont bien meilleurs que les humains pour détecter avec précision d'où provient un son. Faites un bruit et vous les verrez tourner la tête en direction de la source de ce bruit. Konishi a découvert un groupe de cellules dans la région auditive de leur cerveau qui établissent le relevé topographique exact d'un son. Les haut-parleurs qui ont produit le même son dans chacune des oreilles du hibou à une vitesse différente – environ 200 millioniÈmes de seconde – ont permis au cerveau du hibou d'établir un relevé topographique en trois dimensions de la localisation du son. Les hiboux tournent leur tête en direction du bruit, ce qui leur permet de localiser une proie ou d'éviter l'approche d'un ennemi. Cela semble être la même capacité que les hommes utilisent pour détecter l'origine d'un son.

Pourquoi les garçons n'écoutent pas

Les garçons sont souvent sermonnés par leurs professeurs ou leurs parents pour ne pas écouter. Mais, à mesure que les garçons grandissent, notamment à l'approche de la puberté, leurs canaux auditifs subissent une forte croissance qui peut provoquer une forme de surdité passagère. On a découvert que les enseignantes réprimandaient les filles d'une manière différente que les garçons et semblent intuitivement comprendre les différences auditives entre homme et femme.

Si une fille refuse de regarder le professeur qui l'admoneste, une enseignante continuera la réprimande. Si un garçon refuse ce contact visuel, de nombreuses enseignantes comprennent intuitivement que probablement soit il n'écoute pas soit il a du mal à entendre. L'enseignante dira alors au garçon : "Regarde-moi quand je te parle." Malheureusement, les garçons ont une vue plus efficace que leur audition. Pour une démonstration aisée de cette affirmation, essayez simplement de compter le nombre de F dans la phrase suivante :

> Fernand fuit sans fin les résultats positifs d'années de recherche scientifique.

Les garçons sont meilleurs que les filles pour voir qu'il y a cinq F. Mais si cette phrase est lue à voix haute, les filles sont meilleures que les garçons pour entendre le nombre exact de F.

Les hommes ne perçoivent pas les petits détails

Anne et Thierry rentrent d'une soirée en voiture. Il conduit, elle lui sert de copilote, et ils viennent de se disputer sur le fait qu'elle lui a dit de tourner à gauche alors qu'elle pensait droite. Après neuf minutes de silence, il soupçonne que quelque chose se prépare. "Chérie..., tout va bien ?" demande Thierry. "Oui. Tout va **bien** !" répond Anne.

L'accent qu'elle met sur le mot "bien" confirme que les choses sont effectivement loin d'aller bien. Alors Thierry repense à la soirée. "Est-ce que c'est quelque chose que j'aurais dit ou fait ce soir ?" demande-t-il. "Je ne tiens pas à en parler", répond-elle du tac au tac.

Cela signifie qu'elle est en colère et qu'elle **veut** effectivement en parler. Pourtant, il est complètement dans le brouillard en tentant de trouver ce qu'il aurait fait ou dit qui l'aurait irritée. "S'il te plaît, dis-le-moi. Qu'est-ce que j'ai fait ?" demande-t-il avec insistance. "Je ne sais pas ce que j'ai fait !"

Dans la plupart des conversations de ce type, l'homme ne dit pas autre chose que la vérité : il ne comprend tout simplement pas où est le problème. "Bon d'accord, dit-elle, je vais te dire quel est le problème même si tu joues les abrutis." Mais Thierry ne joue pas. Il ignore sincèrement de quoi il retourne. Anne prend une profonde inspiration et lâche : "Cette allumeuse a passé toute la soirée avec toi à te faire des avances, et tu ne t'en es pas débarrassé. Tu l'as même encouragée !"

Cette fois, Thierry est totalement paumé – quelle allumeuse ? Quelles avances ? Il n'a rien vu. En fait, alors que "l'allumeuse" (ceci est une expression féminine pour qualifier ou décrire ce que les hommes appelleraient une femme "sexy") lui parlait, il n'a pas remarqué qu'elle lançait son bassin dans sa direction, pointant ses pieds vers lui, se passant la main dans les cheveux, se caressant la cuisse, se massant le lobe de l'oreille, lui jetant des regards langoureux, jouant avec le bord de son verre de vin et parlant comme une petite écolière. Lui est un chasseur. Il peut repérer un zèbre à l'horizon et vous dire quelle est sa vitesse. Il n'a pas la capacité de la femme à déchiffrer le langage des yeux, du corps ou de la voix de quelqu'un qui cherche à le séduire. Toutes les femmes dans la soirée ont vu le petit jeu de "l'allumeuse" sans même qu'elles aient eu à bouger la tête. Un message télépathique "d'alerte à la morue" a été émis et reçu entre toutes les autres femmes de la soirée. La plupart des hommes, eux, n'ont absolument rien remarqué.

Les hommes passent à côté des détails.

Aussi, quand un homme affirme dire la vérité à propos de ces accusations, est-il probablement sincère. Le cerveau des mâles n'est pas prévu pour entendre ou voir les détails.

La magie du toucher

Le toucher peut donner la vie. Des recherches effectuées sur des singes par Harlow et Zimmerman ont montré que le manque ou l'absence de toucher chez les petits des singes se soldait par des dépressions, des maladies et une mort prématurée. Des résultats similaires sont apparus avec des enfants négligés. Une étude impressionnante sur des bébés âgés de dix semaines à six mois a déterminé que les enfants des mères auxquelles on a appris à caresser et toucher leurs bébés avaient spectaculairement moins de grippes ou de rhumes, vomissaient moins et avaient moins de diarrhées que les bébés que leurs mères ne touchaient pas. Une autre recherche a permis de découvrir que les femmes névrosées ou dépressives guérissaient plus rapidement en fonction du nombre de fois qu'on les a câlinées et de la durée de ces câlins.

L'anthropologue américain James Prescott, qui est l'un des pionniers dans la recherche sur l'éducation des enfants et la violence, a découvert que les sociétés dans lesquelles les enfants n'étaient que rarement touchés ou câlinés présentaient un taux de violence plus important une fois arrivés à l'âge adulte. À l'inverse, les enfants élevés par des parents affectueux grandissent et deviennent généralement des adultes meilleurs, en meilleure santé et plus heureux. Les délinquants sexuels et les agresseurs d'enfants tendent à partager un même passé caractérisé par le rejet, la violence et le manque de câlins, et une enfance souvent passée en pension loin des parents. Nombreuses sont les cultures où les gens ne se touchent pas et qui vouent une véritable adoration aux chats et aux chiens, dans la mesure où ces animaux permettent aux gens de vivre l'expérience du toucher grâce aux caresses qu'ils leur prodiguent. La thérapie de la caresse animale s'est avérée un moyen appréciable pour aider les gens à guérir de la dépression et d'autres maladies mentales. Observez simplement comment les Anglais, dont la culture est à l'extrême opposé du toucher et du câlin, adorent leurs animaux familiers. Comme l'a dit Germaine Greer à leur propos : “Même écrasé contre son propre frère dans le métro, l'Anglais moyen continuera désespérément à faire semblant qu'il est tout seul.”

Les femmes sont susceptibles et sensibles

Avec une surface d'environ deux mètres carrés, la peau est le plus grand organe du corps humain. Répartis de manière inégale sur cette peau on trouve 2,8 millions de récepteurs pour la douleur, 200 000 pour le froid et 500 000 pour le toucher et la pression. Dès la naissance, les filles sont spectaculairement plus sensibles au toucher, et, à l'âge adulte, la peau d'une femme est au moins dix fois plus sensible au toucher et à la pression que celle d'un homme. Dans une étude qui fait autorité, on a découvert que les garçons les plus sensibles au toucher l'étaient bien moins que les filles les moins sensibles. La peau féminine est plus fine que celle de l'homme et possède une couche de graisse supplémentaire qui procure aux femmes davantage de chaleur en hiver et leur donne une plus grande endurance que les hommes.

L'ocytocine est une hormone qui stimule le besoin d'être touché et déclenche les récepteurs de notre toucher. Il n'est pas étonnant que les femmes, dont les récepteurs sont dix fois plus sensibles que ceux des hommes, attachent autant d'importance aux câlins qu'elles dispensent à leurs hommes, leurs enfants et leurs amis. Notre recherche sur le langage du corps montre que les femmes occidentales ont quatre à six fois plus de chances de toucher une autre femme dans une conversation qu'un homme n'en aura de toucher un autre homme. Les femmes utilisent une plus grande variété d'expressions en rapport avec le toucher que les hommes, décrivant ainsi une personne qui réussit comme quelqu'un qui "transforme tout ce qu'il touche en or", d'autres comme ayant la "peau tendre" ou la "peau dure". Les femmes adorent "rester en contact" et détestent ceux qui leur "hérissent le poil". Elles parlent de "sentiments", donnent leur "touche personnelle", sont "susceptibles" et irritent les gens en les "prenant à rebrousse-poil".

> Une femme a quatre à six fois plus de chances de toucher une autre femme dans une conversation qu'un homme n'en a de toucher un autre homme.

Une étude sur des patients de services psychiatriques a montré que, sous la pression, les hommes évitent le contact physique et se retranchent dans leur propre univers. Au cours du même test, plus de la moitié des femmes, à l'inverse, ont tenté de se rapprocher des hommes, non pour le sexe, mais pour l'intimité du toucher. Quand une femme est émotionnellement bloquée ou en colère contre un homme, elle réagira probablement en lui disant : "Ne me touche pas !" – une phrase qui ne veut rien dire pour les hommes. Quelle leçon doit-on tirer de tout cela ? Pour marquer des points avec les femmes, usez d'attouchements appropriés mais évitez le pelotage. Pour élever des enfants en bonne santé mentale, n'hésitez surtout pas à les câliner beaucoup.

Pourquoi les hommes sont aussi "blindés"

Les hommes ont la peau plus épaisse que les femmes, ce qui explique pourquoi les femmes ont plus de rides que les hommes. La peau du dos d'un homme est quatre fois plus épaisse que la peau de son ventre, vestige de son passé d'animal à quatre pattes qui lui conférait une meilleure protection en cas d'attaque par derrière. L'essentiel de la sensibilité des garçons au toucher est perdu à la puberté, et leur corps se prépare alors aux rigueurs de la chasse. Les hommes avaient besoin d'avoir une peau désensibilisée pour traverser des fourrés d'épineux, lutter avec des animaux et combattre des ennemis sans que la douleur ne les ralentisse. Quand un homme se concentre au cours d'un effort physique ou sportif, il est peu probable qu'il soit même conscient d'une blessure.

> Un garçon ne perd pas réellement la sensibilité de sa peau à la puberté, cette sensibilité se concentre en une seule zone.

Mais quand cet homme n'est pas concentré sur une tâche, son seuil de la douleur est beaucoup plus bas que celui d'une femme. Quand un homme demande en gémissant : “Fais-moi un potage au poulet… un jus d'orange frais… apporte-moi une bouillotte… appelle le médecin et assure-toi que mon testament est en bon ordre !”, cela veut dire en général que l'homme souffre d'un léger rhume de cerveau. Les hommes sont également moins sensibles à la douleur ou au sentiment de gêne d'une femme. Si elle est pliée en deux de douleur, a une température de 39 degrés et grelotte sous les couvertures, il dira : “Est-ce que tout va bien ma chérie ?”… tout en pensant : “Si j'ignore sa maladie, peut-être qu'on pourra faire l'amour. De toute façon elle est déjà au lit.”

Toutefois, les hommes ressentent de la sensibilité en regardant un match de foot ou des sports violents. Si les hommes regardent un match de boxe à la télé et qu'un des boxeurs se prend un méchant coup, une femme dira : "Ouufff !.. ça a dû faire mal", alors que les hommes grognent et *ressentent* vraiment la douleur.

Un aperçu de la vie

Les sens du goût et de l'odorat sont beaucoup plus développés chez les femmes que chez les hommes. Nous avons près de 10 000 récepteurs du goût capables de détecter au moins quatre goûts principaux : le sucré et le salé sur la pointe de la langue, l'aigre sur les côtés et l'amer à l'arrière de la langue. Les chercheurs japonais sont actuellement en train de tester une cinquième catégorie de goût : le goût du gras. Les hommes obtiennent de meilleurs résultats pour discerner le salé et l'amer, ce qui explique pourquoi ils boivent de la bière, et les femmes sont bien meilleures dans le sucré, ce qui explique qu'il y a dans le monde beaucoup plus de femmes que d'hommes "droguées" au chocolat. En tant que gardienne du nid et cueilleuse de fruits, la femme avait l'avantage de goûter la nourriture pour vérifier qu'elle était suffisamment sucrée et mûre pour sa progéniture, ce qui lui a donné un palais très raffiné pour tout le sucré. Cela explique pourquoi les femmes aiment les sucreries, et pourquoi la plupart des goûteurs de nourriture sont des femmes.

Quelque chose dans l'air

Non seulement le sens de l'odorat de la femme est plus développé que celui de la moyenne des hommes, mais ce sens est encore plus exacerbé pendant la période du cycle qui correspond à l'ovulation. Le nez de la femme est capable de détecter les phéromones et les odeurs de musc associées aux hommes, et ces senteurs ne peuvent pas être détectées de manière consciente. Son cerveau est capable de décoder l'état du système immunitaire d'un homme et, si ce système est complémentaire ou plus fort que son propre système immunitaire, elle peut décrire cet homme comme attirant ou "curieusement magnétique". Si son système immunitaire est plus fort que celui de l'homme, il est probable qu'elle le trouve moins attirant.

> Un système immunitaire fort peut faire qu'un homme soit "étrangement attirant".

Des chercheurs sur les fonctions cérébrales ont découvert que le cerveau de la femme peut analyser ces différences dans les systèmes immunitaires dans les trois premières secondes d'une rencontre. Les systèmes immunitaires complémentaires des parents fournissent un avantage aux enfants en leur donnant une plus grande chance de survie. Une conséquence de toutes ces recherches a été la mise sur le marché d'huiles et de potions destinées aux hommes, censées contenir le secret de l'attraction due à la phéromone et qui rendraient les femmes folles de désir.

La matière grise

Notre évolution nous a dotés des capacités biologiques et des sens nécessaires à notre survie. Ce que l'on appelle communément la sorcellerie, le pouvoir surnaturel ou l'intuition féminine ont été étudiés et testés scientifiquement depuis les années quatre-vingt. Pour l'essentiel, toutes ces recherches ont permis de démontrer la supériorité féminine dans le domaine de toutes les perceptions. La plupart des sorcières ont été condamnées au bûcher par des hommes qui ne pouvaient pas appréhender les différences biologiques. Les femmes sont tout simplement meilleures pour déceler les petites nuances dans le langage corporel, les signaux vocaux, le ton de la voix et autres *stimuli* sensoriels. Les femmes modernes sont aujourd'hui encore montrées du doigt pour leurs capacités supérieures et sont souvent attirées par les astrologues, les médiums, les cartomanciens, les numérologues et autres qui proposent une explication de l'intuition féminine en échange d'espèces sonnantes et trébuchantes. Les sens hautement efficaces et sophistiqués d'une femme contribuent de manière importante à la maturité précoce des adolescentes. À dix-sept ans, la plupart des jeunes filles peuvent fonctionner comme des adultes, tandis qu'au même âge les garçons en sont encore à s'éclabousser à la piscine ou à faire des concours de pets.

Pourquoi les hommes sont qualifiés "d'insensibles"

Ce n'est pas tant que les femmes soient dotées de super sens, mais plutôt que, comparativement, les hommes ont des sens médiocres. Dans son monde de haute perception, une femme attend d'un homme qu'il soit capable de "lire" ses signaux vocaux, ses mots ou ses gestes et d'anticiper ses besoins, tout comme pourrait le faire une autre femme. Pour les raisons d'évolution déjà abordées, cela n'est tout simplement pas possible. Une femme présume en toute quiétude qu'un homme saura ce qu'elle veut ou ce dont elle a besoin et, quand celui-ci ne saisit pas ses signaux, elle l'accuse d'être "insensible, qui ne comprend rien à rien !". Les hommes, eux, se lamentent en affirmant : "Je ne suis pas médium !" La recherche a prouvé que les hommes étaient de piètres télépathes. Mais la bonne nouvelle, c'est que la plupart d'entre eux peuvent s'entraîner pour améliorer leur conscience des messages vocaux et non verbaux.

Le chapitre suivant est un test exceptionnel qui vous montrera l'orientation sexuelle de votre cerveau et pourquoi vous êtes ce que vous êtes.

TOUT EST DANS LA TÊTE

Chapitre 3

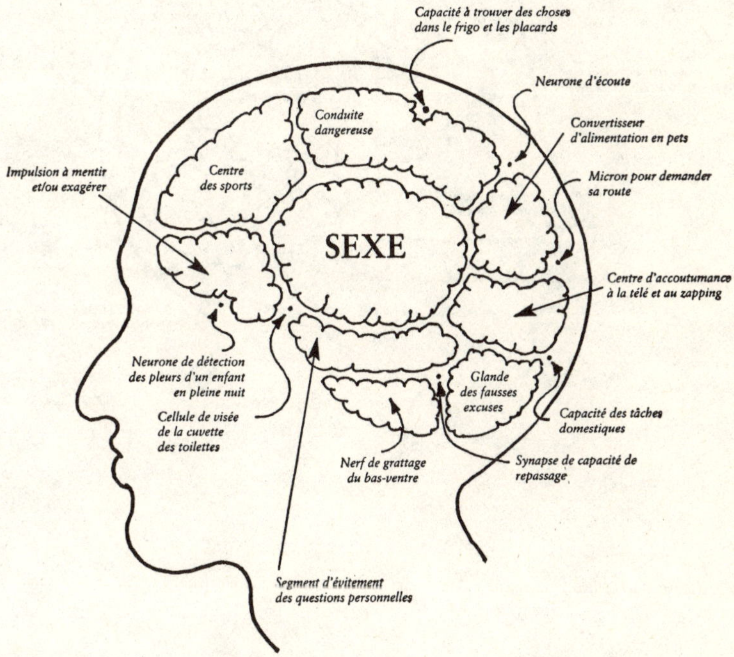

Le cerveau masculin.

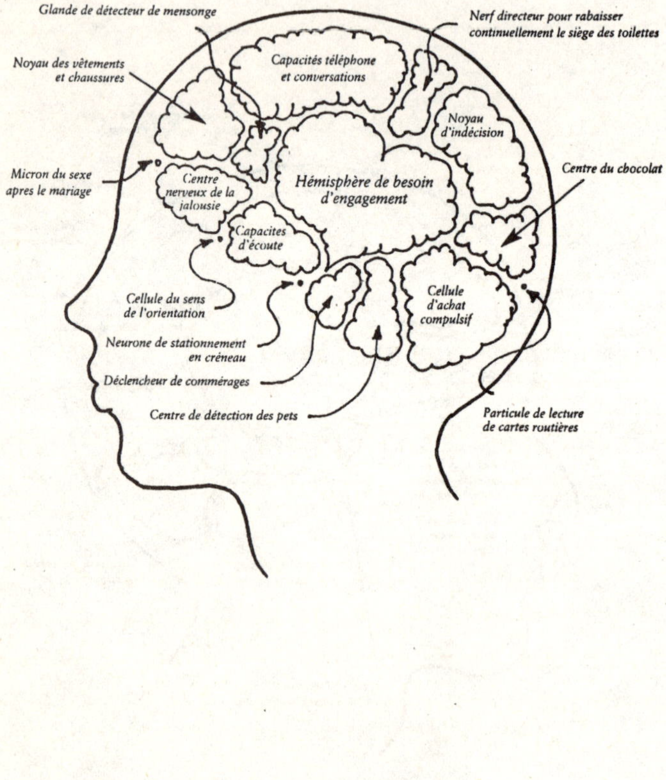

Le cerveau féminin.

Ces illustrations humoristiques des cerveaux masculin et féminin ne sont drôles que parce qu'elles contiennent une part de vérité. Mais dans quelle mesure ? Eh bien, beaucoup plus que vous ne pouvez l'imaginer ! Dans ce chapitre, nous examinerons les récentes révélations spectaculaires de la recherche sur le cerveau.

Ce chapitre vous fera l'effet d'un véritable révélateur, et à la fin nous avons inclus un test simple mais remarquable destiné à vous montrer simplement pourquoi votre cerveau se comporte comme il le fait.

Pourquoi nous sommes plus intelligents

Observez les dessins suivants et vous remarquerez deux différences frappantes entre le gorille, l'homme de Neandertal et l'être humain actuel. D'abord, notre cerveau a plus de trois fois la taille de celui du gorille et est un tiers plus gros que celui de notre ancêtre primitif. Des fossiles ont permis de montrer que notre cerveau a conservé la même taille depuis cinquante mille ans, et il n'y a eu que très peu de changements dans les fonctions cérébrales. Ensuite, nous avons une protubérance frontale qui faisait défaut à nos ancêtres et à nos cousins primates. Le front contient les lobes frontaux gauche et droit qui nous fournissent nombre de nos capacités uniques telles que la pensée, la faculté de lire les cartes routières et la parole. C'est ce qui nous rend supérieurs à tous les autres animaux.

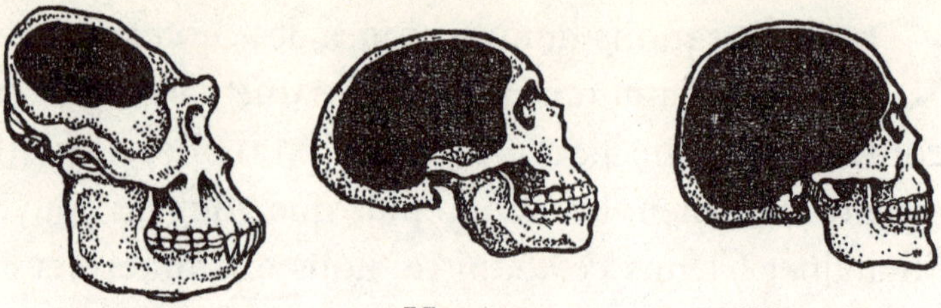

Gorille — *Homme de Néandertal* — *Homme moderne*

Les cerveaux des hommes et des femmes ont évolué avec des forces, des capacités et des talents différents.

Les hommes, étant responsables de la chasse, avaient besoin de zones cérébrales pour les déplacements lointains, afin de mettre au point des stratégies pour organiser les battues et développer des capacités pour repérer et tuer le gibier. Ils n'avaient besoin ni d'être doués pour la conversation ni d'être sensibles aux besoins émotionnels de l'autre, aussi n'ont-ils jamais développé des zones cérébrales fortes pour les échanges interpersonnels.

À l'inverse, les femmes avaient besoin d'une bonne aptitude aux déplacements courts, d'une vision périphérique pour contrôler leur environnement immédiat, la capacité de faire plusieurs choses en même temps, et des capacités de communication efficaces.

La conséquence de ces besoins différents est que le cerveau des hommes et des femmes a évolué et développé des zones spécifiques pour gérer chacune de ces capacités.

En termes modernes, la société antique était très sexiste, mais nous reviendrons sur ce sujet plus tard.

Comment notre cerveau défend son territoire

“Les vieilles habitudes ont la vie dure”, disaient les anciens. “La mémoire génétique est vivante et en marche”, disent les scientifiques. La mémoire génétique fait partie de notre comportement instinctif. Naturellement, on peut aisément imaginer que le fait de rester pendant des dizaines de milliers d’années assis dans une caverne à surveiller les environs, à défendre son territoire et à résoudre les milliers de problèmes liés à la survie laisse une sacrée empreinte sur les hommes.

Observez-les simplement dans un restaurant. La plupart des hommes préfèrent s’asseoir le dos au mur, faisant face à l’entrée. Cette position les rassure et leur permet de rester en alerte. Personne ne pourra s’approcher en passant inaperçu, même si, aujourd’hui, la seule arme mortelle que l’individu pourrait brandir est une addition particulièrement salée. De l’autre côté, les femmes ne voient aucun inconvénient à s’asseoir dos à un espace ouvert, à moins qu’elles ne soient seules avec de jeunes enfants, dans ce cas elles opteront pour une table près du mur.

À la maison, les hommes agissent également de manière instinctive, en choisissant le côté du lit le plus près de l'entrée de la chambre – geste symbolique de la défense de l'entrée de la caverne. Si un couple emménage dans une nouvelle maison ou réside à l'hôtel et que l'entrée de la chambre soit du côté de la femme, l'homme peut très bien ne pas trouver le sommeil sans même jamais comprendre pourquoi. Le fait de changer de place dans le lit afin que l'homme retrouve sa place face à l'entrée de la chambre peut souvent résoudre son problème d'insomnie passagère.

> Les hommes plaisantent souvent en déclarant qu'ils dorment du côté de la porte de la chambre de leur premier domicile conjugal pour pouvoir partir plus vite – en vérité, c'est par pur instinct de défense.

Lorsque l'homme est loin du foyer, la femme reprend généralement son rôle protecteur et prend sa place dans le lit. La nuit, une femme peut sortir immédiatement du sommeil profond en entendant un son aigu, comme les pleurs d'un bébé. Les hommes, au grand dam des femmes, continueront à ronfler. Mais leur cerveau est prévu pour entendre des sons associés au mouvement, et même le son d'un craquement de branche à l'extérieur peut le réveiller en un quart de seconde pour qu'il se défende contre une attaque potentielle. Dans ce cas, ce sont les femmes qui continueront à dormir – sauf quand l'homme est absent et que son cerveau se programme pour assumer le rôle de défense, et qu'elle entend tout bruit ou mouvement susceptible de menacer le nid.

Le cerveau derrière le succès

Le philosophe grec Aristote croyait que le centre de la pensée était le cœur tandis que le cerveau contribuait au refroidissement du corps. C'est pourquoi le cœur est l'objet de nombre de nos expressions d'émotion. Cela nous semble ridicule aujourd'hui, mais de nombreux experts, et ce jusqu'à la fin du XIXe siècle, étaient d'accord avec Aristote.

En 1962, Roger Sperry a obtenu un prix Nobel pour avoir établi que les deux hémisphères du cortex cérébral sont responsables de fonctions intellectuelles séparées. La technologie avancée nous permet aujourd'hui de voir comment opère le cerveau, mais notre compréhension véritable des fonctions cérébrales est encore très élémentaire. Nous savons que l'hémisphère droit, qui est le côté en charge de la création, contrôle la partie gauche du corps, tandis que l'hémisphère gauche commande la logique, la raison, la parole et la partie droite du corps. Le cerveau gauche est la partie où sont situés le langage et le vocabulaire, en particulier chez les hommes, tandis que le cerveau droit stocke et contrôle l'information visuelle.

Les gauchers ont tendance à solliciter davantage l'hémisphère droit, qui est le centre de la création. C'est l'une des raisons qui explique le nombre disproportionné de génies artistiques gauchers parmi lesquels Albert Einstein, Léonard de Vinci, Picasso, Lewis Carroll, Greta Garbo, Robert De Niro et Paul McCartney. On compte davantage de gauchères que de gauchers et 90 % de la population mondiale est droitière.

> Les tests montrent que les femmes ont un taux d'intelligence générale de 3 % supérieur à celui des hommes.

Jusque dans les années soixante, l'essentiel des données collectées sur le cerveau humain provenait des soldats tués sur les champs de bataille – et l'on ne manquait pas de candidats sur lesquels travailler. Toutefois, le problème était que l'immense majorité de ces "patients" étaient des hommes, d'où la présomption induite que le cerveau féminin fonctionnait de la même manière.

Aujourd'hui, les recherches les plus récentes démontrent que le cerveau féminin fonctionne très différemment du cerveau masculin. C'est là que réside l'origine de la plupart des problèmes relationnels entre les deux sexes. Le cerveau féminin est légèrement plus petit que le cerveau masculin, mais les études montrent que cette différence de taille n'a aucune importance sur l'activité cérébrale de la femme. En 1997, la chercheuse danoise Berte Pakkenberg, du service de neurologie de l'hôpital municipal de Copenhague, a démontré que, en moyenne, un homme dispose d'environ quatre milliards de cellules cérébrales de plus qu'une femme mais que, généralement, les femmes ont un taux d'intelligence générale de 3 % supérieur à celui des hommes.

Ce qu'il y a dans le cerveau et où

Voici comment généralement on présente les deux hémisphères cérébraux et les fonctions qu'ils contrôlent.

Hémisphère Gauche
Côté droit du corps
Mathématiques
Verbe
Logique
Données
Déduction
Analyse
Pratique
Commandement
Paroles d'une chanson
Descendance
Voir les petits détails

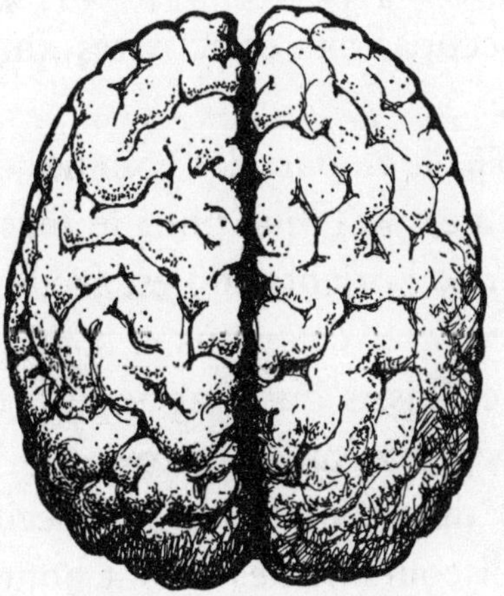

Hémisphère Droit
Côté gauche du corps
Création
Sens artistique
Vision
Intuition
Idées
Imagination
Holistique
Air d'une chanson
Voir "l'image générale"
Espace
Multitâche

Alors que la recherche et notre compréhension du cerveau humain progressent de manière spectaculaire chaque jour, on note des interprétations diverses et variées des résultats de cette recherche. Reste qu'il y a tout de même plusieurs domaines sur lesquels les scientifiques et les chercheurs sont d'accord. Grâce à l'utilisation de l'imagerie à résonance magnétique (IRM), qui mesure l'activité électrique dans le cerveau, il est aujourd'hui possible de repérer et de mesurer la localisation exacte de nombreuses fonctions spécifiques dans le cerveau. Grâce au scanner, nous pouvons voir quelle est la partie du cerveau en charge d'une tâche particulière. Quand un scanner montre un endroit spécifique pour une capacité ou une fonction, cela signifie que la personne est généralement bonne dans cette capacité, qu'elle l'apprécie, qu'elle est attirée par les occupations et activités qui font appel à cette capacité.

Par exemple, la plupart des hommes ont une localisation cérébrale spécifique pour le sens de l'orientation, preuve que l'orientation est facile pour eux. Ils apprécient de tracer des plans et sont attirés par des occupations et loisirs qui font appel à ces capacités, comme la navigation ou les courses d'orientation. Les femmes, elles, disposent de régions spécifiques pour la parole et le discours – elles y sont bonnes, l'utilisent avec facilité et sont attirées par des domaines qui leur permettent d'utiliser cet atout, comme la thérapie, le conseil ou l'enseignement. Lorsqu'on ne trouve aucune localisation précise pour une capacité spécifique, cela signifie généralement que la personne n'excelle pas naturellement dans cette capacité, et n'apprécie pas particulièrement les tâches qui y font appel. C'est pourquoi les navigatrices sont rares, tout comme il est rare de trouver du réconfort auprès d'un conseiller mâle, ou qu'il est difficile d'apprendre correctement le français auprès d'un professeur de sexe masculin.

Où a commencé la recherche sur le cerveau ?

Les premiers tests scientifiques avérés sur les différences entre les deux sexes ont été réalisés au Muséum de Londres par Francis Gatton en 1882. Il a découvert que les hommes étaient plus sensibles aux sons "clairs" – des bruits stridents ou aigus – avaient une poignée de main plus ferme et étaient moins sensibles à la douleur que les femmes. Au même moment, aux États unis, une étude similaire a permis de découvrir que les hommes préféraient le rouge au bleu, avaient un meilleur vocabulaire et préféraient résoudre des problèmes techniques plutôt que domestiques. Les femmes avaient une ouïe plus développée, utilisaient davantage de mots que les hommes et préféraient travailler à des tâches et des problèmes individuels.

Les premières recherches sur la localisation spécifique des fonctions cérébrales ont été effectuées sur des patients dont le cerveau avait été endommagé. On a découvert que les hommes dont l'hémisphère cérébral gauche avait été endommagé avaient perdu tout ou presque de l'usage de la parole et du vocabulaire, alors que les femmes, dans la même situation, ne perdaient pas leur capacité discursive dans les mêmes proportions, démontrant ainsi que les femmes disposaient de plus d'un centre de la parole.

Trois à quatre fois plus d'hommes que de femmes étaient susceptibles de souffrir de pertes de la parole ou d'éprouver des difficultés d'élocution, et étaient beaucoup moins capables de récupérer tout ou partie de ces capacités. Si un homme a l'hémisphère gauche endommagé, il a une chance de devenir muet. Dans le même cas de figure, une femme pourra continuer à parler.

Les hommes dont l'hémisphère droit est endommagé perdent tout ou presque de leurs capacités spatiales – la capacité de penser en trois dimensions et de visualiser les objets en mouvement pour voir leurs différents aspects à partir d'angles différents. Par exemple, le plan d'une maison est visualisé en deux dimensions par un cerveau féminin, alors qu'un cerveau masculin le verra en trois dimensions, c'est-à-dire que les hommes peuvent voir la profondeur. La plupart des hommes peuvent voir à quoi ressemblera, une fois terminée, une maison encore en construction. Les femmes dont l'hémisphère droit est endommagé au même endroit ne subiront pratiquement aucune perte de leurs capacités spatiales.

Doreen Kimura, professeur de psychologie de l'université d'Ontario, a découvert que les désordres discursifs se produisent chez l'homme quand seul l'hémisphère gauche est endommagé, mais ne se produisent chez la femme que quand le lobe frontal de l'un ou l'autre hémisphère est endommagé. Le bégaiement est un défaut d'élocution qui est presque entièrement un problème masculin, et l'on dénombre trois à quatre fois plus de garçons que de filles dans les classes de perfectionnement et de soutien à la lecture. Pour être clair, les hommes ont des capacités limitées en ce qui concerne la parole et la conversation. Ce résultat ne surprendra pas la plupart des femmes. Les livres d'histoire montrent que, depuis des milliers d'années, les femmes se sont arraché les cheveux face à l'absence de conversation des hommes.

Comment le cerveau est analysé

Depuis le début des années quatre-vingt-dix, le matériel de scanographie cérébrale a évolué au point qu'aujourd'hui il est possible de voir son cerveau fonctionner en direct sur un écran de télévision grâce à la tomographie d'émission en positron (TEP) et à l'imagerie à résonance magnétique (IRM). Marcus Raichle, de la faculté de médecine de l'université de Washington, a pu mesurer les zones spécifiques d'accroissement du métabolisme dans le cerveau pour localiser avec précision les zones utilisées par des capacités spécifiques et ces zones sont illustrées page suivante :

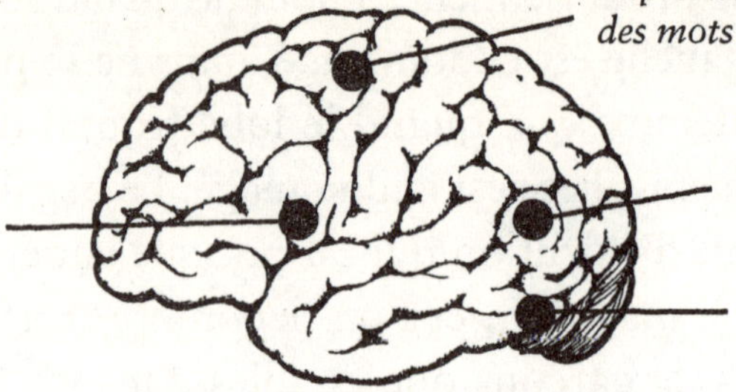

Localisation de zones spécifiques obtenue grâce à l'IRM.

À l'université de Yale, en 1995, une équipe scientifique, dirigée par les docteurs Bennett et Sally Shaywitz, a réalisé des tests sur des hommes et des femmes pour déterminer quelle était la partie du cerveau sollicitée pour faire des rimes. Grâce à l'IRM, qui permet de déceler les petits changements dans la circulation sanguine entre les différentes parties du cerveau, cette équipe a confirmé qu'au jeu de la rime les hommes utilisaient principalement leur hémisphère gauche pour toutes les tâches ayant trait à la parole tandis que les femmes se servaient de leurs deux hémisphères. Ces expériences et de très nombreuses autres réalisées dans les années quatre-vingt-dix aboutissent clairement au même résultat : le cerveau des hommes et des femmes fonctionne de manière différente.

Demandez aux hommes et aux femmes si leur cerveau fonctionne différemment. Les hommes répondront qu'ils pensent que oui, et d'ailleurs ils ont lu quelque chose sur Internet là-dessus l'autre jour… Les femmes, elles, répondront simplement bien sûr que oui. Autre question ?

Les recherches montrent également que l'hémisphère gauche d'une fille se développe plus rapidement que celui du garçon, ce qui signifie qu'elle parlera plus vite et mieux que son frère, qu'elle lira plus tôt et apprendra plus vite une langue étrangère. Ce qui explique également pourquoi les salles d'attente des orthophonistes sont emplies de petits garçons.

Par ailleurs, l'hémisphère droit des garçons se développe plus rapidement que celui des filles, ce qui permet aux garçons de développer plus vite leurs capacités spatiales, de logique et de perception. Les garçons excellent en mathématiques, en construction, en puzzles et résolution de problèmes. Ils maîtrisent cela plus tôt que les filles.

Il peut être de bon ton de faire comme si les différences entre les deux sexes étaient minimes ou hors de propos, mais les faits sont tout simplement là pour prouver le contraire. Malheureusement, nous vivons aujourd'hui dans un environnement social qui insiste pour que, hommes et femmes, nous soyons pareils – en dépit de la montagne de preuves du contraire qui démontre que nos cerveaux sont connectés différemment et que nous avons évolué avec des capacités et des penchants innés radicalement différents.

Pourquoi les femmes sont mieux connectées

Les hémisphères cérébraux gauche et droit sont connectés par un faisceau de fibres nerveuses appelé le corps calleux. Ce câble permet à l'un des côtés du cerveau de communiquer avec l'autre et permet l'échange d'information.

Imaginez que vous ayez deux ordinateurs sur les épaules avec une interface câblée entre les deux. Ce câble est le corps calleux.

Le neurologue Roger Gorski, de l'université de Californie à Los Angeles (UCLA), a confirmé que le cerveau féminin disposait d'un corps calleux plus épais que le cerveau masculin, les femmes ayant jusqu'à 30 % de connexions de plus entre les hémisphères gauche et droit. Il a également prouvé que les hommes et les femmes utilisaient des zones cérébrales différentes pour effectuer la même tâche.

Ces découvertes ont depuis été corroborées par d'autres scientifiques.

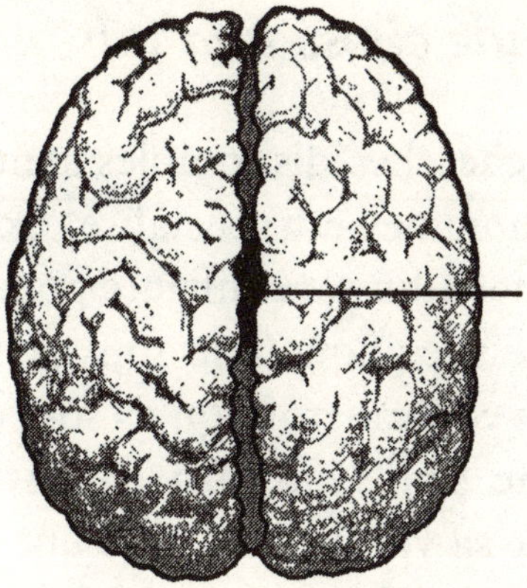

Le corps calleux.

La recherche révèle également que l'œstrogène, une hormone femelle, incite les cellules nerveuses à créer davantage de connexions dans le cerveau et entre les deux hémisphères. Les études montrent que plus vous avez de connexions, plus votre élocution est bonne. Cela explique aussi la capacité des femmes à travailler à plusieurs tâches simultanément et donne un grand coup de projecteur sur l'intuition féminine. Comme nous l'avons déjà dit, une femme dispose d'une plus grande variété d'outils sensoriels et ce phénomène ajouté à la multiplicité de ses connexions pour un transfert plus rapide entre les hémisphères, il n'est pas étonnant qu'une femme puisse porter intuitivement autant de jugements perspicaces sur les gens et les situations.

Pourquoi les hommes ne peuvent faire "qu'une seule chose à la fois" !

Toutes les recherches disponibles sont d'accord : le cerveau des hommes est spécialisé. Compartimenté. Un cerveau masculin est configuré pour se concentrer sur une tâche spécifique à la fois, et la plupart des hommes vous confirmeront qu'ils sont capables de ne faire "**qu'une seule chose à la fois**". Quand un homme arrête sa voiture pour lire une carte routière, quelle est la première chose qu'il fait ? Il éteint la radio. La plupart des femmes ne peuvent pas comprendre pourquoi. Elles sont capables de lire tout en écoutant ou en parlant avec quelqu'un, alors pourquoi les hommes ne pourraient-ils pas en faire autant ? Pourquoi persiste-t-il à baisser le son de la télé quand le téléphone sonne ? "Quand il lit le journal ou regarde la télévision, pourquoi ne peut-il pas entendre ce que je viens de lui dire ?" est une complainte émise au même moment par bien des femmes dans le monde. La réponse est que le cerveau masculin est programmé pour ne faire qu'une seule chose à la fois, parce qu'il a moins de fibres de connexion entre les hémisphères gauche et droit, et un cerveau plus compartimenté. Faites un scanner de sa tête quand il lit et vous verrez qu'il est virtuellement sourd.

Un homme peut soit lire soit entendre.
Il ne peut pas faire les deux en même temps.

Le cerveau d'une femme est programmé pour le travail multitâche. Elle est capable de faire simultanément plusieurs choses sans rapport entre elles, et son cerveau n'est jamais au repos, il est toujours en activité. Elle peut parler au téléphone tout en s'essayant à une nouvelle recette culinaire et regarder la télévision. Ou bien elle peut conduire sa voiture, se maquiller et écouter la radio tout en utilisant son téléphone mains libres. Mais si un homme tente une recette et que vous lui parliez, il est probable qu'il se fâche parce qu'il n'arrive pas à suivre, en même temps, les instructions écrites de la recette. Si vous parlez à un homme pendant qu'il se rase, il y a de forts risques qu'il se coupe. La plupart des femmes ont vécu au moins une fois l'expérience d'être accusée par un homme de lui avoir fait rater une sortie sur l'autoroute parce qu'elle... lui parlait à ce moment là. Une femme nous a raconté que, lorsqu'elle est vraiment en colère après son mari, elle prend un malin plaisir à lui parler alors qu'il est en train de planter un clou !

Parce que les femmes utilisent les deux hémisphères de leur cerveau, nombreuses sont celles qui trouvent difficile de différencier leur main droite de leur main gauche. Environ 50 % des femmes ne peuvent pas les distinguer instantanément, sans regarder d'abord l'annulaire qui porte leur alliance ou une tache de rousseur particulière. À l'inverse, pour les hommes utilisant soit l'hémisphère gauche soit l'hémisphère droit, il est beaucoup plus facile de distinguer leur gauche de leur droite. Résultat : presque toutes les femmes du monde, où qu'elles se trouvent, se font tancer vertement par des hommes pour leur avoir dit de tourner à droite – alors qu'en réalité, elles voulaient dire à gauche.

Le test de la brosse à dents

Faites le test de la brosse à dents. La plupart des femmes sont capables de se brosser les dents tout en marchant et en parlant de plusieurs sujets. Elles sont capables de bouger leur brosse à dents de bas en haut d'une main en même temps que de l'autre elles nettoient une table en cercles concentriques. La plupart des hommes trouvent cela difficile à faire, pour ne pas dire impossible.

Quand les hommes se brossent les dents, leur cerveau "monotâche" se concentre entièrement sur cette seule tâche. Ils se tiennent face au lavabo, les pieds écartés de 30 centimètres, le corps penché, bougeant leur tête d'avant en arrière contre la brosse, généralement à la vitesse de l'écoulement de l'eau.

Pourquoi nous sommes qui nous sommes

À une époque où nous nous efforçons d'élever garçons et filles comme s'ils étaient identiques, la science nous prouve qu'ils sont radicalement différents dans leur mode de pensée. La conclusion à laquelle neurologues et spécialistes du cerveau, partout dans le monde, sont arrivés aujourd'hui est que nous sommes ce que nous sommes à cause des hormones.

> Nous sommes ce que nous sommes à cause des hormones. Nous sommes le résultat de notre chimie.

Depuis la fin du XIXe siècle, on nous dit que nous naissons avec un esprit vide et que nos parents, nos professeurs et notre environnement nous dictent nos comportements et nos choix. De nouvelles recherches sur le cerveau et son développement révèlent aujourd'hui que notre esprit est programmé, tel un ordinateur, environ six à huit semaines après notre conception. Notre "système d'exploitation" est en place et plusieurs "programmes" sont également installés si bien qu'à notre naissance nous sommes "pré-installés", tel un ordinateur auquel on ajouterait toute une panoplie de périphériques et de logiciels.

La science montre également que ce système d'exploitation élémentaire et son réseau de connexions n'offrent que peu de place au changement. Notre environnement et nos professeurs peuvent simplement nous ajouter des données et "faire tourner" des programmes compatibles. Et, jusqu'à aujourd'hui, il n'y avait pratiquement aucun "mode d'emploi" disponible. Ce qui signifie qu'à notre naissance nos choix futurs et nos préférences sexuelles sont préétablis. L'inné contre l'acquis ? L'affaire est déjà entendue. La nature avait une bonne longueur d'avance dès le début. Nous savons aujourd'hui que l'acquis est un comportements appris, avec des mères adoptives qui prouvent qu'elles sont aussi efficaces pour élever leurs enfants que les mères biologiques.

Programmer le fœtus

Nous sommes presque tous formés par 46 chromosomes qui sont comme des blocs de construction génétiques ou un plan d'architecte. Vingt-trois de ces chromosomes nous viennent de notre mère et 23 de notre père. Si le 23e chromosome de notre mère est un chromosome X (c'est-à-dire qu'il a la forme d'un X) et si le 23e chromosome de notre père est également un X, le résultat est appelé bébé XX, c'est-à-dire une fille. Si le 23e chromosome du père est un chromosome Y, nous obtiendrons un bébé XY, qui sera un garçon. Le modèle élémentaire du corps humain et du cerveau est féminin – nous commençons tous comme des filles – et c'est pourquoi les hommes présentent des attributs féminins tels que des mamelons et autres glandes mammaires.

> La science a prouvé que Ève était la première !

Six à huit semaines après la conception, le fœtus est plus ou moins asexué et dispose du potentiel nécessaire pour former des organes génitaux masculins ou féminins.

Un scientifique allemand, le Dr Gunther Dorner, pionnier en sciences sociales, fut l'un des premiers à avoir avancé l'idée que notre identité sexuelle est formée six à huit semaines après la conception. Ses recherches ont montré que, si le fœtus est un garçon génétique (XY), il développe des cellules spéciales qui sécrètent de grandes quantités d'hormones mâles, en particulier de la testostérone, à travers tout le corps, pour former les testicules et configurer le cerveau pour des caractéristiques et des comportements masculins comme la vision à longue distance ou des capacités spatiales pour lancer, chasser et pourchasser.

Supposons qu'un fœtus mâle (XY) ait besoin d'au moins une unité d'hormone mâle pour former les organes génitaux mâles et trois autres unités pour configurer son cerveau en un système d'exploitation masculin, mais que, pour des raisons dont nous discuterons plus tard, il ne reçoive pas le dosage requis. Supposons que, sur les quatre unités dont il a besoin, il n'en reçoive que trois. La première unité est utilisée pour former les organes génitaux mâles, mais le cerveau ne reçoit que deux unités de plus, ce qui veut dire que le cerveau est sexué mâle aux deux tiers et féminin à un tiers. Le résultat est qu'un tel bébé garçon grandira pour devenir une personne avec un cerveau principalement masculin mais avec certaines capacités et pensées féminines. Si le fœtus mâle ne reçoit, disons, que deux unités d'hormone mâle, une est utilisée pour la formation des testicules et le cerveau n'en reçoit qu'une au lieu des trois exigées. Dans ce cas, nous avons un bébé dont le cerveau est encore essentiellement féminin en structure et en pensée, mais avec un corps génétiquement masculin. Au moment de la puberté, il est probable que ce garçon devienne homosexuel. Nous aborderons la façon dont cela se produit dans le chapitre 8.

Quand le fœtus est une fille (XX), il n'y a que peu ou pas d'hormones mâles en présence, et donc le corps forme des organes génitaux féminins et le modèle cérébral reste féminin. Le cerveau est davantage configuré avec des hormones féminines et développe des caractéristiques de défense du nid, parmi lesquelles la capacité de décoder les signaux verbaux et non verbaux. À sa naissance, le bébé fille est féminin, et son comportement sera féminin à cause de son cerveau et ses connexions féminines. Mais il arrive, généralement par accident, que le fœtus féminin reçoive une dose importante d'hormones mâles, et le résultat est un bébé fille avec un cerveau plus ou moins masculin. Nous verrons également comment cela se produit dans le chapitre 8.

On estime qu'environ 80 à 85 % des hommes ont un cerveau configuré de manière masculine, et qu'environ 15 à 20 % ont un cerveau plus ou moins féminisé. Nombre d'hommes de ce dernier groupe deviennent homosexuels.

> 15 à 20 % des hommes ont un cerveau féminisé. Environ 10 % des femmes ont un cerveau masculinisé.

Toute référence à la gent féminine dans ce livre concernera environ 90 % des filles et des femmes, c'est-à-dire que leur cerveau est prévu pour un comportement principalement féminin. Environ 10 % des femmes ont un cerveau plus ou moins prévu pour des capacités masculines parce qu'il a reçu une dose d'hormones mâles six ou huit semaines après la conception.

Ci-dessous, vous trouverez un test simple mais fascinant qui peut vous montrer dans quelle mesure votre cerveau est connecté pour un mode de pensée masculin ou féminin. Les questions proviennent de nombreuses études majeures sur la sexualité du cerveau, et le système d'évaluation a été mis au point par le généticien britannique Anne Moir. Dans ce test, il n'y a pas de bonnes ou de mauvaises réponses, mais il vous donne un aperçu intéressant sur les raisons pour lesquelles vous faites tel ou tel choix ou pensez de telle ou telle manière. A la fin de ce test, vous pouvez comparer votre résultat au graphique fourni à la page 122. Photocopiez ce test et faites-le faire à ceux avec qui vous vivez et travaillez, et le résultat sera révélateur pour chacun.

Le test des méandres du cerveau

Ce test est conçu pour indiquer la masculinité et la féminité de vos comportements cérébraux. Il n'y a ni bonne ni mauvaise réponse – le résultat est simplement une indication du niveau probable d'hormones mâles que votre cerveau a reçu ou n'a pas reçu six à huit semaines après votre conception. Cela se reflète dans vos préférences de valeurs, comportements, style, orientations et choix.

Cochez l'affirmation qui semble être, pour vous, la plus probable la plupart du temps.

1. **Quand vous devez lire une carte routière ou un plan :**
   a) vous avez des difficultés et demandez souvent de l'aide ;
   b) vous la retournez pour faire face à la direction dans laquelle vous voulez aller ;
   c) vous n'avez aucune difficulté à lire les cartes routières ou les plans.

2. **Vous êtes en train de cuisiner un plat compliqué, avec la radio en fond sonore, quand le téléphone sonne :**
   a) vous laissez la radio allumée et continuez à faire la cuisine tout en répondant à votre ami(e) ;
   b) vous éteignez la radio, continuez à faire la cuisine et parlez au téléphone ;
   c) vous lui dites que vous le (la) rappellerez dès que vous aurez fini de cuisiner.

3. **Des amis viennent vous voir et vous demandent de leur indiquer le chemin pour votre nouvelle maison :**
   a) vous dessinez une carte avec des indications claires et la leur envoyez ou faites en sorte que quelqu'un d'autre leur explique comment arriver chez vous ;

b) vous demandez quels points de repère ils connaissent puis vous essayez de leur expliquer comment arriver chez vous ;

c) vous expliquez verbalement comment arriver chez vous : "Prenez la A13 jusqu'à Versailles, puis tournez à gauche en direction du château, allez jusqu'au deuxième feu..."

4. Quand vous expliquez une idée ou un concept :

a) vous utilisez un crayon, du papier et des gestes et le langage corporel ;

b) vous l'expliquez verbalement en utilisant des gestes et le langage corporel ;

c) vous l'expliquez verbalement de manière claire et concise.

5. Quand vous rentrez du cinéma après un bon film, vous préférez :

a) revoir mentalement des scènes du film ;

b) parler des scènes et du dialogue ;

c) citer essentiellement des parties du dialogue du film.

6. Au cinéma, vous préférez être assis :

a) du côté droit de l'écran ;

b) n'importe où, cela ne vous dérange pas ;

c) du côté gauche de l'écran.

7. **Un ami a un pépin mécanique :**
   a) vous compatissez et discutez de ce qu'il ressent ;
   b) vous lui recommandez quelqu'un de fiable qui peut résoudre son problème ;
   c) vous essayez de trouver comment cela marche et tentez de le réparer pour lui.

8. **Vous êtes dans un endroit que vous ne connaissez pas et quelqu'un vous demande où se trouve le Nord :**
   a) vous reconnaissez que vous n'en avez pas la moindre idée ;
   b) vous devinez où il se trouve après un brin de réflexion ;
   c) vous indiquez le Nord sans aucune difficulté.

9. **Vous avez trouvé à vous garer mais la place est petite et vous devez faire un créneau :**
   a) vous essayez de trouver une autre place ;
   b) vous essayez prudemment de faire votre créneau ;
   c) vous faites votre créneau sans aucune difficulté.

10. **Vous regardez la télé quand le téléphone sonne :**
   a) vous répondez au téléphone avec la télé allumée ;
   b) vous baissez le son de la télé avant de répondre ;
   c) vous éteignez la télé, demandez aux autres de se taire puis vous répondez.

11. **Vous venez d'entendre la nouvelle chanson de votre chanteur favori, généralement :**
a) vous pouvez en chanter une partie sans difficulté peu après ;
b) vous pouvez en chanter une partie si c'est une chanson facile ;
c) vous trouvez difficile de vous souvenir de l'air mais vous vous souvenez de quelques paroles.

12. **Vous pouvez prédire ou deviner des résultats en :**
a) utilisant votre intuition ;
b) basant votre décision sur les données disponibles et vos "tripes" ;
c) utilisant des données, des statistiques et des faits.

13. **Vous avez égaré vos clefs :**
a) vous faites autre chose jusqu'à ce que cela vous revienne ;
b) vous faites autre chose tout en essayant de vous souvenir où vous les avez mises ;
c) vous refaites mentalement toutes les étapes jusqu'à ce que vous souveniez où vous les avez laissées.

14. **Vous êtes dans une chambre d'hôtel et vous entendez le son d'une sirène, au loin :**
a) vous pouvez montrer directement d'où provient le son ;

b) vous pourriez probablement montrer d'où vient le son avec un peu de concentration ;
c) vous êtes incapable de dire d'où vient le son.

15. Vous allez à une soirée au cours de laquelle on vous présente sept ou huit personnes que vous ne connaissiez pas. Le lendemain :
a) vous pouvez facilement vous remémorer leur visage ;
b) vous vous souvenez de quelques visages ;
c) vous vous souvenez plus probablement de leur nom.

16. Pour les vacances, vous voulez aller à la campagne, mais votre partenaire préfère la mer. Pour le (la) convaincre que votre idée est meilleure :
a) vous lui dites gentiment votre sentiment : vous aimez la campagne, et les enfants s'y sont toujours amusés ;
b) vous lui dites que si vous allez à la campagne cette année, vous serez heureux d'aller à la mer la fois suivante ;
c) vous vous servez de données objectives : la campagne est plus proche, moins chère et bien organisée pour le sport et les loisirs.

17. Quand vous organisez vos activités quotidiennes :
a) vous dressez une liste pour voir ce que vous avez à faire ;

b) vous pensez aux choses que vous avez à faire ;
c) vous visualisez les personnes que vous devez voir, les endroits où vous devez aller et les choses que vous avez à faire.

18. Un ami a un problème personnel et vient en parler avec vous :
a) vous êtes compatissant et compréhensif ;
b) vous lui dites que les problèmes ne sont jamais aussi graves qu'ils semblent et vous lui expliquez pourquoi ;
c) vous lui faites des suggestions ou lui donnez un conseil rationnel pour résoudre le problème.

19. Deux amis étant mariés chacun de leur côté ont une "aventure" secrète. Y a-t-il une chance que vous vous en aperceviez ?
a) vous pourriez le détecter très vite ;
b) vous vous en douteriez la plupart du temps ;
c) vous n'en auriez aucune idée.

20. Selon vous la vie, telle que vous la voyez, c'est :
a) avoir des amis et vivre en harmonie avec ceux qui vous entourent ;
b) être amical envers les autres tout en conservant votre indépendance ;
c) atteindre des objectifs valables, gagner le respect des autres et obtenir prestige et promotion.

21. Si vous aviez le choix, vous préféreriez travailler :

a) dans une équipe dans laquelle les gens s'entendent ;

b) avec d'autres mais en conservant votre propre espace ;

c) tout seul.

22. Vos livres préférés sont :

a) des romans ;

b) des magazines et des quotidiens ;

c) des documents et des autobiographies.

23. Quand vous faites les magasins, vous avez tendance à :

a) acheter souvent par impulsion, notamment pendant les soldes ;

b) établir un plan général mais sans vraiment le suivre ;

c) lire les étiquettes et comparer les prix.

24. Vous préférez allez vous coucher, vous réveiller et prendre vos repas :

a) quand cela vous chante ;

b) selon un programme rudimentaire mais vous êtes flexible ;

c) à peu près à la même heure tous les jours.

25. **Vous venez de rejoindre une entreprise et avez rencontré un tas de nouvelles personnes parmi le personnel. L'une d'entre elles vous téléphone chez vous :**

a) vous reconnaissez facilement sa voix ;

b) vous reconnaissez sa voix la plupart du temps ;

c) vous avez des difficultés à reconnaître la voix.

26. **Quand vous vous disputez avec quelqu'un, qu'est-ce qui vous énerve le plus ?**

a) son silence ou son manque de réaction.

b) qu'il n'arrive pas à comprendre et partager votre point de vue ;

c) ses questions et ses commentaires irritants ou inquisiteurs.

27. **À l'école, comment vous en sortiez-vous en orthographe et en rédaction ?**

a) les deux vous paraissaient relativement faciles ;

b) vous vous en sortiez généralement dans l'une mais pas dans l'autre ;

c) vous n'étiez pas très bon dans les deux.

28. **Quand il s'agit de danser :**

a) vous pouvez "sentir" la musique après avoir appris les pas ;

b) vous pouvez danser certaines danses mais vous vous sentez perdu avec d'autres ;

c) vous avez de la difficulté à garder le rythme.

29. Êtes-vous bon pour reconnaître et imiter les cris des animaux ?

a) pas très bon ;
b) moyennement bon ;
c) très bon.

30. À la fin d'une journée, vous préférez généralement :

a) parler aux amis ou à la famille de votre journée ;
b) écouter les autres parler de leur journée ;
c) lire le journal, regarder la télé et ne pas parler.

Comment évaluer le test

Additionnez le nombre de réponses a, b ou c, et utilisez le tableau suivant pour obtenir votre résultat final.

Pour les Hommes
Nombre de réponses "a" x 10 points =
Nombre de réponses "b" x 5 points =
Nombre de réponses "c" x (-5) points =
Total =

Pour les Femmes
Nombre de réponses "a" x 15 points =
Nombre de réponses "b" x 5 points =
Nombre de réponses "c" x (-5) points =
Total =

Pour toutes les questions dont les réponses ne correspondent pas exactement à votre vie ou auxquelles vous n'avez pas répondu, accordez-vous cinq points.

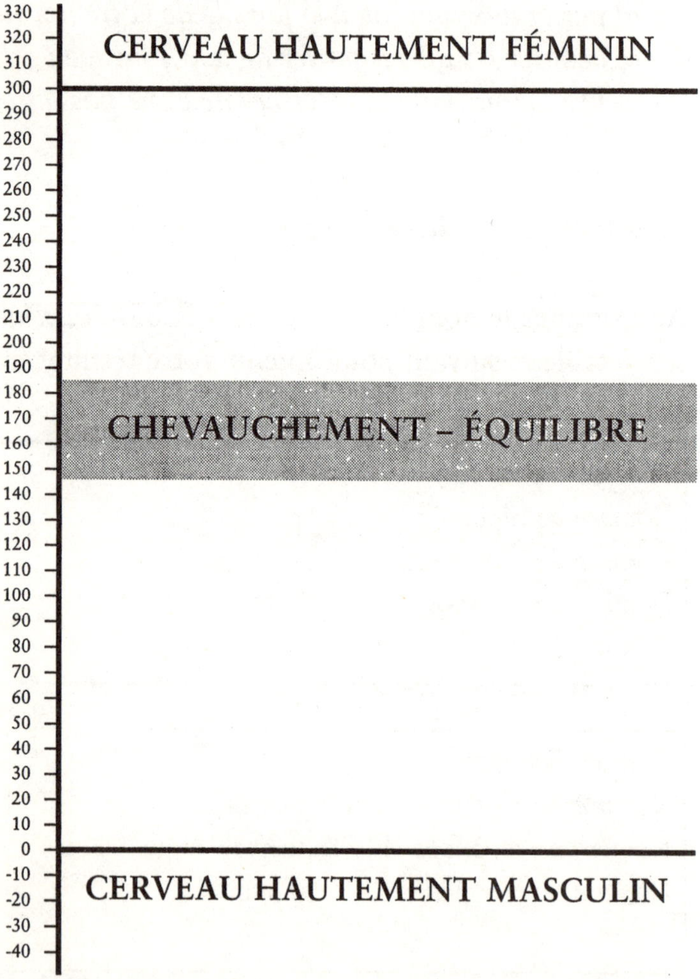

Analyser les résultats

Le score de la plupart des hommes s'établira entre 0 et 180, tandis que celui de la plupart des femmes ira de 150 à 300. Pour les cerveaux "connectés" essentiellement pour la pensée masculine, le résultat sera inférieur à 150. Plus vous êtes proche de zéro, plus vous êtes masculin, et plus votre niveau de testostérone a de chances d'être élevé. Ces personnes jouissent de fortes capacités logiques, analytiques et verbales et ont tendance à être disciplinées et bien organisées. Plus leur résultat est proche du zéro, meilleures elles sont pour établir et planifier des données statistiques, sans que leurs émotions viennent les influencer. Un résultat négatif (inférieur à zéro) est la preuve d'un cerveau hautement masculin. Ces résultats montrent que de grandes quantités de testostérone étaient présentes aux premiers stades du développement fœtal. Pour une femme, plus le résultat est faible, plus elle pourra probablement avoir des tendances homosexuelles.

Les cerveaux "connectés" essentiellement pour la pensée féminine obtiendront un résultat supérieur à 180. Plus ce résultat sera élevé, plus le cerveau sera féminin, et plus la personne fera probablement preuve de talents artistiques, musicaux ou créatifs importants. Ces personnes prennent davantage leurs décisions à l'intuition ou avec "leurs tripes" et elles ont des dispositions pour découvrir les problèmes avec un minimum d'informations. Elles sont également douées pour résoudre des problèmes grâce à leur perspicacité et leur créativité. Pour un homme, plus son résultat est supérieur à 180, plus il y a de possibilités qu'il soit homosexuel.

Les hommes dont le résultat est inférieur à zéro et les femmes dont le résultat est supérieur à 300 ont des cerveaux connectés de manière si radicalement opposée que la seule chose qu'ils puissent probablement avoir en commun est qu'ils vivent sur la même planète !

Le chevauchement

Les résultats entre 150 et 180 montrent une compatibilité de pensée entre les deux sexes, ou comme si l'on avait un pied dans chacun des deux camps sexuels. Ces personnes ne montrent aucune préférence pour la pensée masculine ou féminine et manifestent généralement une souplesse dans la pensée qui peut être un avantage important pour tout groupe qui a un problème à résoudre. Ces personnes ont des prédispositions pour devenir amies avec des hommes et des femmes.

Un dernier mot...

Depuis le début des années quatre-vingt, nos connaissances sur le cerveau ont dépassé nos espérances les plus folles. Le président américain George Bush a proclamé que les années quatre-vingt-dix seraient la Décennie du Cerveau, et nous sommes sur le point d'aborder le Millénaire de l'Esprit. Dans notre discussion sur le cerveau et ses diverses régions nous avons simplifié la science neurologique pour éviter d'être trop technique, mais nous sommes également conscients du fait que le cerveau est une structure en toile d'araignée, avec des neurones qui forment des assemblages complexes de cellules cérébrales constituant les régions du cerveau.

Vous, en tant que lecteur, ne voulez certainement pas devenir un spécialiste du cerveau, vous voulez simplement accéder à une compréhension rudimentaire des fonctions cérébrales et disposer de quelques stratégies qui fonctionnent quand on a affaire au sexe opposé. Il est facile de désigner la région du cerveau utilisée par la capacité spatiale chez les hommes et de mettre au point des stratégies pour s'en servir. Il est autrement difficile de saisir le fonctionnement exact des émotions dans le cerveau mais, même dans ce cas, on peut encore mettre au point des stratégies qui fonctionnent pour y faire face.

PARLER ET ÉCOUTER

Chapitre 4

Ce que dit la femme – Ce qu'entend l'homme.

Béatrice et Alain s'apprêtent à se rendre à un cocktail. Béatrice a acheté une nouvelle robe et a vraiment envie d'être à son avantage. Elle a sorti deux paires de chaussures, des bleues et des dorées. Puis elle pose à Alain la question que redoutent tous les hommes : "Chéri, lesquelles crois-tu que je devrais porter avec cette robe ?"

Un frisson glacial parcourt alors le dos d'Alain. Il sait qu'il est dans la panade. "Euh, hum... celles que tu veux mon amour", bégaie-t-il. "Allons, Alain, s'obstine Béatrice, lesquelles me vont le mieux... les bleues ou les dorées ?" "Les dorées", répond nerveusement Alain. "Et pourquoi pas les bleues ?" demande alors Béatrice. "De toute façon, tu ne les as jamais aimées ! Je les ai payées une fortune et tu les détestes, n'est-ce pas ?"

Alain hausse alors les épaules. "Si tu ne veux pas mon avis, Béatrice, ne me le demande pas !" déclare-t-il alors. Il pensait qu'elle lui demandait de résoudre un problème, mais, quand il l'a résolu, elle ne lui en a pas été reconnaissante. Béatrice, elle, ne faisait qu'user d'une habitude typiquement féminine : réfléchir à voix haute. Elle avait déjà choisi les chaussures qu'elle allait porter et ne voulait pas de l'avis d'Alain ; elle voulait avoir la confirmation qu'elle était bien habillée. Dans ce chapitre, nous aborderons les problèmes que les hommes et les femmes éprouvent pour communiquer entre eux et nous proposerons quelques solutions innovantes.

La stratégie des “chaussures bleues ou dorées”

Quand elle choisit ses chaussures, si une femme pose la question “bleues ou dorées ?” il est important que l'homme ne lui réponde pas. Au contraire, c'est lui qui devrait prendre l'initiative et demander : “Est-ce que tu as choisi tes chaussures, chérie ?” La plupart des femmes sont soufflées, pour ne pas dire désarçonnées, par cette stratégie, parce que la plupart des hommes qu'elles connaissent déclarent immédiatement leur préférence. “Ben... Je pensais que je pourrais peut-être porter les dorées...” répondra-t-elle en faisant mine de ne pas être trop sûre. En réalité, elle a déjà choisi les dorées. “Pourquoi les dorées ?” demandera l'homme. “Parce que je porte des accessoires dorés et ma robe a un motif doré”, répondra-t-elle. Un homme habile répliquera alors : “Super ! Bon choix ! Tu es très belle ! Tu as bien fait ! J'adore !” Et on peut parier qu'il va passer une soirée formidable.

Pourquoi les hommes ne savent pas parler correctement

Nous savons depuis des milliers d'années que les hommes ne sont pas doués pour la conversation, en particulier si on les compare aux femmes. Non seulement les filles parlent plus tôt que les garçons, mais, à trois ans, une fillette a près de deux fois plus de vocabulaire qu'un garçonnet au même âge, et son discours est presque entièrement compréhensible. Les cabinets des orthophonistes ne désemplissent pas de parents de jeunes garçons qui viennent avec la même complainte : "Il ne sait pas parler correctement." Si les garçonnets ont une grande sœur, la différence est encore plus flagrante, en particulier parce que les sœurs aînées et les mères parlent souvent pour eux. Demandez à un petit garçon de cinq ans : "Comment vas-tu ?" Et sa mère ou sa sœur vous répondra : "Il va bien, merci."

> Les mères, les filles et les sœurs aînées parlent souvent au nom des mâles de leur famille.

Pour les hommes, la parole n'est pas une capacité cérébrale spécifique. D'après ce que l'on sait, elle fonctionne uniquement dans l'hémisphère gauche et sans aucune région particulière. Des études effectuées sur des personnes dont l'hémisphère gauche avait été endommagé montrent que, chez les hommes, les troubles de la parole se produisent dans la région arrière de l'hémisphère gauche, tandis que ces troubles se produisent dans la région frontale du même hémisphère pour les femmes. Quand un homme parle, l'IRM montre que la totalité de son hémisphère gauche est actif à la recherche d'un centre de l'élocution, mais qu'il est incapable d'en trouver un. Résultat : les hommes n'excellent pas dans la parole.

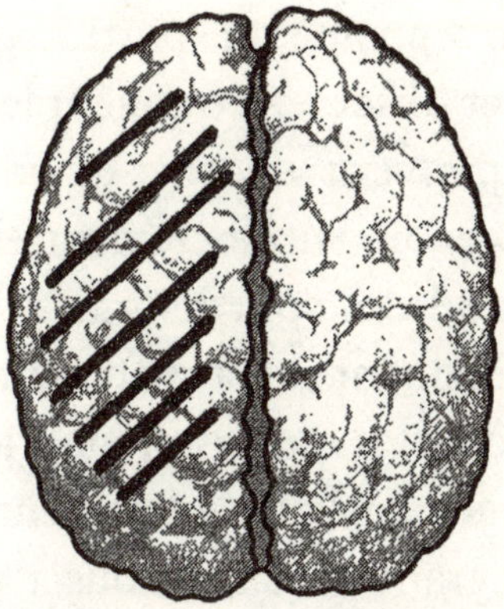

Localisation de la fonction discursive chez l'homme.

Les garçons ont tendance à bredouiller et ont une plus mauvaise prononciation que les filles. Ils font du "remplissage" avec des "euh", des "hum", ou des "j'veux dire" au cours de leur conversation et n'utilisent généralement que trois tonalités de voix contre cinq pour les filles. Quand des hommes se réunissent pour une soirée foot devant la télé, généralement la seule conversation se résume à des "passe-moi les chips" ou des "y a encore de la bière ?" Quand des femmes se réunissent, la soirée télé n'est qu'une piètre excuse ou plutôt l'occasion pour papoter. Résultat :

elles se réunissent autour d'une série télé dont la trame et les personnages sont familiers plutôt que pour regarder un polar compliqué.

Le domaine le plus évident dans lequel les deux sexes s'expriment de manière radicalement différente est sans doute le domaine du sport. Regardez les émissions sportives et observez comment les basketteuses, par exemple, peuvent décrire et commenter leur match avec précision, succinctement et parfaitement. À l'inverse, quand des sportifs masculins sont interviewés, non seulement il est difficile de trouver une logique à leurs courtes réponses, mais leur bouche n'a pas l'air de bouger. Chez les adolescents, la différence est tout aussi flagrante. Quand nous avons demandé à notre adolescente de fille de nous parler de la soirée à laquelle elle était allée la veille, elle nous a donné un récit vivant de tout ce qui s'était passé – qui a dit quoi à qui, comment les autres l'ont vécu et ce qu'ils portaient. À la même question, notre fils – son frère, donc – nous a gratifié d'un "Mouais... c'tait bien."

À la Saint-Valentin, les fleuristes conseillent aux hommes de le "dire avec des fleurs", parce qu'ils savent qu'il est difficile pour un homme de le dire avec des mots. Acheter une carte pour la Saint-Valentin n'est pas un problème : c'est la remplir qui en est un.

> Pour la Saint-Valentin, les hommes choisissent souvent des cartes pleines de mots à l'intérieur. De cette manière, ils ont moins d'espace pour écrire.

Souvenez-vous, les hommes ont évolué en tant que "chasseurs de repas", pas en tant que communicateurs. La chasse était conduite avec des signes non verbaux, et souvent les chasseurs s'asseyaient pendant des heures à observer leurs proies. Ils ne se parlaient pas ni n'avaient de liens entre eux. Quand les hommes d'aujourd'hui vont à la pêche ensemble, ils peuvent passer des heures assis sans dire un mot. Ils ont du plaisir et apprécient la compagnie de l'autre, mais ils n'éprouvent pas le besoin de l'exprimer par des mots. Dans la même situation, si des femmes passaient du temps ensemble sans se dire un mot, ce serait la manifestation d'un problème grave entre elles. Le seul moment où les hommes se rapprochent se produit lorsque la zone de communication du cerveau entièrement compartimenté de l'homme est en panne : grâce à de joyeuses libations.

Les garçons et leur scolarité

Au début, les garçons ne s'en sortent pas très bien à l'école parce que leur capacité verbale est moins bonne que celle des filles. Conséquence : ils sont médiocres en français, en dessin et en travaux manuels. Ils se sentent idiots face aux filles, plus douées, et deviennent turbulents et perturbateurs. L'idée de faire entrer à l'école les garçons une année après les filles, afin que leur langage atteigne le niveau de celui des filles un an plus jeune qu'eux serait, dans ce sens, assez logique. Cela permettrait aux garçons de se sentir bien mieux et beaucoup moins intimidés par l'élocution des filles de leur âge.

Les hommes n'ont jamais été doués pour la conversation.

Dans les années suivantes, les filles perdent leur avantage, notamment en physique et en sciences, matières dans lesquelles la capacité spatiale est cruciale. Mais alors que les classes de rattrapage sont pleines de garçons dont les parents espèrent et prient pour que leur fils parvienne enfin à lire, écrire et parler convenablement, il n'existe pas de pression de la même nature sur les filles pour qu'elles améliorent leur raisonnement spatial. Elles s'en sortent toujours en changeant d'orientation scolaire.

Plusieurs écoles en Angleterre séparent les garçons et les filles dans certains cours tels que l'anglais, les maths et les sciences. Ainsi, le lycée de Shenfield, dans l'Essex, permet-il à chacun des deux sexes d'apprendre dans un environnement dans lequel il n'y a pas de concurrence du sexe opposé. Dans les examens de maths, on pose aux filles des questions ayant trait à l'organisation d'un jardin, tandis que les garçons se voient résoudre des problèmes de magasins d'outillage. Ce type de "ségrégation" profite des préférences cérébrales naturelles, et les résultats sont impressionnants. En anglais, les résultats des garçons sont quatre fois supérieurs à la moyenne nationale, et les résultats en maths et en sciences sont près du double de ceux des autres écoles.

Pourquoi les femmes sont de grandes bavardes

Chez les femmes, la parole est une région spécifique située principalement dans l'hémisphère frontal gauche et dans une région plus petite dans l'hémisphère droit. Le fait que la parole réside dans leurs deux hémisphères fait des femmes de grandes bavardes. Elles adorent cela et le pratiquent énormément. Avec des régions spécifiques contrôlant la parole, le reste du cerveau féminin peut se consacrer à d'autres tâches, permettant ainsi à la femme de faire bien d'autres choses en même temps.

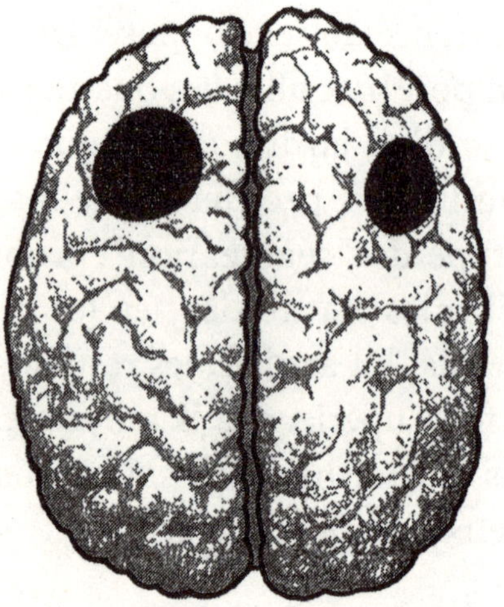

Localisation de la fonction discursive chez la femme.

Des recherches récentes ont montré qu'un bébé apprend à reconnaître la voix de sa mère alors qu'il est encore dans le ventre de celle-ci, sans doute grâce à la résonance de la voix de sa mère sur son corps. Il a été établi qu'un bébé de quatre jours peut faire la distinction entre sa langue maternelle et une langue étrangère. À quatre mois, les bébés sont capables de reconnaître les mouvements des lèvres associés aux sons des voyelles. Avant leur premier anniversaire, les bébés commencent à associer les mots avec leur signification ; à dix-huit mois, ils possèdent un début de vocabulaire qui, chez les filles âgées de deux ans, peut compter jusqu'à deux mille mots. Ce qui, à la fois intellectuellement et physiquement, constitue une sacrée réussite comparée aux capacités d'apprentissage d'un adulte.

Avec une zone cérébrale spécifique dédiée au langage, les filles peuvent apprendre des langues étrangères plus vite et plus facilement que les garçons, et cela explique également pourquoi les filles sont meilleures en grammaire, ponctuation et orthographe. En vingt-cinq ans de séminaires donnés dans des pays étrangers, nous n'avons eu que très rarement des interprètes ou traducteurs masculins, c'étaient généralement des femmes.

Matière	Nombre de professeurs	% de femmes	% d'hommes
Espagnol	2 700	78	22
Français	16 200	75	25
Allemand	8 100	75	25
Théâtre	8 900	67	33
Autres langues	1 300	70	30

Matières exigeant une capacité verbale (professeurs de langue en Grande-Bretagne en 1998).

Ce tableau montre la nette domination des femmes dans les domaines qui exigent une forte capacité verbale de l'hémisphère gauche. Les zones cérébrales spécifiques du langage de la femme lui confèrent une supériorité dans les capacités discursives et la dextérité verbale.

Ces chiffres indiquent que même dans les secteurs les plus "politiquement corrects" – enseignement et administration – les préférences cérébrales féminines et masculines influencent fortement l'enseignant dans le choix de ses sujets. Les associations qui se battent contre la discrimination entre les sexes estiment qu'elles font du bon travail parce que la moitié de *tous* les professeurs sont des hommes et l'autre moitié des femmes mais, comme vous pouvez le constater, les femmes dominent nettement les domaines faisant appel au langage.

L'hémisphère cérébral gauche contrôle les fonctions physiques du côté droit du corps, ce qui pourrait peut-être expliquer pourquoi la majorité des gens sont droitiers. Cela pourrait également expliquer pourquoi l'écriture de la majorité des femmes est plus lisible que celle des hommes : les zones spécifiques du langage des femmes sont préétablies pour une meilleure utilisation du langage, à la fois écrit et parlé.

Pourquoi les femmes ont besoin de parler

Le cerveau des hommes est très compartimenté et a la capacité de séparer et stocker l'information. À la fin d'une journée pleine de problèmes, le cerveau masculin peut les classer facilement. Le cerveau féminin ne classe pas les problèmes de la même façon : les problèmes continuent sans cesse d'être ressassés par la femme.

> Les hommes sont capables de classer mentalement leurs problèmes et de les mettre en attente. Les femmes, elles, tournent en rond.

Le seul moyen pour les femmes de chasser les problèmes de leur esprit est d'en parler pour les identifier. Par conséquent, lorsqu'une femme parle à la fin d'une journée, son objectif est de se décharger des problèmes, non pas de trouver des solutions ou de tirer des conclusions.

Le lien hormonal

La scientifique Elizabeth Hanson, de l'université de l'Ontario, a réalisé une étude sur les performances des femmes en relation avec l'œstrogène. Hanson a découvert que le faible niveau de testostérone affaiblissait la capacité spatiale d'une femme, alors qu'un haut niveau d'œstrogène augmentait ses capacités d'élocution et de travail. Cela explique pourquoi, pendant le cycle menstruel, durant les jours de pic œstrogénique, une femme peut agir calmement et s'exprimer de manière quasi parfaite. À l'inverse, les jours de pic de testostérone, son discours est plus décousu, mais ses capacités spatiales sont meilleures : elle n'excellera peut-être pas dans l'art d'humilier un homme avec une pique bien choisie, mais elle serait capable de l'atteindre avec une poêle à frire à vingt mètres.

Les femmes adorent parler

Quand des femmes se réunissent pour regarder un film à la télévision, elles parlent généralement toutes en même temps de tout un tas de sujets dont les enfants, les hommes, la carrière ou de tout autre événement qui fait leur vie. Quand des hommes et des femmes regardent un film ensemble, les hommes finissent en général par demander aux femmes d'arrêter de parler. Les hommes peuvent parler ou regarder l'écran – ils ne peuvent pas faire les deux en même temps – et ils ne comprennent pas que les femmes y arrivent. En outre, les femmes considèrent que cette réunion est une occasion supplémentaire de s'amuser ensemble et d'établir des relations – et non pas simplement de rester assis là comme un banc de poissons figés devant la télé.

Pendant les pubs, un homme demande souvent à une femme de lui expliquer la trame et de lui dire où en est la relation entre les personnages. Contrairement aux femmes, l'homme est incapable de lire les signaux subtils du langage corporel qui révèlent les sentiments et les émotions des personnages.

Les femmes adorent parler.

Dans la mesure où, dès l'origine, les femmes passaient leur temps avec les autres et les enfants du groupe, elles ont acquis la capacité de bien communiquer afin d'entretenir des relations. Pour une femme, la parole continue d'avoir un but clair et précis : établir des relations et se faire des amis. Pour les hommes, parler revient à relater des faits.

Les hommes ne voient dans le téléphone qu'un outil de communication pour relayer des faits et des informations à d'autres personnes, mais une femme le voit comme un moyen d'établir des liens. Une femme peut passer deux semaines en vacances avec une copine et, une fois qu'elle est rentrée chez elle, elle rappellera la même copine pour lui parler encore pendant deux heures.

Il n'y a pas de preuves convaincantes que le conditionnement social, le fait que les mères parlent davantage à leurs filles, soit la raison qui explique pourquoi les filles parlent plus que les garçons. Le psychiatre Michael Lewis a réalisé des expériences démontrant que les mères regardent et parlent aux petites filles plus souvent qu'aux petits garçons. La science montre que les parents réagissent aux préférences cérébrales de leurs enfants. Dans la mesure où le cerveau des filles est mieux organisé pour émettre et recevoir la parole, nous leur parlons davantage. Par conséquent, les mères qui essaient de parler à leurs fils sont généralement déçues de n'avoir en retour que des grognements approbateurs ou désapprobateurs.

Les hommes se parlent à eux-mêmes en silence

Les hommes se sont développés pour faire la guerre, protéger le foyer et résoudre les problèmes. Leurs tendances cérébrales et le conditionnement social les empêchent de montrer de la crainte ou d'avoir des incertitudes. C'est pourquoi, lorsqu'on demande à un homme de résoudre un problème, il répond souvent : "Tu peux me le laisser ?" ou encore : "Je vais y réfléchir." Et c'est exactement ce qu'il fait : il y pense en silence, avec un visage inexpressif. Ce n'est que quand il a la réponse qu'il parlera ou gesticulera, pour montrer qu'il est prêt à communiquer la solution. Les hommes se parlent intérieurement parce qu'ils n'ont pas la capacité verbale des femmes d'extérioriser les mots pour communiquer. Quand un homme est assis avec le regard fuyant, un scanner de son cerveau montrera qu'il est en train d'avoir une conversation avec lui-même – dans sa tête. Quand une femme voit un homme dans cette situation, elle présume qu'il s'ennuie ou qu'il est oisif, et elle essaie de lui parler ou de lui donner quelque chose à faire. Souvent, cela met l'homme en colère parce qu'il a été interrompu. Comme nous le savons maintenant, il ne peut pas faire plus d'une chose à la fois.

L'inconvénient de la parole silencieuse

Lorsqu'un homme se trouve avec d'autres hommes, parler dans sa tête ne lui pose aucun problème. Les hommes peuvent se réunir pendant un long moment sans échanges ou presque, et personne n'y trouve... à redire – un peu comme s'ils étaient à la pêche. Les hommes apprécient souvent d'aller boire "tranquillement" un verre après le travail et c'est exactement de cela qu'il s'agit – de silence. Si un homme est avec une femme ou un groupe de femmes, les femmes penseront probablement qu'il est distant, qu'il fait la tête ou qu'il n'a tout simplement pas envie d'être là. Si les hommes veulent améliorer leurs relations avec les femmes, ils doivent parler davantage.

Les femmes pensent tout haut

"Ma femme me rend fou quand elle a un problème ou qu'elle me parle de ce qu'elle envisage de faire dans la journée", a déclaré un homme à l'un de nos séminaires. "Elle énonce tout haut les choix, les possibilités, les personnes impliquées, ce qu'elle doit faire et où elle ira. C'est très perturbant, je ne peux me concentrer sur rien !"

Le cerveau de la femme est pré-connecté pour utiliser la parole comme la principale forme d'expression, et c'est l'un de ses atouts majeurs. Si un homme doit faire cinq ou six choses, il dira : "J'ai des choses à faire. À plus tard." Une femme, elle, dressera à haute voix la liste des choses à faire ainsi que toutes les options et les possibilités. Le tout dans le désordre. Elle dira : "Voyons voir. Je dois aller au pressing récupérer du linge et faire laver la voiture... Ah, dis donc, Ray a appelé et voudrait que tu le rappelles... Puis je dois passer prendre un colis à la poste. Je pense que je pourrais aussi..." et c'est l'une des raisons qui font que les hommes accusent les femmes de trop parler.

L'inconvénient de penser tout haut

Les femmes estiment que le fait de penser à voix haute traduit leur désir de partager et d'être amicales, mais les hommes voient les choses tout autrement. Sur le plan personnel, un homme pense qu'une femme lui dresse une liste de problèmes dont elle attend qu'il les résolve ; c'est pourquoi il s'angoisse, s'énerve ou essaie de lui dire quoi faire. Dans une réunion en entreprise, les hommes voient la femme qui pense tout haut comme une personne farfelue, indisciplinée ou inintelligente. Pour impressionner les hommes en entreprise, une femme doit garder ses pensées pour elle-même et ne parler que des conclusions. Dans une relation, les partenaires ont besoin de discuter des différents moyens à mettre en œuvre pour résoudre les problèmes. Les hommes doivent comprendre que, lorsqu'une femme parle, elle n'attend pas d'eux qu'ils lui donnent une ou des solutions. Les femmes doivent comprendre que, lorsqu'un homme ne parle pas, cela ne veut pas dire qu'il pense que quelque chose ne va pas.

Les femmes parlent, les hommes se sentent agacés

La construction d'une relation *via* la parole est une priorité dans les connexions cérébrales de la femme. Une femme peut sans effort aucun prononcer une moyenne de 6 000 à 8 000 mots par jour. Elle utilise quelque 2 000 à 3 000 sons vocaux pour communiquer, ainsi que de 8 000 à 10 000 gestes, expressions du visage, mouvements de la tête et autres signaux du langage corporel. Tout cela donne à la femme une moyenne quotidienne de plus de 20 000 "mots" de communication pour relayer son message. Cela explique aussi pourquoi l'Association des médecins britanniques a publié récemment un rapport selon lequel les femmes sont quatre fois plus susceptibles que les hommes de connaître des problèmes de... mâchoires.

> "Une fois, je n'ai pas parlé à ma femme pendant six mois, raconte cet humoriste. Je ne voulais pas l'interrompre."

Comparons maintenant la “conversation” quotidienne d’une femme avec celle d’un homme. Il ne prononce que 2 000 à 4 000 mots et de 1 000 à 2 000 sons vocaux et n’utilise qu’environ 2 000 à 3 000 signaux corporels. Sa moyenne quotidienne tourne autour de 7 000 “mots” de communication, soit à peine le tiers de celle d’une femme.

Cette différence devient encore plus évidente à la fin d’une journée quand l’homme et la femme se retrouvent pour dîner. Lui a utilisé ses 7 000 “mots” et n’a aucune envie de communiquer davantage. Il a plutôt envie de calme. L’état d’esprit de la femme dépend de ce qu’elle a fait dans la journée. Si elle a passé la journée à papoter, elle peut avoir épuisé ses 20 000 “mots” et éprouve également le désir de ne pas en dire plus. Si elle est restée à la maison avec de jeunes enfants, elle a peut-être eu la chance d’utiliser 2.000 à 3.000 “mots”. Mais il lui en reste encore plus de 15 000 à sortir ! Nous avons tous connu ou nous connaissons les frictions autour de la table du dîner.

Sophie : “Salut chéri... C’est bon de te voir rentrer à la maison. Comment s’est passée ta journée ?”

Laurent : “Bien.”

Sophie : “Henri m’a dit que tu devais signer un gros contrat avec Patrick aujourd’hui. Comment ça a marché ?”

Laurent : “Bien.”

Sophie : “C’est une bonne nouvelle. Il lui arrive d’être un client très difficile. Crois-tu qu’il sera disposé à suivre tes conseils ?”

Laurent : “Ouais.”

… Et ainsi de suite.

Laurent a le sentiment de subir un interrogatoire et s’agace. Tout ce qu’il veut c’est “du silence et du calme”. Cherchant à éviter la dispute pour savoir pourquoi il ne parle pas, il demande à son tour : “Et toi, ta journée ?”

Trop contente qu’il lui pose la question, elle lui répond. En prenant bien soin de ne lui épargner aucun détail.

“Je ne te raconte pas la journée ! J’ai décidé de ne pas aller en ville parce que le meilleur ami de ma cousine travaille à la compagnie des bus et il a dit qu’il y aurait une grève aujourd’hui, donc j’ai décidé de marcher. La météo a dit qu’il ferait beau, alors j’ai eu envie de porter ma robe bleue – tu sais celle qui… je l’avais acheté aux États-Unis – peu importe… en marchant je suis tombée sur Stéphanie et…”

Elle commence à attaquer le solde des “mots” qu’il lui reste à utiliser. Lui se demande pourquoi elle ne se tait pas et ne lui fiche pas la paix. Il a le sentiment d’être “enquiquiné à mort !” “Tout ce que je veux, c’est un peu de calme !” est un cri commun à bien des hommes où qu’ils vivent. L’homme est un chasseur. Il a passé sa journée à chasser le repas. Il veut simplement s’asseoir et contempler le feu en silence.

Toutefois, les choses se corsent quand il commence à avoir le sentiment d'être ignoré.

> *Quand un homme a envie de calme, il est facile pour une femme de se sentir mal aimée.*

L'objectif de la femme est de parler pour parler. Mais l'homme perçoit son discours incessant sur des problèmes comme une requête pour trouver des solutions. Avec son cerveau analytique, il l'interrompt constamment.

Sophie : "...et j'ai glissé sur le trottoir en cassant le talon de mes nouvelles chaussures et puis..."

Laurent : (l'interrompant) "Mais Sophie... tu ne devrais pas porter des chaussures à talons hauts pour aller au centre commercial ! J'ai lu une étude là-dessus. C'est dangereux. Porte plutôt des baskets : c'est plus sûr !"

Il pense : "Problème résolu !"

Elle pense : "Pourquoi ne se tait-il pas pour simplement m'écouter ?"

Elle poursuit : "...et quand je suis retournée à la voiture, le pneu arrière était à plat et donc..."

Laurent : (l'interrompant) "Écoute, la chose que tu devrais faire est de faire contrôler la pression des pneus quand tu vas faire le plein. De cette manière, tu ne te retrouveras plus dans cette situation !"

Il pense : "Et voilà un autre problème que j'ai résolu pour elle."

Elle pense : "Pourquoi il ne se tait pas pour m'écouter ?"

Il pense : "Pourquoi est-ce qu'elle ne se tait pas maintenant et ne me laisse-t-elle pas tranquille ? Est-ce que je dois résoudre *tous* ses problèmes ? Pourquoi ne l'a-t-elle pas dit tout de suite ?"

Elle passe outre ses interruptions et continue à parler.

Nous avons enquêté auprès de milliers de femmes partout dans le monde, et elles sont toutes très claires sur un point :

> Quand, à la fin d'une journée, une femme exploite le stock de mots qu'il lui reste à utiliser, elle ne veut pas être interrompue par des solutions à ses problèmes.

C'est une bonne nouvelle pour les hommes : ils ne sont pas censés réagir mais simplement écouter. Quand une femme a fini de parler, elle se sent soulagée et heureuse. De plus, elle pense que vous êtes merveilleux de l'avoir écoutée, aussi passerez-vous une bonne nuit.

Les vertus de la parole.

Parler des problèmes au jour le jour est la manière dont les femmes gèrent le stress. Elles voient la parole comme liante et d'un grand secours. C'est pourquoi la plupart des gens qui suivent une psychothérapie sont des femmes, et la plupart des psychothérapeutes, des femmes formées à les écouter.

Pourquoi les couples échouent

Soixante-quatorze pour cent des femmes qui travaillent et 98 % de celles qui ne travaillent pas estiment que leur plus grand échec est la réticence de leur mari ou petit ami à parler, en particulier en fin de journée. Les générations passées de femmes n'ont pas été confrontées à ce problème, parce qu'elles avaient toujours des tas d'enfants et de femmes avec lesquels parler. Aujourd'hui, les mères au foyer se sentent isolées et seules parce que leurs voisines travaillent probablement toutes. Les femmes qui travaillent ont moins de problèmes avec les hommes peu bavards, parce qu'elles ont parlé à d'autres personnes au cours de la journée. Rien de cela n'est de la faute de quelqu'un : nous sommes la première génération à ne pas disposer d'un modèle pour des relations fructueuses. Nos parents n'ont jamais connu ces problèmes. Mais la bonne nouvelle, c'est que nous sommes capables d'apprendre les nouvelles techniques de survie.

Comment les hommes parlent

Les phrases des hommes sont plus courtes et structurées que celles des femmes. Elles comportent généralement une introduction simple, une opinion claire et une conclusion. Il est aisé de comprendre ce qu'ils disent ou veulent. Si vous lancez plusieurs sujets à la fois avec un homme, il est perdu. Il est important qu'une femme comprenne que si elle veut être convaincante ou persuasive avec un homme, elle doit lui présenter clairement une seule idée à la fois.

La première règle pour parler à un homme : restez simple ! Ne lui soumettez qu'une seule idée à la fois afin qu'il puisse y réfléchir.

Si vous parlez à un groupe mixte composé d'hommes et de femmes, il est plus simple d'adopter une structure discursive masculine pour vous faire entendre. Les deux sexes sont capables de suivre un discours masculin, mais les hommes ont des difficultés à suivre les conversations "multipistes" des femmes, et peuvent rapidement se lasser.

Les femmes sont "multipistes"

Grâce à une circulation plus importante d'informations entre les hémisphères gauche et droit et les régions cérébrales spécifiques dédiées à la parole, la plupart des femmes sont capables de parler simultanément de plusieurs sujets, parfois même dans une seule phrase. C'est comme si elles jonglaient avec trois ou quatre balles en même temps, et la plupart des femmes semblent le faire sans effort. De plus, les femmes peuvent jongler avec plusieurs sujets avec d'autres femmes qui font toutes la même chose, et aucune d'elles ne rate une balle !

À la fin de la conversation, chacune des femmes sait quelque chose des nombreux sujets abordés, des événements qui se sont produits et leur signification.

Cette capacité "multipiste" est frustrante pour un homme dont le cerveau est "monopiste" et ne peut gérer qu'un seul sujet à la fois. Quand un groupe de femmes aborde plusieurs sujets en même temps, les hommes peuvent devenir totalement confus et perdus.

Une femme peut très bien commencer à parler d'un sujet, passer à un autre sujet au milieu de sa phrase puis, sans le moindre avertissement, revenir au premier sujet avec une autre perspective, avec ce petit rien qui fait… toute la différence. Ce qui accroît la perplexité des hommes, dont les pensées s'embrouillent. Écoutez par exemple cette conversation dans la famille Pease* :

Allan : "Attends, je suis perdu. Qui a dit quoi à qui au bureau ?"

Barbara : "Je ne parlais pas du bureau, je parlais de mon beau-frère."

Allan : "Ton beau-frère ? Tu pourrais prévenir quand tu changes de sujet !"

Barbara : "Eh bien, tu n'as qu'à faire plus attention. Tous les autres ont compris."

Fiona (la sœur de Barbara) : "Oui, j'ai très bien compris. C'est parfaitement clair pour moi."

Jasmine (notre fille) : "Moi aussi. Papa, tu es tellement bête. Tu ne comprend jamais rien !"

Allan : "Oh, j'abandonne avec vous les femmes !"

Cameron (notre fils) : "Ouais, moi aussi. Et je ne suis qu'un petit garçon !"

* *Ndt : les auteurs du livre.*

Les hommes sont capables de retrouver leur chemin d'un point A à un point B à travers un dédale de petites rues, mais mettez-les au milieu d'un groupe de femmes qui discutent de plusieurs sujets à la fois, et ils seront complètement perdus.

Cette espèce de facilité pour les tâches multiples et complexes est commune à toutes les femmes. Prenez simplement les secrétaires. Pour leur travail, accomplir plusieurs tâches différentes en même temps est une nécessité absolue. Il n'est donc pas du tout surprenant que sur les 716 148 secrétaires que comptait le Royaume uni en 1998, 99,1 % étaient des femmes, pour seulement 5 913 hommes. Certaines associations attribuent cela au fait que les filles sont orientées vers ces professions dès l'école. Reste que cette explication un peu courte ne prend pas en compte la maîtrise des femmes des capacités multitâches et des capacités verbales et d'organisation. Même dans des secteurs où les directions sont ouvertement engagées dans l'égalité des chances, comme les associations, la psychothérapie et les œuvres sociales, sur les 144 266 personnes employées dans ces secteurs en Grande-Bretagne en 1998, 43 816 étaient des hommes pour 100 450 femmes. Dans les domaines exigeant des capacités de communication et des prouesses verbales, les femmes règnent en maîtresses.

Ce que montre le scanner du cerveau

Quand une femme parle, le scanner du cerveau montre que les centres contrôlant la parole et situés dans les hémisphères gauche et droit travaillent simultanément. Ses fonctions auditives ne sont pas en reste. Cette puissante capacité "multitâches" permet à la femme de parler et d'écouter en même temps et de pouvoir le faire sur plusieurs sujets sans rapport entre eux. Les hommes sont impressionnés quand ils apprennent pour la première fois que les femmes disposent de cette capacité. Auparavant, ils pensaient tout simplement que les femmes n'étaient que... bruyantes.

> Les femmes sont capables de parler et d'écouter simultanément tout en accusant, dans le même temps, les hommes d'être incapables de faire l'un et/ou l'autre.

Les femmes ont été l'objet des plaisanteries des hommes depuis des milliers d'années précisément sur leur volubilité. Dans tous les pays où nous avons donné des conférences, nous avons pu entendre les hommes dire la même chose : "Écoutez-moi toutes ces femmes bavasser – blablabla – et aucune d'elles n'écoute !" Chinois, Allemands ou Norvégiens partagent le même avis que les Inuits ou les Africains. Mais la différence est que, lorsque les hommes le disent, ils le font chacun leur tour. Parce que, comme nous le savons maintenant, les hommes ne peuvent que parler ou écouter : ils *ne peuvent pas* faire les deux en même temps.

Stratégies pour parler avec les hommes

Généralement les hommes ne s'interrompent les uns les autres que lorsqu'ils sont agressifs ou qu'ils sont en concurrence. Si vous voulez communiquer avec un homme, une stratégie simple consiste à ne pas l'interrompre quand il parle. C'est difficile pour une femme parce que, pour elle, les discours simultanés bâtissent les relations et montrent la participation à la conversation. Elle a un besoin impérieux de faire éclater la conversation en divers sujets pour l'impressionner ou lui faire sentir qu'il est important. Mais quand elle fait cela, l'homme devient effectivement sourd. Il éprouvera également du ressentiment d'avoir été si grossièrement interrompu.

> Les hommes parlent chacun leur tour, aussi, quand c'est le tour d'un homme, laissez-le-lui.

"Arrête de m'interrompre !" est un cri lancé par les hommes en direction des femmes. Et ce, partout et dans toutes les langues. Les phrases des hommes sont construites pour inclure une solution, et ils ont besoin d'aller au bout de leur phrase, sinon la conversation leur semble inutile. L'homme est incapable de suivre plusieurs conversations en même temps et il considère tous ceux qui en sont capables comme des impolis ou des farfelus. C'est un concept totalement étranger à la femme : elle est “multipiste” dans le but de bâtir une relation et de donner à l'homme le sentiment d'être important. Pour ajouter l'insulte à la blessure, dans une conversation typique entre un homme et une femme, 76 % des interruptions sont le fait des hommes !

Pourquoi les hommes aiment les grands mots

Ne bénéficiant pas d'une région cérébrale particulière dédiée à la parole, le chasseur doit être capable de communiquer le maximum d'informations en un minimum de mots, c'est pourquoi son cerveau a développé des régions spécifiques pour le vocabulaire, situées dans les lobes arrière et frontal de l'hémisphère gauche. Chez les femmes, le vocabulaire est situé dans les lobes arrière et frontal de chacun des deux hémisphères et ne constitue pas une capacité forte. Par conséquent, la définition et la signification des mots ne sont pas importantes pour la femme parce qu'elle fait confiance à l'intonation de la voix pour la signification et au langage corporel pour le contenu émotionnel.

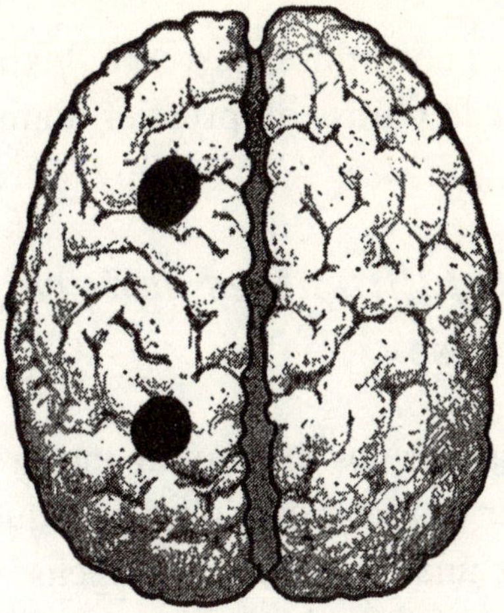

Localisation des fonctions de vocabulaire dans un cerveau masculin.

C'est pourquoi la signification des mots est si importante pour les hommes et qu'ils se servent de la définition des mots pour prendre l'avantage sur un autre homme ou sur une femme. Les hommes se servent du langage pour être en concurrence avec les autres hommes, et la définition devient un élément tactique important pour jouer le jeu. Si une personne essaie d'imposer son point de vue et dit, par exemple : "...Il n'a pas été suffisamment clair" ou "il n'est pas allé jusqu'au bout afin que chacun puisse comprendre ce qu'il a voulu dire", un autre homme peut l'interrompre avec une question du genre "tu veux dire qu'il ne s'est pas exprimé ?", comme pour encore mieux définir ce que le premier intervenant à voulu dire et, au passage, marquer un point de plus que lui. Ou bien le concurrent peut utiliser le verbe “exprimer” pour résumer toute la phrase du premier homme.

Les femmes utilisent les mots en guise de récompense

Une femme se sert des mots pour montrer sa participation et bâtir des relations, c’est pourquoi, pour elle, les mots sont une forme de récompense. Si elle vous aime bien, boit vos paroles ou veut être votre amie, elle vous parlera beaucoup. Le contraire est également vrai : si elle veut vous punir ou vous faire savoir qu’elle n’est pas votre amie, elle ne vous parlera pas. Les hommes appellent souvent cela “le mépris par le silence”. Proférée par une femme, la menace du “je ne te parlerai plus jamais !” doit être prise très au sérieux.

> Si une femme vous parle beaucoup, elle vous aime bien. Si elle ne vous parle pas, vous allez au-devant d’ennuis.

Il faut en moyenne à un homme quelque neuf minutes de silence pour se rendre compte qu’il a été puni. Avant que ces neuf minutes ne se soient écoulées, il considère le silence comme une espèce de bonus – il jouit de quelques minutes “de calme et de silence”. Partout les hommes se plaignent que les femmes parlent trop. Comparées aux hommes, elles parlent certainement beaucoup plus.

Les femmes sont indirectes

Tout a commencé par une jolie balade en voiture à travers une magnifique vallée située à quelques heures de la maison. Alors que la route louvoyait et contournait la montagne, Jean-Luc éteignit la radio pour mieux se concentrer sur sa conduite. Il ne pouvait pas négocier les virages et écouter la radio en même temps.

"Jean-Luc, ça te dirait un café ?", lui demanda Cécile, sa compagne.

Jean-Luc sourit. "Non merci, ça va", répondit-il, pensant en lui-même que c'était gentil de sa part d'avoir demandé. Peu de temps après, Jean-Luc remarqua que Cécile s'était arrêtée de parler, et il soupçonna qu'il avait fait ou dit quelque chose de travers. "Tout va bien, chérie ?", s'inquiéta-t-il. "*Ça va !*" rétorqua-t-elle sèchement. Un peu perdu, il demanda : "Bon... qu'est-ce qu'il y a qui ne va pas ?" Elle grogna avec dérision. "Tu ne t'arrêtes pas !", lui dit-elle.

L'esprit analytique de Jean-Luc essaya de se souvenir de la dernière fois où elle avait utilisé le verbe "arrêter". Persuadé qu'elle ne l'avait pas utilisé, il le lui dit. Elle lui répondit qu'il devait montrer plus de sensibilité : quand elle lui a demandé s'il voulait un café, elle voulait lui dire en réalité qu'elle en voulait un. "Suis-je censé lire dans tes pensées ?" lui répondit-il de manière sarcastique.

"Viens en au fait, s'il te plaît !" est une autre phrase que les hommes aboient sur les femmes partout dans le monde. Quand une femme parle, elle utilise le *dis-*

cours indirect, ce qui signifie qu'elle avance à pas feutrés ou qu'elle tourne autour du pot. Le discours indirect est une spécialité féminine et sert un objectif spécifique : cela bâtit les relations et les bons rapports avec les autres en évitant l'agression, la confrontation ou la discorde. Cela correspond parfaitement à la tâche générale de la gardienne du nid, qui est de préserver l'harmonie.

> Le discours indirect permet d'établir de bons rapports entre les femmes, mais souvent ce discours ne fonctionne pas avec les hommes parce qu'ils n'en comprennent pas les règles.

Le cerveau des femmes est “branché démarche”, et elles apprécient la démarche de la communication. Les hommes trouvent cette absence de structure et d'objectif très déconcertant, et accusent les femmes de ne pas savoir de quoi elles parlent. En entreprise, le discours indirect peut être désastreux pour les femmes, parce que les hommes sont incapables de suivre une conversation “multipiste”, les femmes courent ainsi le risque que les hommes rejettent leurs propositions, requêtes ou demandes de promotion. Le discours indirect est sans doute excellent pour bâtir des relations, mais, malheureusement, ce bénéfice peut sembler bien léger si les voitures ou les avions entrent en collision parce que le chauffeur ou le pilote n'a pas clairement compris ce qui venait de leur être dit.

Le discours indirect est généralement truffé de qualificatifs tels que “du genre”, “un peu” ou “du type”.

Imaginez ce qui se serait passé si le Premier ministre britannique Winston Churchill avait eu recours au discours indirect pour motiver les Alliés contre la menace hitlérienne pendant la Seconde Guerre mondiale. Cela n’aurait certainement pas eu le même impact. “Nous les combattrons sur les plages – plus ou moins –, nous les combattrons dans les champs – du genre, nous ne nous rendrons jamais.” Les Alliés auraient peut-être même fini par perdre la guerre.

Quand une femme utilise le discours indirect avec une autre femme, il n’y a jamais aucun problème : les femmes sont sensibles et peuvent aisément détecter la signification véritable. Mais il peut s’avérer désastreux d’utiliser ce discours avec les hommes. Les hommes utilisent un discours direct et prennent les mots au pied de la lettre. Avec un peu de patience et de pratique, hommes et femmes peuvent apprendre à se comprendre l’un l’autre.

Les hommes sont directs

Les phrases des hommes sont courtes, directes et destinées à fournir une solution, grâce à un vocabulaire plus précis, le tout saupoudré d’informations. Ils utilisent des qualificatifs tels que “aucun”, “jamais” et “absolument”. Ce genre de discours permet de conclure rapidement et efficacement des affaires et est un moyen d'asseoir son autorité sur les autres. Quand les hommes se servent d'un tel discours direct dans leurs relations sociales, ils apparaissent souvent comme abrupts ou grossiers.

Observez ces déclarations :

1. Fais-moi une omelette pour le petit déjeuner !
2. Tu veux bien me faire une omelette pour le petit déjeuner ?
3. Pourrais-tu me faire une omelette pour le petit déjeuner, s'il te plaît ?
4. Est-ce que tu crois qu'on pourrait se faire une omelette pour le petit déjeuner ?
5. Ça serait pas génial de se faire une omelette pour le petit déjeuner ?
6. T'aurais pas envie d'une omelette pour le petit déjeuner ?

Ces demandes d'omelettes vont d'un discours totalement direct à un discours totalement indirect. Les trois premières déclarations seront probablement davantage utilisées par des hommes, et les trois dernières par des femmes. Toutes ces déclarations sont identiques, mais exprimées de différentes manières. Parfois, il est facile de transformer une envie d'omelette en un torrent de larmes, elle disant : "Pauvre nain ! Fais-la toi-même !" et lui disant : "T'es vraiment incapable de prendre une décision. Je vais chez MacDo !"

Que faire ?

Les hommes doivent comprendre que le discours indirect fait partie intégrante de la connexion cérébrale féminine et qu'ils ne devraient pas s'en agacer. Pour bâtir une relation personnelle avec une femme, un homme doit écouter efficacement, en utilisant des "sons d'écoute" et le langage corporel – nous allons y venir dans un moment. Il n'a pas besoin de se hasarder à proposer des solutions ou de s'interroger sur les motivations de la femme. Si une femme donne l'impression d'avoir un problème, une excellente technique consiste pour l'homme à lui demander : "Veux-tu que j'aie une écoute masculine ou féminine ?" Si elle veut qu'il ait une écoute féminine, il n'a qu'à l'écouter et l'encourager. Si elle veut une écoute masculine, il peut proposer des solutions.

> Pour obtenir d'un homme qu'il vous écoute, dites-le-lui à l'avance et fournissez-lui un programme ou un ordre du jour.

Pour avoir le plus grand impact sur un homme, dites-lui de quoi vous voulez parler et quand. Par exemple : "Je voudrais te parler d'un problème que j'ai avec mon patron. Est-ce qu'un dîner à 19 heures serait le bon moment pour en parler ?" De cette manière, vous vous adressez directement à la structure logique du cerveau masculin, ce qui lui donne le sentiment d'être apprécié et votre problème avec lui ! Une approche indirecte consisterait à dire "Personne ne m'aime", ce qui crée des problèmes parce que l'homme va probablement penser que c'est lui qu'on accuse et il va adopter une attitude défensive. Le discours direct est le moyen que les hommes utilisent pour faire des affaires avec d'autres hommes en Occident, mais ce n'est pas le cas en Orient. Au Japon par exemple, le discours indirect est largement utilisé comme langue d'affaires, et les gens qui ont recours au discours direct sont considérés comme enfantins ou naïfs. Les étrangers qui y ont recours sont considérés comme immatures.

Comment pousser un homme à agir

Diplômée en discours indirect, la femme pose des questions avec le verbe "pouvoir" ou "être capable de" : "Peux-tu sortir les poubelles ?" "Pourrais-tu m'appeler ce soir ?" "Peux-tu aller cherches les enfants ?" L'homme, lui, prend ses mots au pied de la lettre. Aussi, quand elle demande "Peux-tu changer l'ampoule ?", il comprend "As-tu la capacité de changer l'ampoule ?" Un homme interprète les questions commençant par "peux-tu ?" ou "pourrais-tu ?" comme un test pour ses capacités ; aussi sa réponse logique est-elle : Oui. Il peut sortir les poubelles ou pourrait changer l'ampoule, mais ces verbes n'impliquent pas un engagement à agir. De plus, les hommes se sentent manipulés et contraints à répondre par un “oui”.

Pour motiver un homme, utilisez des verbes directs pour obtenir son engagement. Par exemple, “Veux-tu m’appeler ce soir ?” est une question qui appelle à un engagement pour ce soir et l’homme doit répondre par “oui” ou “non”. Il vaut mieux avoir un “non” à une question de ce genre et savoir à quoi s’attendre plutôt que d’avoir un “oui” aux questions du genre “peux-tu ?” ou “pourrais-tu ?”. Un homme qui demande à une femme de l’épouser, lui dit : “Veux-tu m’épouser ?” Il ne lui demande jamais : “Pourrais-tu m’épouser ?”

Les femmes sont émotives, les hommes prennent tout au pied de la lettre

Dans la mesure où le vocabulaire n’est pas un point névralgique dans le cerveau de la femme, elle peut avoir la sensation que la définition exacte des mots est hors de propos. Aussi prend-elle de la liberté avec les mots ou n’a-t-elle pas peur d’exagérer simplement pour ajouter de l’effet. Reste que les hommes prennent chacun de ses mots au pied de la lettre et réagissent en fonction d’eux.

Dans une dispute, un homme voit dans les mots de la femme un moyen de gagner. Voyons si vous pouvez définir cet échange :

Geneviève : “Tu n’es *jamais* d’accord avec ce que je dis.”

Manuel : “Qu’est-ce que tu veux dire par *jamais ?* J’ai été d’accord avec toi sur les deux derniers points, non ?”

Geneviève : “Tu es *toujours* en désaccord avec moi et tu veux *toujours* avoir raison !”

Manuel : “Ce n’est pas vrai. Je ne suis pas *toujours* en désaccord avec toi. J’ai été d’accord avec toi ce matin, j’ai été d’accord avec toi hier soir et j’ai été d’accord avec toi samedi dernier. Aussi, tu n’as pas le droit de dire que je suis *toujours* en désaccord avec toi !”

Geneviève : “Tu dis ça *chaque fois* que j’aborde ce sujet !”

Manuel : “Tu mens ! Je ne dis pas ça *chaque fois !*”

Geneviève : “Et tu ne touches *seulement* quand tu veux faire l’amour !”

Manuel : “Arrête d’exagérer ! Je ne te touche pas *seulement...*”

Elle continue à se disputer et à se servir de ses émotions pour le combattre ; lui continue à décrypter ses mots. La dispute en arrive au point où soit elle refuse de parler soit il quitte les lieux pour se retrouver seul. Mais, pour discuter avec succès, un homme doit comprendre qu’une femme utilisera des mots qu’elle ne voulait pas vraiment utiliser, aussi ne devrait-il pas les prendre au pied de la lettre. Par exemple, quand une femme dit : “Si je m’assois à côté d’une femme qui porte la même robe que moi, j'ai envie de mourir. Il n'y a rien de pire !" Elle ne veut pas vraiment dire qu'il n'y a *rien de pire* ou qu'elle a envie de *mourir*, mais un homme à l'esprit littéral pourrait lui répondre : "Non, tu n'as pas à mourir, il y a des choses bien pires que ça !" ce qui peut résonner comme un sarcasme aux oreilles d'une femme. De la même manière, une femme doit savoir que si elle veut gagner, elle devra argumenter logiquement avec un homme et ne lui délivrer qu'une pensée à la fois. Et les femmes ne doivent jamais se disperser dans une dispute, sinon leurs remarques acerbes n'auront aucune chance d'atteindre leur but.

Comment les femmes écoutent

En général, quand elle écoute, une femme est capable en dix secondes d'utiliser une moyenne de six expressions pour refléter et ensuite répercuter les émotions de son interlocutrice. Son visage agira comme un véritable miroir des émotions exprimées. Pour un observateur, il semble presque que les événements narrés sont en train d'arriver aux deux femmes.

Voici une séquence de dix secondes typique d'une femme montrant qu'elle écoute :

Tristesse

Surprise

Colère

Joie

Peur

Désir

Une femme peut saisir la signification de ce qui est dit dans l'intonation de la voix et du langage corporel de son interlocuteur. C'est exactement ce qu'un homme doit faire pour attirer l'attention d'une femme – et l'inciter à écouter. La plupart des hommes sont découragés par la perspective d'utiliser une répercussion "faciale" tout en écoutant, mais cela rapporte gros à l'homme qui accepte de devenir un adepte de cet art.

Les hommes écoutent comme des statues

Quand il écoute, l'objectif biologique de notre mâle guerrier est de rester impassible, afin de ne pas trahir ses émotions.

Voici la même séquence de dix secondes d'expressions du visage d'un homme pendant qu'il écoute :

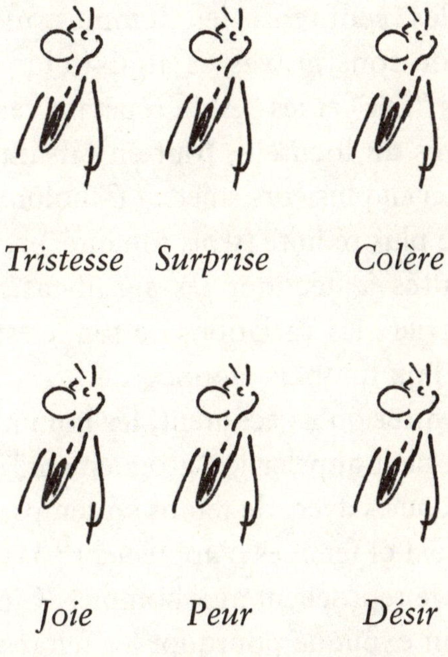

Ceci est une illustration humoristique de l'homme à l'écoute, mais admettre la vérité dans l'humour ne fait que la renforcer. Ce masque d'impassibilité, que les hommes utilisent quand ils écoutent, les autorise à penser qu'ils gardent le contrôle de la situation, mais ne signifie pas qu'un homme n'a pas d'émotions. Les scanners cérébraux révèlent que les hommes ressentent les émotions aussi fortement que les femmes, mais évitent de le montrer.

Comment utiliser le "grognement"

Quand elles écoutent, les femmes utilisent un ensemble de sons graves et aigus (cinq tonalités) incluant les "Oh" et les "Ah", répétant certains mots ou contextes du locuteur, tout en faisant éclater la conversation en plusieurs sujets. Les hommes utilisent une gamme plus réduite (trois tonalités) et éprouvent des difficultés à décoder les significations qui se cachent derrière les variations de ton, c'est pourquoi ils parlent d'un ton plus monocorde.

Pour montrer qu'ils écoutent, les hommes utilisent ce que l'on peut appeler le "grognement" : une série de "hum" courts avec, de temps en temps, un hochement de tête. Les femmes n'apprécient pas cette forme d'écoute et le reprochent aux hommes. C'est aussi en partie ce qui explique pourquoi les femmes accusent les hommes de ne pas écouter. Souvent, l'homme écoute, mais il n'en a pas l'air, tout simplement. Pour les femmes d'affaires, le grognement, c'est de l'argent. Si vous êtes une femme qui explique une idée ou un projet à un ou des hommes, il est capital que lorsque, à son tour, l'homme s'exprime, vous ne répercutiez pas ses sentiments, tout comme vous le feriez avec une autre femme : tout ce que vous avez à faire, c'est de rester assise là, sans aucune expression apparente, à hocher de la tête et grogner sans l'interrompre. Nous avons découvert que les femmes qui ont recours à cette technique remportent un paquet de points sur l'échelle de la crédibilité des hommes. Les femmes qui répercutent les émotions des hommes (ou ce qu'elles pensent que peuvent être ces émotions) sont très mal notées tant en crédibilité qu'en autorité, et sont parfois décrites par les hommes comme des "têtes en l'air" ou des "bordéliques" !

Comment faire écouter un homme

Établissez un planning, donnez-lui un programme, fixez-lui un délai et dites-lui que vous ne voulez pas avoir de solution ou de plan d'action. Dites : "Je voudrais te parler de ma journée, Laurent. Est-ce qu'après dîner cela te convient ? Je n'ai pas besoin de solution à mes problèmes, je voudrais juste que tu m'écoutes." La plupart des hommes seront d'accord avec un tel programme parce qu'il comporte un planning, un endroit et un objectif – tout ce qui peut "parler" au cerveau de l'homme. Et, en plus, on n'attend de lui aucun travail.

La voix de l'écolière

La plupart des femmes n'ont vraiment pas besoin d'un doctorat en biologie évolutive pour maîtriser le pouvoir de parler avec une voix haut perchée presque chantante. Les voix haut perchées sont liées à un niveau élevé d'œstrogène et leur connotation enfantine "parle" au besoin inné de la plupart des hommes de protéger. Les femmes préfèrent les hommes à la une voix de basse, dans la mesure où cette voix est l'indicateur d'un haut niveau de testostérone, ce qui, en clair, est le signe d'une grande virilité. Cette baisse dans le niveau de la voix se produit chez les garçons à l'âge de la puberté quand la testostérone envahit tout leur corps et que leur voix mue. Quand une femme hausse le ton et qu'un homme baisse le sien, c'est le signal évident qu'ils jouent la comédie l'un pour l'autre. Nous ne voulons, en aucun cas, suggérer que ceci est la manière dont hommes et femmes devraient agir l'un envers l'autre, mais plutôt expliquer ce qui se produit en réalité.

> Vous pensez que quelqu'un est en train de vous donner un signal d'accord ? Écoutez le ton de sa voix.

Il est important de savoir que les études indiquent constamment que, dans une entreprise, une femme à la voix grave est considérée comme étant plus intelligente, plus crédible et dotée de plus d'autorité. Il est possible de s'entraîner pour avoir une voix grave en baissant le menton et en parlant d'une voix plus basse et monotone. En cherchant à avoir de l'autorité, de nombreuses femmes se trompent en haussant le ton, ce qui donne l'impression qu'elles sont agressives. Deux choses intéressantes sont à noter : certaines femmes enveloppées utilisent une voix de "fillette" pour contrebalancer l'effet pondéral de leur apparence et d'autres l'utilisent pour inciter, chez les hommes qu'elles aiment, une attitude protectrice.

CAPACITÉ SPATIALE PLANS, CIBLE ET CRÉNEAUX

Chapitre 5

La capacité spatiale des femmes... vue par les hommes.

Comment une carte routière peut conduire au divorce

Thibault et Fabienne sont en route pour aller voir un spectacle en ville. Thibault est au volant, Fabienne est passagère. C'est toujours Thibault qui conduit – ils n'ont jamais discuté pour savoir pourquoi c'est toujours lui qui conduit, mais il conduit. Et, comme tous les hommes, c'est une autre personne dès qu'il est derrière le volant.

Thibault demande à Fabienne de chercher l'adresse sur le plan. Elle l'ouvre à la bonne page, puis fait pivoter le plan. Elle le remet à l'endroit avant de le tourner à nouveau. Puis, en silence, regarde le plan. Bien sûr, elle sait ce que c'est un plan, mais dès qu'il s'agit de l'utiliser pour savoir où ils vont, ce plan devient étrangement muet. C'est un peu comme les cours de géographie à l'école. Tous ces petits dessins roses et verts avaient une vague ressemblance avec le monde réel dans lequel elle vivait. Parfois, elle s'en sortait avec une carte quand ils allaient vers le nord, mais c'était une catastrophe avec le sud – or, ils se dirigeaient précisément vers le sud. Elle fit tourner le plan encore une fois. Après quelques secondes, Thibault prit la parole.

"Arrête de tourner ce plan dans tous les sens !" s'énerva-t-il.

"Mais j'ai besoin de le faire coïncider avec la direction dans laquelle on va", expliqua alors docilement Fabienne.

“Oui, mais tu ne peux pas le lire à l’envers !” aboya-t-il.

“Écoute Thibault, ça me semble logique de faire coïncider le plan avec notre direction. De cette manière, je fais correspondre les plaques des rues avec le plan !”, répondit-elle en haussant la voix pour manifester son indignation.

“Bon, mais si on était censé lire ce plan à l’envers, ils l’auraient imprimé à l’envers, non ? Arrête de faire l’imbécile et dis-moi où on va !”

“Bon d’accord, je vais te dire où on va !”, rétorqua Fabienne, furieuse. Elle lui jeta le plan au visage en hurlant : “T’as qu’à le lire toi-même !”

Cela ne vous rappelle rien ? C’est l’un des sujets de discorde les plus courants entre hommes et femmes dans toutes les régions du globe, et cela depuis des milliers d’années. Au XIe siècle, Lady Godiva, nue sur son cheval, a emprunté la mauvaise rue Coventry, Juliette s’est perdue en essayant de rentrer chez elle après un rendez-vous galant avec Roméo, Cléopâtre a menacé de castrer Marc Antoine pour avoir essayé de la forcer à comprendre ses cartes d’état-major, la méchante sorcière de l’ouest se retrouve souvent au sud, au nord ou à l’est.

Pensée sexiste

Le fait de pouvoir lire un plan et comprendre où vous vous trouvez repose sur la capacité spatiale. Les scanners du cerveau montrent que la capacité spatiale est située dans l'hémisphère frontal droit chez les hommes et les garçons, et est l'une des capacités masculines les plus importantes. Elle s'est développée dans les temps les plus reculés pour permettre aux hommes, les chasseurs, de calculer la vitesse, le mouvement et la distance des proies, pour déterminer leur vitesse à la course pour atteindre leurs cibles et pour savoir de quelle force ils avaient besoin pour tuer leur repas avec une pierre ou une lance. Chez les femmes, la capacité spatiale est localisée dans les deux hémisphères, mais dans des régions sans dimensions mesurables comme c'est le cas pour les hommes. Seuls 10 % des femmes disposent d'une bonne ou excellente capacité spatiale.

> Environ 90 % des femmes ont une capacité spatiale limitée.

Pour certaines personnes, ce type de recherche peut apparaître comme sexiste parce que nous aborderons le genre de forces et de capacités où les hommes excellent, ainsi que les occupations et activités pour lesquelles la biologie leur donne un avantage certain. Toutefois, un peu plus loin, nous nous attarderons sur les domaines dans lesquels les femmes ont le dessus.

Le chasseur de repas en action

Être doté de la capacité spatiale signifie être capable de visualiser la forme des choses, leurs dimensions, les proportions, les coordonnées, le mouvement et la géographie. Cela signifie également être capable d'imaginer un objet évoluant dans l'espace, circuler en contournant un obstacle et voir les choses en trois dimensions ; l'objectif étant de déterminer le mouvement d'une cible pour savoir comment l'atteindre.

Le Dr Camilla Benbow, professeur de psychologie de l'université d'État d'Iowa, a passé au scanner le cerveau de plus d'un million de garçons et de filles pour étudier leur capacité spatiale. Elle souligne que les différences entre les deux sexes sont déjà très frappantes à l'âge de quatre ans. Elle a découvert que, si les filles excellent dans la vision en deux dimensions, les garçons ont la capacité de voir une troisième dimension, la profondeur. Des tests vidéo en trois dimensions ont prouvé que les garçons surpassaient les filles en capacité spatiale dans la proportion de quatre pour un, et les meilleures filles étaient souvent battues par les garçons les moins doués. Chez les hommes, cette fonction cérébrale spécifique est située dans au moins quatre régions de l'hémisphère frontal droit.

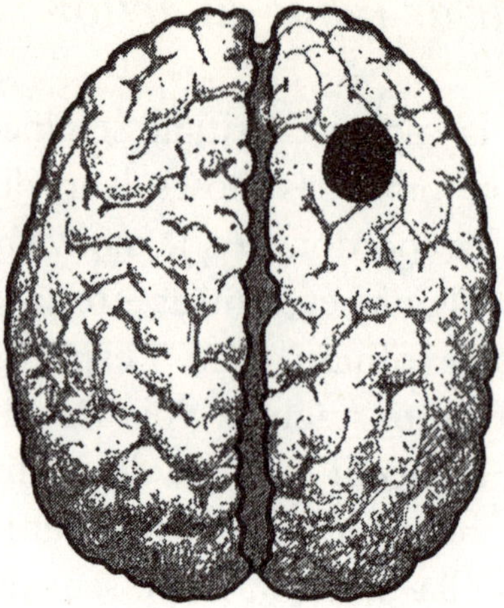

Région cérébrale des capacités visuelle et spatiale chez les hommes.

Le fait de ne pas avoir de région spécifique pour la capacité spatiale signifie pour la plupart des femmes une capacité moindre pour les tâches faisant appel à cette capacité. Pour les hommes, c'est également la région du cerveau qui leur permet de résoudre les problèmes. La capacité spatiale n'est pas forte chez les femmes et les filles, parce que chasser les animaux et retrouver son chemin jusqu'à la maison n'ont jamais fait partie de leurs qualifications. C'est pourquoi nombreuses sont les femmes qui éprouvent des difficultés à lire une carte routière ou un plan.

> Les femmes n'ont pas une bonne capacité spatiale parce qu'elles ont évolué en chassant très peu… à part les hommes.

Il existe des milliers d'études scientifiques documentées qui confirment la supériorité masculine en capacité spatiale. Ce qui n'est pas très surprenant étant donné son évolution en tant que chasseur. Mais l'homme moderne n'a plus besoin d'attraper ses repas. Aujourd'hui, il utilise sa capacité spatiale dans d'autres domaines tels que le golf, les jeux sur ordinateur, le football, les fléchettes et tout sport ou activité qui consiste à chasser quelque chose ou viser une cible. Pour la plupart des femmes, les fléchettes sont un jeu particulièrement ennuyeux – mais si elles étaient dotées d'une région spécifique dans l'hémisphère droit pour y jouer, non seulement elles le trouveraient amusant mais, en plus, elles gagneraient.

Les hommes sont si fascinés par la vision d'un homme atteignant une cible avec une balle qu'aujourd'hui quelques-uns des hommes les mieux payés au monde sont des golfeurs, des footballeurs, des basketteurs et des joueurs de tennis. Pour gagner le respect, vous n'avez plus besoin de diplôme universitaire ; vous devez simplement être doué pour estimer la vitesse, les distances, les angles et les directions.

Pourquoi les hommes savent où ils vont

La capacité spatiale permet à l'homme de faire pivoter le plan ou la carte routière dans sa tête et de savoir dans quelle direction il se dirige. S'il doit retourner au même endroit plus tard, il n'a pas besoin d'une carte, dans la mesure où sa région cérébrale peut stocker l'information. La plupart des hommes sont capables de lire une carte en faisant face au nord, alors qu'ils savent qu'ils doivent se rendre au sud. De même, la plupart des hommes sont capables de lire une carte, puis de se diriger uniquement à l'aide de la mémoire. Des études montrent que le cerveau masculin calcule la vitesse et la distance pour déterminer quand changer de direction. Si on les met dans une pièce sans fenêtres dans un endroit qui leur est inconnu, la plupart des hommes sont capables de désigner la direction du nord. En tant que chasseur de repas, il devait retrouver son chemin vers le foyer, c'était une question de survie.

> La plupart des hommes sont capables de désigner le nord, même s'ils ignorent où ils se trouvent.

Installez-vous dans n'importe quel stade et vous pourrez témoigner que les hommes qui quittent leur place pour s'acheter une boisson peuvent revenir à leur siège sans aucun problème. Rendez-vous dans n'importe quelle grande ville du monde et observez les touristes féminines aux carrefours tournant et retournant leur plan tout en ayant l'air perdues. Allez dans le parking à étages de n'importe quel centre commercial et vous verrez des femmes errer à la recherche de leur voiture perdue.

Pourquoi les garçons traînent dans les salles de jeux vidéo

Visitez n'importe quelle salle de jeux vidéo dans le monde et vous verrez qu'elle est pleine d'adolescents utilisant leurs capacités spatiales. Regardons maintenant quelques-unes des études scientifiques mettant en lumière la capacité spatiale. La plupart d'entre elles incluent l'assemblage d'un appareil mécanique en trois dimensions.

Une étude réalisée à l'université de Yale a découvert que seulement 22 % de femmes sont capables d'accomplir une telle tâche aussi bien que les hommes. Cette étude a également mis en évidence que, si 68 % des hommes peuvent programmer un magnétoscope ou une machine équivalente du premier coup, seulement 16 % des femmes sont capables d'en faire autant. Les garçons étaient encore meilleurs quand leur œil droit était caché de manière à ce que seul l'œil gauche puisse recevoir l'information fournie à l'hémisphère droit où se trouve la région des capacités spatiales. Pour les filles, l'œil caché ne faisait aucune différence, parce que leur cerveau essayait de résoudre les problèmes en utilisant ses deux hémisphères. Cela explique pourquoi très peu de femmes choisissent d'être mécaniciennes, ingénieurs ou pilotes de ligne.

Le Dr Camilla Benbow et son collègue, le Dr Julian Stanley, ont réalisé des tests sur un groupe d'enfants surdoués et ont découvert qu'il y avait treize fois plus de garçons bons en maths que de filles. Les garçons pouvaient construire un bâtiment à partir d'un plan en deux dimensions plus facilement et plus vite que les filles, ils peuvent évaluer les angles avec exactitude et peuvent voir si une surface plane est de niveau. Ces capacités antiques utiles pour la chasse sont la raison pour laquelle les hommes dominent des secteurs comme l'architecture, la chimie, la construction et les statistiques. Les garçons sont meilleurs que les filles en ce qui concerne la coordination de la main et de l'œil, ce qui les rend plus performants pour les jeux de balle. Ce qui explique également l'engouement des hommes pour le football, le rugby, le basket, le base-ball, le cricket ou tout autre sport qui exige la capacité d'évaluer, de coordonner et de lancer, de courir après ou de viser une cible. Cela explique aussi pourquoi les salles de jeux vidéo et les circuits de skateboard partout dans le monde sont remplis davantage de garçons que de filles. La plupart des filles ne sont là que pour impressionner les garçons mais, comme l'apprennent très tôt les jeunes filles, les garçons sont davantage obsédés par les jeux que par leur présence.

Le cerveau des garçons évolue différemment

Les parents qui ont des fils et des filles se rendent vite compte que les garçons sont très différents des filles quant à la vitesse de leur développement. Chez les garçons, l'hémisphère droit se développe plus rapidement que l'hémisphère gauche. Cet hémisphère crée davantage de connexions en son sein et a également moins de liens avec l'hémisphère gauche. Chez les filles, les deux hémisphères se développent de manière plus équilibrée, ce qui confère aux filles une plus grande diversité de capacités. Dans la mesure où, chez les filles, les deux hémisphères ont davantage de connexions grâce à un corps calleux plus important, on compte plus de filles ambidextres que de garçons, et encore plus de femmes qui éprouvent des difficultés à reconnaître leur gauche de leur droite.

La testostérone inhibe la croissance de l'hémisphère gauche chez les garçons ; en contrepartie, ils bénéficient d'un meilleur développement de l'hémisphère droit, leur donnant ainsi une meilleure capacité spatiale pour la chasse. Les études sur les enfants âgés de 5 à 18 ans montrent que les garçons surpassent les filles dans la faculté de diriger un rayon de lumière sur une cible, de reproduire un modèle en le traçant avec des pas sur le sol, d'assembler une série d'objets en trois dimensions et de résoudre des problèmes demandant un raisonnement mathématique. Toutes ces capacités sont localisées dans l'hémisphère droit d'au moins 80 % des hommes et des garçons.

Diana et son mobilier

Tandis que les déménageurs déchargeaient leur camion devant la nouvelle maison de Diana, elle, son mètre à la main, était très occupée à prendre des mesures de chacune des pièces pour voir si son mobilier tiendrait à certains endroits. Alors qu'elle mesurait son vaisselier, son fils de 14 ans, Henri, lui dit : "Laisse tomber, m'man. Il entrera pas là où tu veux le mettre. Il est trop grand." Diana mesura l'espace disponible et s'aperçut qu'Henri avait raison. Mais elle n'arrivait pas à comprendre comment, en regardant simplement le meuble, il avait pu savoir s'il allait entrer ou non. Et comment a-t-il pu le faire ? Il s'est servi de sa capacité spatiale.

Tester sa capacité spatiale

Un chercheur américain, le Dr D. Wechsler, a créé une série de tests d'intelligence qui éliminent les discriminations sexuelles des hommes et des femmes pendant les tests spatiaux. Wechsler a effectué des tests sur des personnes de cultures différentes allant de la primitive à celle plus sophistiquée des grandes villes un peu partout dans le monde. Tout comme d'autres chercheurs avant lui, il est arrivé à la conclusion que les femmes étaient supérieures aux hommes en termes d'intelligence générale, environ 3 % plus intelligentes, bien que leur cerveau soit légèrement plus petit. Toutefois, dès qu'il s'agit de résoudre des problèmes de labyrinthe ou de puzzle, les hommes surpassent très largement les femmes, obtenant 92 % des meilleurs résultats contre 8 % pour les femmes. Les esprits chagrins ou sceptiques pourraient bien dire que ces tests prouvent simplement que les femmes sont trop intelligentes pour jouer à des puzzles idiots, mais ces tests démontrent graphiquement la capacité spatiale masculine.

Le test spatial qui suit a été mis au point par l'université de Plymouth. C'est le type de test utilisé dans les concours de recrutement des pilotes, navigateurs ou contrôleurs aériens. Ce test mesure votre capacité à prendre des éléments en deux dimensions et à les reconstruire, dans votre tête, en objets tridimensionnels.

Imaginez que le puzzle du test 1 soit fait en carton. En le pliant en fonction des lignes de pliure, vous obtenez un cube avec des symboles sur chacun des côtés. En supposant que la face sur laquelle figure la croix se trouve à droite et le cercle à gauche, quelle est la bonne réponse entre A, B, C, et D ? Faites le test maintenant.

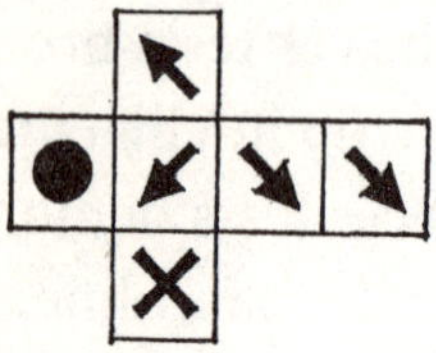

Test 1

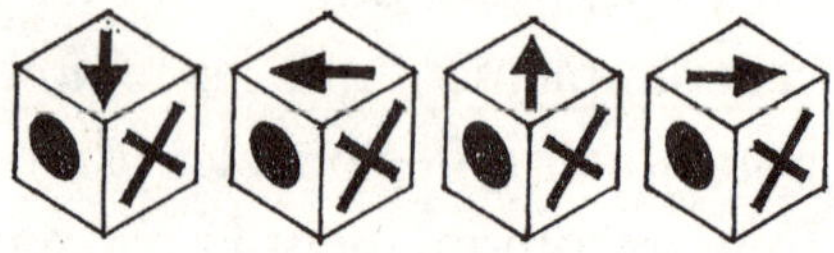

A B C D

Réponses possibles pour le test 1.

Ce test demande que votre cerveau visualise l'image en trois dimensions puis qu'il la fasse pivoter pour obtenir le bon angle. Cet exercice exige les mêmes capacités que pour lire une carte routière ou un plan, faire atterrir un avion ou chasser un bison.

La bonne réponse est A. À présent, voici une version plus complexe du même test qui demande que votre cerveau fasse des rotations encore plus spatiales.

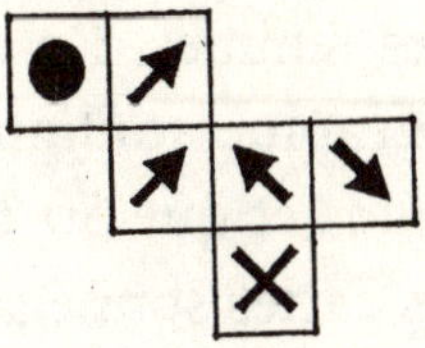

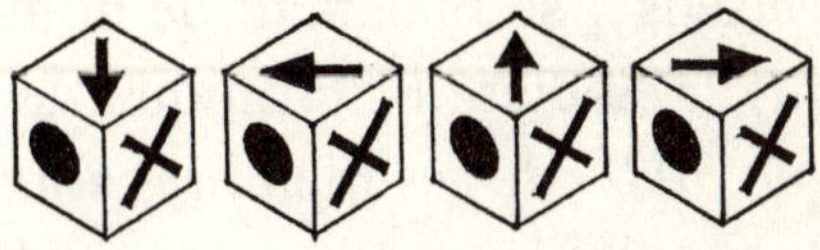

A B C D

Test 2

Réponses possibles pour le test 2.

Des expériences menées par des zoologues montrent que les mammifères mâles sont meilleurs que les femelles dans les capacités spatiales – les rats mâles sont bien meilleurs pour retrouver leur chemin dans un labyrinthe que les femelles, et les éléphants sont meilleurs que les éléphantes pour retourner à un point d'eau. (Ah, au fait, la bonne réponse pour le test 2 est C.)

Comment les femmes savent se diriger

"Si les hommes n'avaient pas conçu les cartes de cette manière, nous n'aurions pas à les tourner dans tous les sens", se plaignent de nombreuses femmes. Reste que la Société britannique de cartographie souligne que 50 % de ses membres sont féminins et que 50 % de ceux qui conçoivent et publient les cartes sont également des femmes. "La conception de carte est un travail en deux dimensions pour lequel les femmes sont aussi capables que les hommes", soutient le cartographe britannique Alan Collinson. "La difficulté qu'éprouvent la plupart des femmes à lire et à se diriger avec une carte routière vient du fait qu'elles ont besoin d'une perspective en trois dimensions pour se diriger sur une route. Je conçois des cartes touristiques avec une perspective tridimensionnelle – elles indiquent les arbres, les montagnes et d'autres points de repère topographiques. Et les femmes s'en sortent bien mieux avec ce genre de cartes. Nos tests ont montré que les hommes ont la capacité de transformer une carte bidimensionnelle en une visualisation tridimensionnelle, mais la plupart des femmes semblent incapables d'en faire autant."

> Les femmes améliorent de manière spectaculaire leur capacité à se diriger en utilisant des cartes en perspective.

L'autre découverte intéressante a été que les hommes obtiennent des résultats encore meilleurs lorsqu'ils sont dirigés par un chef qui leur indique verbalement les nouvelles directions à prendre à chaque étape d'une route donnée. À l'inverse, les femmes sont catastrophiques quand elles sont dirigées verbalement. Cela montre comment les hommes peuvent convertir des signaux sonores en cartes mentales tridimensionnelles afin de visualiser direction et route à prendre, tandis que les femmes s'en sortent mieux avec des cartes à perspective tridimensionnelle.

Ce qui se passe si vous ne trouvez pas le nord

La navigatrice australienne Kay Cottee a été la première femme à faire le tour du monde en solitaire à la voile sans escale. A priori, une femme qui sait où elle va, n'est-ce pas ?

Au cours d'une récente conférence, elle nous a déclaré qu'elle avait du mal à lire un plan de ville. Étonnés, nous avons demandé : "Comment alors avez-vous réussi à faire le tour du monde ?" "Ça, c'est la navigation, nous répondit Kay. Vous programmez l'ordinateur et il vous conduit dans la bonne direction. Je ne sors pas en mer en me disant "tiens, et si je tournais à gauche...". Le plan d'une ville est une chose intuitive : on doit "sentir" la direction à prendre. Quand je me rends dans une ville que je ne connais pas, je circule toujours en taxi. J'ai essayé de louer des voitures mais, en général, je finis par me perdre."

Les gens trouvent difficile de croire que Kay Cottee puisse se perdre en essayant de retrouver son bateau pour faire le tour du monde, mais elle montre clairement comment, avec de la détermination, de la préparation et du courage, on peut voyager autour du monde – même quand on ne sait pas lire un plan – en s'organisant et en s'entourant des personnes qualifiées et de l'équipement nécessaire pour accomplir cette tâche.

La carte volante

Nous (les auteurs) parcourons le monde neuf mois sur douze à donner des conférences, et nous passons l'essentiel de notre temps dans des voitures de location. D'ordinaire, c'est Allan qui conduit parce que sa capacité spatiale est meilleure que celle de Barbara, qui se retrouve donc au poste de copilote. Bien que Barbara n'ait pratiquement aucun sens de l'orientation, Allan et elle réussissent depuis des années, à coups de dispute et de mots, à retrouver leur chemin autour du monde – de ville en ville et de pays en pays. Allan s'est vu envoyer à la figure par Barbara des plans de ville dans pratiquement toutes les langues. Et même, en plusieurs occasions, elle a préféré se fier aux autobus ou aux trains, l'abandonnant ainsi à ses cartes, non sans

> Barbara Pease n'a aucun sens de l'orientation, mais Allan Pease est totalement incapable de retrouver des chaussettes dans sa commode.

lui avoir hurlé : "T'as qu'à les lire toi-même !"

Heureusement, leurs recherches sur la capacité spatiale les a alertés sur les problèmes qui apparaissent quand l'un des partenaires n'a que peu ou pas de capacité spatiale, tandis que l'autre ne comprend pas cela. Aujourd'hui, Allan consulte les plans avant de prendre le volant, et Barbara parle et désigne les lieux et sites intéressants qu'Allan ignore d'habitude. Ils sont toujours mariés et heureux, et les cartes volantes ne présentent plus de danger pour les autres automobilistes.

La carte à l'envers

En 1998, en Angleterre, John et Ashley Sims ont créé une carte à deux faces, qui présentait d'un côté une carte pour les voyages vers le nord, et de l'autre, une carte à l'envers, le sud étant placé en haut de la carte, pour les voyages en direction du sud. Dans l'édition dominicale d'un quotidien britannique à grand tirage, les Sims ont offert une carte gratuite aux cent premières personnes qui en feraient la demande. Ils ont reçu des demandes de plus de quinze mille femmes – pour seulement une poignée d'hommes. Les Sims nous ont dit que les hommes ne voyaient pas l'intérêt d'avoir une carte à deux sens ou bien pensaient qu'il s'agissait d'une plaisanterie. En revanche, les femmes étaient tout à fait impressionnées, parce que cette carte leur évitait de tourner et retourner la carte.

La firme automobile allemande BMW a été la première au monde à installer dans ses voitures le système GPS (*Global Positioning System*), un système américain de localisation à couverture mondiale par satellite qui permet de retourner l'image pour correspondre à la direction dans laquelle se dirige la voiture. Comme on pouvait s'y attendre, le GPS a connu d'emblée un énorme succès auprès des femmes.

Un dernier test

Essayez-vous à ce test mis au point par Saville et Holdsworth, un cabinet britannique de consultants, spécialisé en ressources humaines. Ce test est destiné à évaluer le raisonnement spatial des candidats à des postes tels que celui de contrôleur aérien. Si vous êtes incapable de le faire en moins de trois minutes, vous êtes éliminé. Ce test est autrement plus difficile que les deux premiers et, si vous êtes un homme, il devrait faire augmenter la température de votre hémisphère frontal droit.

Dans ce test, on vous donne un modèle qui, quand il est découpé, peut être plié de manière à former un cube en trois dimensions. Vous devez décider lequel, s'il y en a un, des quatre cubes de chaque série peut être fabriqué en pliant le modèle. Entourez le cube qui vous semble approprié. Si vous pensez qu'aucun de ces cubes ne peut être fabriqué à partir du modèle, n'entourez aucun de ces cubes.

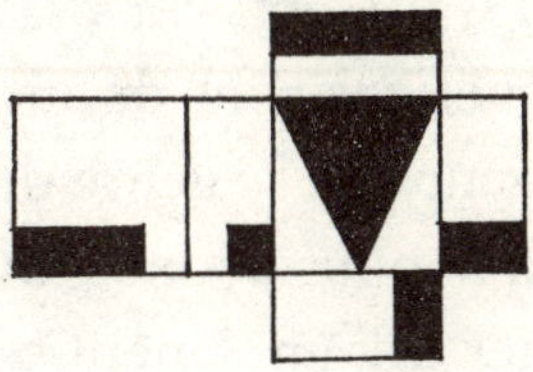

1

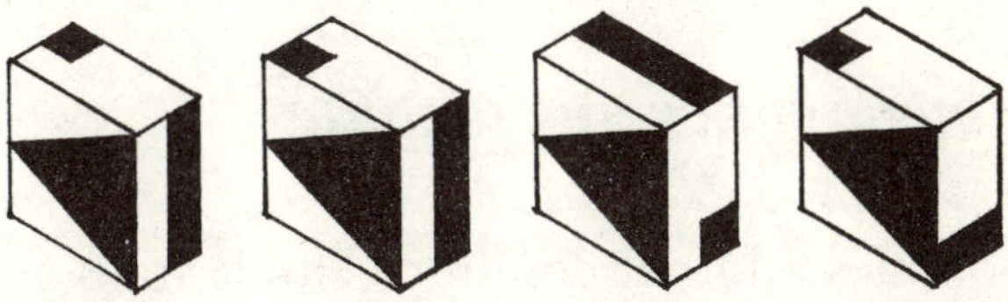

A B C D

2

A B C D

3

A B C D

4

A B C D

La grande majorité des personnes qui ont réussi ce test en moins de trois minutes sont des hommes, en particulier ceux occupant des emplois faisant appel aux trois dimensions comme les architectes ou les mathématiciens. À présent, vous savez pourquoi 94 % des contrôleurs aériens sont des hommes. La plupart des femmes pensent que ce genre de tests est une perte de temps, bien que nous ayons trouvé une femme qui a réussi ce dernier test en... neuf secondes. Sa profession ? Actuaire. (Les réponses sont 1b, 2d, 3c, aucun.)

Comment éviter une dispute

Les hommes adorent conduire vite le long des rues sinueuses, parce que cela fait appel à leurs capacités spatiales – utilisation combinée de la boîte de vitesses, de l'embrayage et des freins, vitesse relative dans les courbes, angle d'attaque du virage et estimation des distances.

Le conducteur de l'ère moderne s'assoit derrière le volant, tend une carte routière à sa femme et lui demande d'être son copilote. Dotée de capacité spatiale limitée, la femme se mure dans le silence, commence à tourner et retourner la carte dans tous les sens et se sent totalement incompétente. La plupart des hommes ne comprennent pas que lorsqu'on n'a pas une région cérébrale spécifique pour faire pivoter les cartes routières, on fait pivoter la carte à la main. Pour une femme, il est parfaitement logique de faire pivoter la carte dans la direction où elle va. Pour éviter toute dispute, un homme ne devrait pas demander à une femme de lire une carte.

> Pour une vie heureuse, ne demandez jamais à une femme de lire une carte routière.

Le fait que ses capacités spatiales soient situées dans les deux hémisphères perturbe la fonction discursive de la femme. Aussi, si on confie une carte routière à une femme, s'arrêtera-t-elle de parler, le temps pour elle de la faire pivoter. Donnez cette même carte à un homme et il continuera de parler – mais il éteindra la radio parce qu'il est incapable d'utiliser ses fonctions auditives en même temps que ses capacités à lire les cartes routières. C'est pourquoi, quand le téléphone sonne chez lui, il exige que tout le monde se taise pendant qu'il répond.

Les femmes résolvent les problèmes mathématiques en utilisant principalement leur hémisphère gauche, ce qui les rend non seulement plus lentes en calcul mental mais explique pourquoi autant de femmes et de filles font leurs calculs à voix haute. Ce qui fait hurler les hommes : "Tu ne pourrais pas calculer dans ta tête ! Je n'arrive pas à me concentrer !" disent-ils un peu partout dans le monde, alors qu'ils essaient de lire leur journal.

Comment se disputer en conduisant ?

Un mari qui se met en tête d'apprendre à conduire à sa femme se destine au divorce. Un peu partout dans le monde, les hommes donnent les mêmes instructions : "Tourne à gauche, ralentis, change de vitesse, attention aux piétons, concentre-toi, arrête de pleurer !" Pour un homme, la conduite automobile est un test de sa capacité spatiale relative à l'environnement. Pour une femme, le but de la conduite est de se rendre en toute sécurité d'un point A à un point B. En tant que passager, la meilleure stratégie masculine consiste à fermer les yeux, allumer la radio et arrêter de faire des observations parce que, dans l'absolu, les femmes sont des conductrices plus sûres que les hommes. Elle vous conduira là où vous devez aller – simplement, cela peut prendre un peu plus de temps. Mais, au moins, vous pouvez vous relaxer et arriver vivant.

Une femme aura tendance à critiquer la conduite d'un homme parce que ses capacités spatiales lui permettent de prendre des décisions et des jugements qui lui paraissent dangereux, à elle. À condition que l'homme n'ait pas prouvé par le passé qu'elle a quelques raisons de se méfier de sa conduite, la femme doit également se détendre et ne pas critiquer, et le laisser simplement conduire. Quand les premières gouttes de pluie frappent le pare-brise, une femme actionne immédiatement les essuie-glaces ; une chose que les hommes n'arrivent jamais à comprendre. Le cerveau masculin attend que la quantité exacte de gouttes de pluie ait atteint le pare-brise pour actionner les essuie-glaces au moment précis. En d'autres termes, il utilise sa capacité spatiale.

Comment vendre à une femme

Ne dites jamais à une femme des choses telles que “Va vers le nord” ou “Prends en direction de l'ouest pendant cinq kilomètres” dans la mesure où ces indications exigent la maîtrise de la boussole et un bon sens de l'orientation. Au lieu de cela, donnez des indications avec des points de repère comme “Tu vas jusqu'au McDo puis jusqu'à l'immeuble avec l'enseigne BNP sur le toit.” Ces indications permettent à la femme de repérer ces emplacements grâce à sa vision périphérique. Un peu partout dans le monde, architectes et entrepreneurs perdent des millions en ratant des affaires parce qu'ils ont présenté à des “décideuses” des projets et des plans en deux dimensions. Le cerveau masculin peut les convertir en plans tridimensionnels pour visualiser à quoi ressemblera l'immeuble une fois construit, mais, pour une femme, ces plans ne sont rien qu'une suite de lignes sans signification. Un modèle tridimensionnel ou une image d'ordinateur permettra de vendre des maisons à une femme. Avec cette information, une femme n'aura plus jamais l'air d'une idiote en regardant une carte. Laissez cela à l'homme, c'est son travail.

Il est beaucoup plus reposant pour un homme de se diriger et de conduire tandis qu'à côté de lui, son amie, sa compagne ou son épouse lui parle des sites intéressants et des points de repère. Comme vous le savez, un homme dispose de capacités verbales inférieures à celles d'une femme, aussi ses capacités d'orientation semblent être un compromis acceptable. Cela signifie qu'un homme est capable de trouver son chemin jusqu'à l'adresse de sa nouvelle petite amie même si, une fois arrivé, il n'a pas grand-chose à dire.

La douleur du créneau

Si l'on vous demandait de regarder des voitures garées dans une rue, seriez-vous capable de désigner lesquelles ont été garées par des hommes et lesquelles l'ont été par des femmes ? Une recherche effectuée à la demande d'une auto-école anglaise a montré qu'en moyenne 82 % des hommes en Grande-Bretagne étaient capables de faire un créneau et que 71 % y réussissent du premier coup. Les femmes ne sont que 22 % à faire correctement un créneau et quelque 23 % peuvent le faire du premier coup. Une étude semblable effectuée à Singapour a montré chez les hommes une précision de 66 %, et 68 % réussissant leur créneau du premier coup. Pour les femmes, ce résultat était de 19 % avec seulement 12 % d'entre elles pour un créneau du premier coup. Conclusion : si le conducteur est une femme de Singapour, écartez-vous de son chemin ! Les meilleurs dans cet exercice sont les conducteurs masculins allemands, avec un pourcentage de réussite du premier coup de 88 %. Dans les auto-écoles, les tests de stationnement montrent qu'au cours des leçons les femmes se débrouillent généralement mieux que les hommes pour les manœuvres en marche arrière, mais les statistiques, elles, montrent que les femmes sont pires que les hommes dans les situations réelles. Cela est dû au fait que les femmes sont meilleures que les hommes quand il s'agit d'apprendre une tâche et de la répéter, à condition que l'environnement et les conditions dans lesquels cet apprentissage se fait ne soient pas modifiés. Hélas, dans la circulation de tous les jours, chaque situation se présente avec des données différentes qu'il faut évaluer et, dans ce cas, la capacité spatiale des hommes convient mieux pour gérer cette tâche.

La plupart des femmes préféreraient garer leur voiture dans un espace plus grand un peu plus loin et marcher jusqu'à l'endroit où elles doivent se rendre plutôt que de faire un créneau serré.

> Si les femmes avaient la majorité dans les conseils municipaux, les créneaux seraient interdits !

Récemment, de très nombreuses villes ont opté pour le stationnement en épis, c'est-à-dire un stationnement en marche arrière et à 45 degrés par rapport au trottoir. Plusieurs enquêtes ont montré en effet que ce type de stationnement était plus sûr car il permettait au conducteur d'avoir une bonne visibilité en quittant le stationnement. Malheureusement, cela n'est d'aucun secours pour la plupart des femmes dans la mesure où ce type de stationnement exige également des capacités spatiales pour évaluer les angles et les distances. Nous avons enquêté auprès de vingt conseils municipaux qui avaient choisi le stationnement en épis, et nous avons découvert que pratiquement aucune femme n'avait été impliquée dans la décision. C'étaient pratiquement toujours des hommes. Si un conseil municipal était uniquement composé de femmes, nul doute que les créneaux et les stationnements en marche arrière ne seraient plus autorisés ! Elles se débrouilleraient pour créer des parkings “ouverts” qui éliminent la nécessité d'utiliser la marche arrière ou d'évaluer les angles et les distances. Certes, ces parkings exigent de bien plus grands espaces mais il y aurait beaucoup moins d'accidents.

Comment les femmes ont été trompées

Alors, que signifient toutes ces histoires de capacité spatiale pour les femmes ? De nombreuses associations féministes bien intentionnées ont été convaincues qu'une fois qu'elles se seraient libérées des chaînes supposées de l'oppression masculine et de la ségrégation sexuelle, elles pourraient rapidement accéder aux échelons les plus élevés des professions et des occupations dominées par les mâles. Mais, comme vous allez le voir, les hommes continuent de détenir un monopole virtuel dans les professions et les loisirs exigeant des capacités spatiales. Des millions de femmes ont fait fi de leurs tendances naturelles pour se diriger vers des carrières et des passe-temps dans lesquels elles pourraient naturellement briller grâce à leurs capacités cérébrales particulières.

La capacité spatiale dans l'éducation

Comme nous l'avons vu, notre biologie nous oriente vers des professions ou des loisirs compatibles avec nos connexions cérébrales. Étudions un secteur où l'égalité des chances est une priorité sensible : l'enseignement. Nous avons interrogé des responsables de l'éducation en Australie, en Nouvelle-Zélande et en Grande-Bretagne. Tous ont insisté sur le fait qu'ils essayaient de maintenir une parité parfaite entre enseignants et enseignants afin de favoriser l'égalité des chances entre les deux sexes. En Grande-Bretagne, en 1998, 48 % des enseignants étaient des hommes et 52 % des femmes. Le cerveau féminin est mieux adapté à l'enseignement que celui des hommes, parce que ses capacités en communication interactive sont beaucoup plus développées. Observons quelles sont les matières préférées choisies par les enseignants en fonction de leur sexe.

Matière	Nombre d'enseignants	% d'hommes	% de femmes
Biologie	5 100	49	51
Études commerciales	6 400	50	50
Histoire	13 800	54	46
Géographie	14 200	56	44
Études sociales	11 000	52	48
Musique	5 600	51	49
Enseignement	1 900	47	53
Études personnelles et sociales	74 200	47	53
Études générales	7 900	53	47
Lettres classiques	510	47	53
Éducation physique	20 100	58	42
Éducation religieuse	13 400	56	44
Art	9 400	44	56

Répartition par sexe des enseignants britanniques en 1998.

On peut tirer deux enseignements de ce tableau. Le premier c'est que les matières sont celles qui n'exigent pas une prédominance importante des hémisphères droit ou gauche pour pouvoir les enseigner. Aucune de ces matières n'exige ni une capacité spatiale ni une capacité verbale – hémisphère gauche – particulières. Vous pouvez voir que les pourcentages sont répartis relativement équitablement entre les deux sexes.

Matière	Nombre d'enseignants	% d'hommes	% de femmes
Physique	4 400	82	18
Technologie	10 700	69	31
Sciences	28 900	65	35
Chimie	4 600	62	38

Matières exigeant des capacités spatiales.

Le tableau ci-dessus montre clairement que les hommes dominent dans les matières où les capacités spatiales sont une nécessité.

Les professions exigeant une capacité spatiale

Ci-dessous, vous trouverez une liste de professions dans lesquelles une forte capacité spatiale est primordiale pour leur accomplissement et dans lesquelles l'absence de cette capacité peut mettre la vie des autres en danger. Vous n'avez pas besoin d'être ingénieur pour saisir l'importance de ce tableau et sa relation avec les capacités de chasseur de l'hémisphère cérébral droit de l'homme.

Ceux ou celles qui s'accrochent encore à la croyance selon laquelle les capacités naturelles comptent pour du beurre continuent d'affirmer que l'oppression masculine et le comportement machiste des hommes et de leurs syndicats ont empêché les femmes d'arriver à l'égalité dans ces professions. Reste que l'Institut royal des architectes britanniques note que 50 % des étudiants en architecture sont des femmes, mais on ne compte de 9 % de femmes exerçant effectivement la profession. À l'évidence, certaines des femmes qui ne sont pas architectes ont choisi d'avoir des enfants, mais qu'ont fait les autres ? De même en comptabilité, 17 % des comptables britanniques sont des femmes alors qu'on comptait 38 % de femmes parmi les étudiants de cette discipline.

Profession	Nombre total	hommes	femmes	% hommes	Source
Ingénieur aéronautique	51	51	Aucune	100	*Ansett Airlines*
Ingénieur	1 608	1 608	Aucune	100	*Associations d'ingénieurs*
Pilote de course	2 822	2 818	4	99,8	*Auto Racing Club*
Ingénieur nucléaire	1 185	1 167	18	98,3	*Assoc. des ingénieurs nucléaires*
Pilote	2 338	2 329	9	99,6	*Qantas*
Pilote	808	807	1	99,9	*Ansett*
Pilote	3 519	3 452	67	98	*British Airways*
Contrôleur aérien	1 360	1 274	86	94	*Direction de l'aviation civile*
Pilote moto	250	234	16	93,6	*Associations de pilotes*
Architecte	30 529	27 781	2 748	91	*Associations d'architectes*
Chef de vol	19 244	17 415	1 829	90,5	*Statistiques du gouvernement*
Actuaire	5 081	4 578	503	90	*Associations d'actuaires*
Joueur de billard	750	655	95	87	*Associations de joueurs de billard*
Comptable	113 221	93 997	19 224	83	*Associations de comptables*

Pourcentage d'hommes et de femmes travaillant dans des professions exigeant des capacités spatiales (Chiffres établis en 1998 en Australie, Nouvelle-Zélande et Grande-Bretagne).

"Pourquoi n'y a-t-il pas plus de femmes pilotes de ligne", avons-nous demandé aux compagnies aériennes. "Elles ne s'inscrivent pas aux cours", a été la réponse. "Les femmes ne s'intéressent pas au pilotage des avions." La plupart des responsables des compagnies aériennes n'avaient qu'une conscience vague, quand ce n'était aucune, de l'importance de la capacité spatiale pour le pilotage, et nombreux étaient ceux qui avaient plus que de la réticence à faire tout commentaire sur la disparité entre les deux sexes, en dépit du fait patent que 98 % de tous les pilotes étaient des hommes. Une chose est claire : les femmes ne sont pas absentes dans la plupart de ces professions parce qu'elles ne s'inscrivent pas aux cours. Leurs capacités cérébrales ne sont pas faites pour ces activités, c'est pourquoi elles ne s'y intéressent pas.

Le billard et la science nucléaire

Au cours de nos recherches, nous avons parlé avec plusieurs joueurs professionnels de billard et de snooker. "Les femmes professionnelles qui jouent au billard pensent et agissent comme des hommes", nous a déclaré un ancien champion du monde. "Elles parlent et s'habillent comme nous : smoking et nœud papillon." Toutefois, les joueuses pensent, elles, que si elles s'entraînent autant que les hommes, elles seront tout aussi capables de réussir dans cette discipline. Nombreuses sont celles qui pensent que le comportement des hommes à leur égard est un élément important qui les empêche de percer. "Et que faites-vous de la capacité spatiale ? La capacité de mesurer la vitesse relative et les angles des boules, les distances jusqu'à la poche et l'emplacement final de la boule blanche ?" avons-nous demandé. Et la réponse fut :

"Jamais entendu parler." Encore une fois, l'attitude des hommes envers les femmes était LA responsable du manque général de championnes et de joueuses.

"Nous sommes pour l'égalité des chances entre les deux sexes, mais nous recrutons en fonction des capacités, pas de l'égalité", souligne l'Association des ingénieurs nucléaires. Résultat : 98,3 % des ingénieurs nucléaires sont des hommes. Il est intéressant de noter qu'une recherche entreprise par l'association a permis de découvrir que les ingénieurs femmes étaient plus capables avec les lettres de l'alphabet, et les hommes étaient plus capables avec les chiffres. C'est logique : les lettres sont liées aux gens, aux relations et aux capacités verbales, mais les chiffres s'adressent aux relations spatiales entre les choses.

Un coup d'œil à l'histoire du monde, et l'on s'aperçoit que pratiquement aucune femme n'a excellé dans les domaines exigeant capacités spatiales et raisonnement mathématique, tels que les échecs ou la science balistique. D'aucuns peuvent soutenir que la tyrannie sexiste des hommes a tenu les femmes à l'écart de ces domaines, mais regardez autour de vous et vous verrez que, dans notre monde d'égalité des chances, les femmes qui dominent les hommes dans les pratiques liées à l'espace sont plutôt rares. La principale raison en est que leur cerveau leur dit qu'elles sont plus intéressées par la défense de leur nid plutôt que par l'attaque envers quelqu'un d'autre.

Les femmes sont excellentes dans les domaines créatifs tels que les arts scéniques, l'enseignement, les ressources humaines et la littérature, tous ces domaines où le raisonnement abstrait n'est pas indispensable. Tandis que les hommes jouent aux échecs, les femmes dansent et décorent.

L'industrie informatique

La science informatique est largement basée sur les mathématiques, qui eux-mêmes reposent sur la capacité spatiale, et, en conséquence, est un secteur essentiellement masculin. Toutefois, certains secteurs de l'informatique comme la programmation ou la conception d'interface utilisateur, exigent davantage de compréhension de la psychologie humaine que les mathématiques, et c'est dans ces secteurs que l'on trouve le plus grand nombre de femmes.

Les résultats d'une enquête réalisée par le magazine *US Business Women in Computing* – un magazine américain s'adressant aux femmes de l'industrie informatique – révèle une baisse constante du nombre de femmes travaillant dans ce secteur entre 1993 et 1998. Comme raison à cette désaffection, le magazine avance un manque d'intérêt des femmes. L'étude montre également qu'il y a deux fois plus de femmes que d'hommes à se servir d'un ordinateur au bureau. Alors que 84 % des femmes considèrent l'ordinateur comme un simple moyen ou outil autorisant une certaine liberté de création, seuls 33 % des hommes partagent cette opinion. L'étude montre aussi que 67 %

des hommes considèrent cette technologie ou le fait de "jouer" avec les logiciels et les accessoires comme plus important que l'informatique, alors que seulement 16 % de femmes partagent cette opinion.

Mathématiques et comptables

Généralement les hommes qui embrassent une carrière dans laquelle la capacité spatiale occupe une grande place y restent et dominent. La majorité des professeurs de maths sont encore des hommes même si, dans cette matière, le fossé entre les sexes a tendance à se combler. En 1998, en Grande-Bretagne, 56 % des profs de maths étaient des hommes pour 44 % de femmes.

Alors comment expliquer l'augmentation du nombre d'enseignantes dans cette matière ? L'explication probable est que les femmes sont plus aptes à enseigner, à l'interaction et à l'organisation de groupes, et sont davantage impliquées dans l'apprentissage élémentaire que les hommes. Parce qu'elles enseignent sans arrêt la même chose, elles peuvent faire de l'excellent travail dans la plupart des matières, y compris les maths. Cela expliquerait également pourquoi en comptabilité on note un nombre croissant de femmes. La comptabilité est devenue un acte de vente tourné vers la clientèle et pour lequel le cerveau des femmes est mieux équipé, la fonction comptable devenant secondaire. Un peu partout dans le monde, il est aujourd'hui fréquent dans les grands cabinets comptables de voir une femme charmer et gagner la confiance de la clientèle, tandis que le vrai travail comptable est confié aux jeunes hommes en coulisses. Toutefois, lorsqu'un emploi requiert une capacité spatiale pure et un raisonnement mathématique, les hommes continuent de dominer. C'est pourquoi 91 % des actuaires et 99 % des ingénieurs sont des hommes.

Toutes choses étant égales...

En Australie, on ne compte encore que 5 % de femmes ingénieurs et, en moyenne, elles gagnent 14 % de plus que leurs collègues masculins. Cela indique qu'à capacité spatiale égale, les femmes sont meilleures que les hommes. Dans les courses automobiles, il n'y a pratiquement jamais eu de championnes depuis l'invention de la voiture, mais dans les courses de dragsters, environ 10 % des coureurs et des vainqueurs sont des femmes. Pourquoi ? Les courses de dragsters n'exigent pas les capacités spatiales nécessaires pour négocier les virages, apprécier la vitesse, doubler les autres et jouer avec la boîte de vitesses. Les pilotes de dragster conduisent en ligne droite, et le vainqueur est la personne qui réagit le plus vite au feu vert – un avantage que les femmes ont sur les hommes.

À capacité spatiale égale, les femmes sont meilleures que les hommes.

Bien que la plupart des pilotes féminines de dragsters à qui nous avons fait passer le test des méandres du cerveau ont montré une orientation masculine plus forte que les femmes non pilotes, elles soulignent le bénéfice qu'elles tirent des courses de dragsters où l'aspect relationnel est favorisé. "C'est vraiment sympa de travailler avec les gars", disent-elles. "Tout le monde s'y met" ou encore "Nous sommes tous bons amis". Les pilotes masculins, eux, notent l'avantage qu'il y a à remporter des trophées, piloter des voitures hors du commun et se vanter des accidents auxquels ils ont survécu.

Les garçons et leurs jouets

Les garçons adorent leurs jouets, c'est pourquoi 99 % de tous les brevets sont déposés par des hommes. Les filles aussi adorent jouer avec des jouets, mais généralement s'arrêtent vers l'âge de 12 ans, quand elles commencent à devenir de jeunes femmes. Les hommes, eux, ne se défont jamais de leur obsession pour les jouets peu pratiques mais toujours liés à l'espace – ils y consacrent simplement plus d'argent. Ainsi adorent-ils les télés miniatures, les téléphones portables en forme de voiture, les ordinateurs et les jeux vidéo, les Caméscopes, les lumières à commande vocale et tout ce qui comporte un moteur. Si cela sonne, clignote ou nécessite au moins six grosses piles, les hommes en veulent un.

Ce que ressentent les femmes

Toute discussion sur les différences entre les deux sexes comme celles abordées dans ce livre déclenche de vives protestations de la part des féministes et des militants du politiquement correct, qui considèrent que cela sape nombre de leurs arguments pour une vie équitable. Mais, alors que les préjugés sociaux peuvent venir renforcer et exacerber le comportement stéréotypé des hommes et des femmes et les inégalités élémentaires, les stéréotypes ne sont pas la cause du comportement. La réponse se trouve dans notre biologie et la manière dont est organisé notre cerveau. De nombreuses femmes ont un sentiment d'échec ou pensent que les femmes dans leur ensemble ont échoué en ne parvenant pas à conquérir les secteurs dominés par les hommes. Ce qui n'est absolument pas vrai. Les femmes n'ont pas échoué ; elles sont plutôt peu ou mal équipées pour accéder à des domaines pour lesquels le cerveau masculin est beaucoup mieux pourvu.

> Les femmes n'ont pas échoué. Elles ont simplement échoué dans leur tentative d'être des hommes.

L'idée selon laquelle les femmes n'ont pas réussi dans la société ne tient que lorsqu'elle est basée sur la présomption que le succès selon la norme masculine est, ou devrait être, la norme pour tout le monde. Mais qui a dit qu'être PDG et actionnaire majoritaire d'une entreprise, piloter un Boeing 747 ou programmer un ordinateur de navette spatiale était l'aboutissement ultime du succès ?

Les hommes le croient. Il s'agit de leurs normes, ce ne sont pas celles de tout le monde.

Pouvez-vous améliorer votre capacité spatiale ?

En un mot : oui. Vous avez plusieurs possibilités. Vous pouvez attendre que le processus naturel de l'évolution fasse son œuvre, tout en vous entraînant constamment à améliorer vos capacités spatiales, jusqu'à ce que votre cerveau développe des connexions suffisantes. Mais sachez que vous vous exposez à un travail de longue, très longue haleine. Les biologistes estiment que cela peut prendre des milliers d'années.

Un apport massif de testostérone peut également améliorer votre capacité spatiale mais ce choix risque de ne pas être satisfaisant non plus ; parmi quelques-uns des effets secondaires indésirables on trouve notamment une agressivité accrue, une calvitie et une barbe naissante, ce qui, convenons-en, ne sied pas à toutes les femmes.

À présent, il est clair que la pratique et la répétition permettent de créer, de manière permanente, davantage de connexions cérébrales pour une tâche donnée. Les rats élevés dans des cages pleines de jouets ont une masse cérébrale plus importante que les rats qui n'ont pas de jouets. Les êtres humains qui prennent leur retraite en n'ayant plus aucune activité perdent leur masse cérébrale, tandis que ceux qui entretiennent des intérêts mentaux actifs conservent cette masse et même l'accroissent. Apprendre à utiliser des cartes routières et vous y entraîner peut contribuer grandement à augmenter votre capacité spatiale, tout comme des gammes quotidiennes pour le piano. Toutefois, à moins que le pianiste ne dispose pas du genre de connexions cérébrales qui permettent le jeu intuitif, il doit pratiquer très régulièrement pour entretenir un niveau raisonnable, de même le lecteur de cartes routières qui doit s'entraîner. Faute de quoi, le niveau de leur capacité diminuera plus rapidement, et il leur faudra plus de temps pour s'y remettre qu'une personne dont le cerveau est connecté pour accomplir la tâche.

Une tête chauve et une barbe sont un prix peut-être excessif à payer pour les femmes qui veulent améliorer leurs capacités spatiales.

Quelques stratégies utiles

Si vous êtes une femme qui élevez un fils ou si vous avez des hommes dans votre vie, vous devez comprendre que, s'ils sont pourvus d'excellentes capacités spatiales, ils ne peuvent malgré tout faire qu'une seule chose à la fois. La plupart d'entre eux ont besoin d'aide pour organiser leurs devoirs à la maison, tenir un agenda ou mettre de l'ordre dans leur vie pour être des garçons et des hommes efficaces. Ces capacités d'organisation sont beaucoup plus naturelles chez les filles et les femmes. Albert Einstein était un génie spatial, mais il n'a pas parlé avant l'âge de cinq ans et il n'avait pratiquement aucune capacité interpersonnelle ou d'organisation, comme le démontre sa coupe de cheveux.

Si vous êtes un homme et que vous occupiez un emploi lié aux capacités spatiales tels que la construction ou l'architecture, vous devez comprendre que, si vous devez les convaincre, la plupart des femmes ont besoin de voir les choses à partir d'une perspective en trois dimensions.

> Vous voulez persuader une femme d'approuver une série de plans ? Montrez-les-lui en trois dimensions.

Si vous recrutez des femmes pour un emploi lié aux capacités spatiales comme l'ingénierie ou l'actuariat, où l'on ne compte que 10 % de femmes, ne recherchez que ces femmes-là. Tenter de mettre au point une stratégie marketing englobant toutes les femmes au motif qu'elles constituent 50 % de la population est un exercice vain.

En résumé

Raymond et Suzanne s'entendent bien à présent quand ils voyagent ensemble. Il décide de la route à prendre et il se dirige. Elle parle et désigne les points de repère, et lui l'écoute sans l'interrompre. Elle ne critique plus sa manière de conduire, parce qu'elle sait que sa capacité spatiale lui permet de prendre ce qu'elle considère comme un risque, mais pour lui c'est une conduite en toute sécurité.

Raymond a acheté un appareil photo d'une valeur de 15 000 francs avec tout un tas de gadgets, et Suzanne sait à présent pourquoi il adore ce matériel. Lorsque c'est le tour de Suzanne de prendre une photo, Raymond lui fait tous les réglages et lui montre comment prendre un bon cliché au lieu de ricaner quand elle n'y arrive pas.

Raymond et Suzanne : une histoire d'amour moderne.

Quand les hommes cesseront de demander aux femmes de les diriger, la vie de chacun sera plus heureuse, et lorsque les femmes arrêteront de critiquer la manière de conduire des hommes, il y aura beaucoup moins de disputes. Nous sommes tous bons en des choses différentes, si vous n'êtes pas bon dans un domaine, ne vous en inquiétez pas. Vous pouvez vous améliorer en vous entraînant, mais il ne faut pas que cela gâche votre vie. Ou celle de votre partenaire.

PENSÉES, ATTITUDES, ÉMOTIONS ET AUTRES DÉSASTRES

Chapitre 6

Gilles et Jeanne se rendent en voiture à une soirée dans un endroit qu'ils ne connaissent pas. Selon les indications qu'on leur a données, cela aurait dû leur prendre une vingtaine de minutes. Mais cela fait déjà cinquante minutes qu'ils tournent et ne voient toujours pas d'indication de leur destination. Gilles commence à ronchonner, et Jeanne commence à sentir le découragement la gagner alors qu'ils passent devant le même garage pour la troisième fois.

Jeanne : "Chéri, je pense qu'on aurait dû tourner à droite au garage. Arrêtons-nous et demandons notre chemin."

Gilles : "Mais y a pas de problème. Je sais que c'est quelque part dans le coin..."

Jeanne : "Mais on a déjà une demi-heure de retard et la soirée a commencé. On s'arrête et on demande !"

Gilles : "Écoute, je sais ce que je fais ! Ou tu conduis ou tu me laisses faire."

Jeanne : "Non, je n'ai pas envie de conduire, mais je n'ai pas non plus envie de tourner toute la nuit !"

Gilles : "Bon d'accord. Pourquoi on ferait pas demi-tour pour rentrer à la maison ?"

La plupart des hommes et des femmes se reconnaîtront dans ce dialogue. Une femme n'arrive pas à comprendre comment cet homme merveilleux qu'elle aime tant se transforme brusquement en Mad Max dopé aux stéroïdes dès qu'il est perdu. Si elle s'était perdue, elle aurait simplement demandé son chemin ;

et alors, où est le problème ? Pourquoi ne peut-il pas reconnaître qu'il ne sait pas ?

Cela ne dérange pas les femmes de reconnaître leurs erreurs parce que, dans leur monde, c'est considéré comme permettant d'établir une forme de lien ou de bâtir la confiance. Toutefois, le dernier homme à avoir reconnu qu'il avait fait une erreur a été le général George Armstrong Custer, peu avant sa terrible défaite devant les tribus sioux du Montana, à la bataille de Little Big Horn, le 25 juin 1876.

> Pourquoi Moïse a passé quarante ans dans le désert ?
> Il ne pouvait pas se résoudre à demander son chemin.

Nos perceptions différentes

Hommes et femmes perçoivent le même monde mais avec des yeux différents. Un homme voit les choses, les objets et les relations des uns aux autres dans l'espace, un peu comme s'il assemblait les pièces d'un puzzle. Les femmes, elles, prennent une image plus grande et voient les petits détails mais, individuellement, les pièces du puzzle et leur relation avec les pièces environnantes est plus pertinente que leur positionnement spatial.

La conscience masculine s'intéresse aux résultats obtenus, aux objectifs atteints, à la position sociale et au pouvoir, à défaire la concurrence et à être efficace "jusqu'au bout". La conscience féminine est centrée sur la communication, la coopération, l'harmonie, l'amour, le partage et les relations entre les gens. Ce contraste est si flagrant qu'il est fascinant de penser qu'hommes et femmes ont pu, malgré tout, envisager de vivre ensemble.

Les garçons aiment les choses, les filles aiment les gens

Le cerveau des filles est connecté pour réagir aux gens et aux visages, mais le cerveau des garçons réagit aux objets et à leurs formes. Des études sur des bébés âgés de seulement quelques heures montrent toutes clairement une chose : les garçons aiment les choses, les filles aiment les gens. Des différences scientifiquement quantifiables entre les deux sexes montrent comment chacun perçoit le même monde à travers les préjugés de son cerveau connecté différemment. Les filles sont attirées par les visages et gardent le contact visuel deux ou trois minutes de plus que les garçons, et les garçons s'intéressent davantage aux mouvements des formes irrégulières et des modèles suspendus d'un mobile.

À 12 semaines, les filles peuvent distinguer les images de la famille par rapport aux étrangers, alors que les garçons ne le peuvent pas, mais les garçons sont meilleurs pour retrouver un jouet perdu. Ces différences sont évidentes, bien avant que le conditionnement social n'ait pu faire ressentir ses effets. Des expériences ont été tentées sur des enfants qui n'étaient pas encore en âge scolaire. On leur a donné une paire de jumelles qui montraient des objets à un œil et des visages à l'autre. Quand on leur demandait ce qu'ils avaient vu, les filles parlaient des visages et de leurs émotions, tandis que les garçons se souvenaient davantage des choses et leurs formes. À l'école, les filles s'asseoient en cercle, pour parler et refléter comme dans un miroir le langage corporel de chacune d'entre elles. On ne peut pas savoir qui est le leader.

> *Les filles désirent relations et coopération, les garçons veulent pouvoir et position sociale.*

Si une fille construit quelque chose, c'est généralement un grand bâtiment modeste avec l'accent mis sur les gens imaginaires qui vivent dans cet immeuble. Les garçons, eux, essaient de faire un immeuble plus grand et plus haut que les autres garçons. Les garçons courent, sautent, se battent et font “comme si” ils étaient des avions ou des chars d'assaut, alors que les filles parlent des garçons qu'elles aiment bien ou de l'air stupide que peuvent avoir les autres garçons. En maternelle, une nouvelle est accueillie par les autres filles et elles connaissent toutes le nom et le prénom des autres filles. Un petit nouveau est généralement traité par l'indifférence des autres garçons et n'est admis dans le groupe que si la hiérarchie a le sentiment qu'il pourra être utile à quelque chose ou qu'il présente un intérêt particulier. À la fin d'une journée, la plupart des garçons ignorent encore le nom du nouveau, mais ils savent si c'est un bon ou un mauvais joueur. Les filles accueillent et acceptent les autres et montrent même plus de sympathie envers quelqu'un souffrant d'un handicap ou d'une incapacité, alors que les garçons auront probablement tendance à écarter ou prendre une personne diminuée comme tête de Turc.

Malgré les meilleures intentions de parents qui veulent élever garçons et filles de la même manière, les différences cérébrales décident au bout du compte des préférences et du comportement. Donnez à une petite fille de quatre ans un ours en peluche et elle en fera son meilleur ami ; donnez le même ourson à un garçon et il le démontera pour voir comment il marche avant de le laisser en pièces détachées et de passer à autre chose.

Les garçons s'intéressent aux choses et à leur fonctionnement, les filles s'intéressent aux gens et aux relations. Quand des adultes évoquent un mariage, les femmes parlent de la cérémonie et des personnes qui y ont assistée ; les hommes, eux, parlent de l'enterrement de vie de garçon qui l'a précédé.

Les garçons sont en concurrence, les filles coopèrent

Les filles coopèrent et on ne peut pas identifier un leader. Les filles utilisent la conversation pour montrer leur niveau de lien affectif et chaque fille a généralement une meilleure amie avec laquelle elle partage des secrets. Les filles écarteront une fille qui voudrait exercer une autorité en disant “elle se prend pour quelqu'un” ou bien elles l'appelleraient la “matrone”. Les groupes de garçons sont organisés hiérarchiquement avec des leaders que l'on peut identifier par leur ton assuré et leur langage corporel, et chacun des garçons du groupe se bat pour obtenir un statut au sein du groupe. Le pouvoir et le statut sont fondamentaux dans les groupes de garçons. Ils s'obtiennent généralement grâce aux capacités du garçon, à ses connaissances ou à sa capacité de parler ou de combattre des adversaires. Les filles sont heureuses de bâtir et d'entretenir des relations avec leurs enseignants et leurs amis, alors que les garçons mettent leurs profs en doute et préfèrent explorer les relations spatiales du monde, et le faire seul.

Ce dont nous parlons

Prêtez l'oreille à n'importe quel groupe de femmes, d'hommes, de garçons ou de filles, peu importe le pays, et vous vous rendrez compte de la manière dont les connexions cérébrales de chacun des deux sexes les pousse à parler différemment des mêmes choses.

Les filles parlent de qui aime qui ou de qui est colère après qui, elles jouent en petits groupes et partagent des "secrets" sur les autres, en une sorte de lien affectif. Adolescentes, les filles parlent des garçons, de leur poids, de vêtements et de leurs amis. Adultes, les femmes parlent de régime, de relations personnelles, de mariage, des enfants, d'amants, des célébrités, des vêtements, de l'action des autres, des relations au travail, et de tout ce qui peut concerner les personnes et les questions personnelles. Les garçons parlent des choses et des activités : qui a fait quoi, qui est bon à quoi et comment fonctionnent les choses. Adolescents, ils parlent de sports, de mécanique et de la fonction des choses. Adultes, ils discutent de sports, de leur travail, des nouvelles, de ce qu'ils ont fait ou des endroits où ils sont allés, de technologie, de voitures et de gadgets.

Ce que veulent les hommes et les femmes modernes

Une étude récente réalisée dans cinq pays occidentaux a consisté à demander aux hommes et aux femmes de décrire le genre de personne idéale qu'ils voudraient être. Dans leur immense majorité, les hommes ont choisi des qualificatifs tels qu'audacieux, esprit de compétition, capacité, domination, autorité, admiration et pratique. Dans la même liste, les femmes ont choisi chaleur, amour, générosité, sympathie, attraction, amitié et don. Les femmes ont mis le fait d'être au service des autres ou de rencontrer des gens intéressants au plus haut de leur échelle des valeurs, tandis que les hommes désignaient le prestige, le pouvoir et la possession de choses. Les hommes apprécient les choses, les femmes les relations. Leur structure cérébrale commande leurs préférences.

L'émotion dans le cerveau

La chercheuse canadienne Sandra Witleson a effectué des tests sur des hommes et des femmes pour localiser la région de l'émotion dans le cerveau. Grâce à l'utilisation d'images chargées émotionnellement montrées d'abord à l'hémisphère droit *via* l'œil et l'oreille gauches puis à l'hémisphère gauche *via* l'œil et l'oreille droits, elle a conclu que l'émotion était localisée dans des régions différentes du cerveau, montrées dans les figures suivantes. L'émotion n'est pas aussi facile à localiser dans le cerveau que la capacité spatiale ou la parole, mais ces illustrations montrent les endroits où se tient généralement l'émotion, comme indiqué par le scanner ou l'IRM.

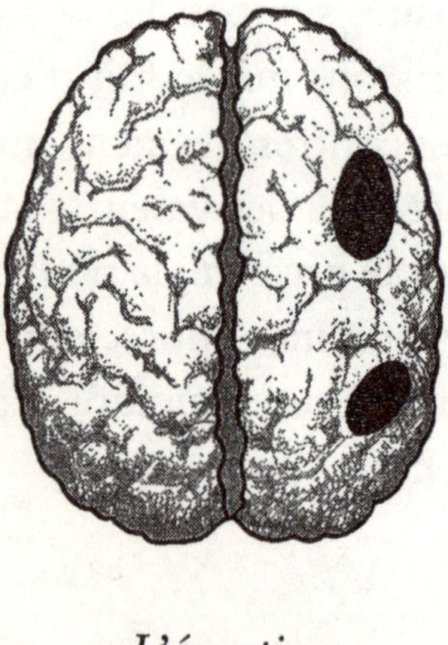

L'émotion chez les hommes

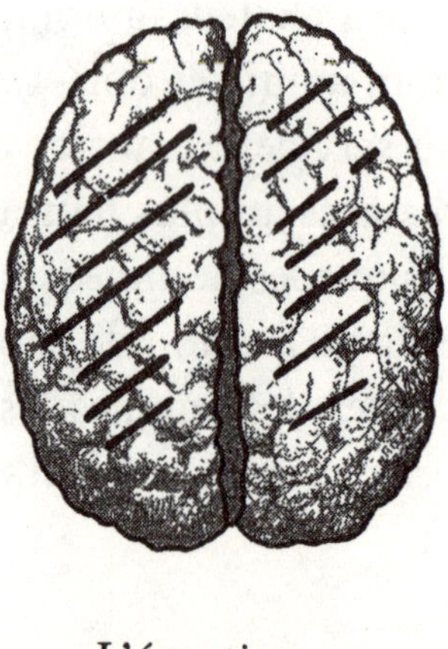

L'émotion chez les femmes

Pour les hommes, l'émotion est généralement localisée dans l'hémisphère droit, ce qui signifie que l'émotion peut opérer indépendamment des autres fonctions cérébrales.

Par exemple, dans une discussion difficile, un homme peut avancer des arguments de logique et des mots (hémisphère gauche) puis passer à des solutions spatiales (hémisphère frontal droit) sans la moindre émotion sur la question. Comme si l'émotion occupait un tout petit espace bien à elle et que le corps calleux masculin plus petit signifiait que l'émotion n'avait que peu de chances de fonctionner simultanément avec les autres fonctions.

Chez les femmes, l'émotion opère sur une région beaucoup plus étendue dans les deux hémisphères, et entre en action en même temps que les autres fonctions cérébrales. Une femme peut devenir émotive en abordant une question émotionnelle, alors qu'il est moins probable qu'un homme en fasse autant, ou bien il refusera simplement d'aborder la question. De cette manière, il peut éviter toute manifestation d'émotion ou sembler ne plus contrôler la situation. Dans l'absolu, les émotions des femmes peuvent se déclencher en même temps que d'autres fonctions cérébrales. Cela veut dire qu'une femme peut pleurer tout en changeant un pneu crevé, alors qu'un homme voit dans le fait de changer un pneu comme un test de ses capacités à résoudre des problèmes. C'est pourquoi il n'écrasera pas la moindre larme même si, sous une pluie battante et en pleine nuit, il découvre que la roue de secours est également à plat et que, la semaine précédente, il s'est servi du cric et qu'il avait oublié de le remettre dans le coffre.

Sous le coup d'une émotion, un homme émotif peut réagir et se déployer aussi violemment qu'un reptile ; une femme émotive préférera "en parler".

Ruben Gur, professeur de neuropsychologie à l'université de Pennsylvanie, a entrepris des recherches semblables et a conclu que le cerveau des hommes, étant très compartimenté, traite les émotions à un niveau beaucoup plus animal, comparable à un crocodile à l'attaque, tandis qu'une femme "s'assoit pour en parler". Lorsqu'une femme parle avec émotion, elle utilise des mouvements expressifs du visage, un langage corporel et toute une série de mots. Un homme qui fait appel à ses émotions est davantage porté à reproduire le mode reptilien et se déchaîne verbalement ou devient agressif.

Les femmes estiment les relations, les hommes estiment le travail

La société moderne n'est qu'un tout petit clignotant sur l'écran de l'évolution humaine. Des centaines de milliers d'années de vie dans des rôles traditionnels ont laissé l'homme et la femme modernes avec des connexions cérébrales qui sont la cause de la plupart de leurs problèmes relationnels et incompréhensions. Les hommes se sont toujours définis par rapport à leur travail et par les choses qu'ils ont réalisées, et les femmes se sont jugées à l'aune de la qualité de leurs relations. L'homme est un chasseur de repas qui résout les problèmes : cela devait être sa priorité pour sa survie. La femme est une gardienne de nid : son rôle était d'assurer la survie de la génération suivante. Toutes les études réalisées sur les valeurs masculines ou féminines dans les années quatre-vingt-dix montrent encore que 70 à 80 % des hommes, où que ce soit dans le monde, continuent à dire que la chose la plus importante dans leur vie est leur travail, et 70 à 80 % des femmes disent que leur priorité la plus importante est leur famille.

Résultat :

> Si une femme n'est pas heureuse dans ses relations, elle ne peut pas se concentrer sur son travail. Si un homme n'est pas heureux dans son travail, il ne peut pas se concentrer sur ses relations.

En période de stress ou sous la pression, une femme considérera que passer du temps à parler avec son homme est une récompense, l'homme verra cela comme une interférence dans son processus de résolution des problèmes. Elle veut parler et câliner, et lui veut s'asseoir dans son fauteuil ou se prélasser. Pour une femme, cet homme semblera désintéressé et sans aucune attention, alors que lui la voit comme ennuyante ou pédante. Ces perceptions sont le reflet de l'organisation et des priorités différentes de leur cerveau. C'est pourquoi une femme dira toujours que ses relations semblent plus importantes que pour l'homme, et c'est le cas. Le fait de comprendre cette différence permettra de vous soulager, vous et votre partenaire, de la pression, et vous ne considérerez ou ne jugerez plus trop durement le comportement de l'autre.

Pourquoi les hommes "font des choses"

Le cerveau d'un homme est organisé pour évaluer et comprendre les objets, leurs relations entre eux, leur pertinence spatiale, et comment tout cela marche avec des solutions aux problèmes. Son cerveau est programmé pour réagir à la vie sur le mode du "comment vais-je le réparer ?". Et les hommes utilisent ce critère du "réparer" dans leur approche de pratiquement tout ce qu'ils font. Une femme nous a dit qu'elle voulait que son mari lui manifeste un peu plus d'amour – qu'à cela ne tienne... il a tondu la pelouse. Il voyait dans ce geste l'expression de son amour. Quand elle lui a dit qu'elle n'était toujours pas heureuse, il a repeint la cuisine. Après cela, et alors qu'il ne comprenait toujours pas, il a proposé de l'emmener à un match de foot. Quand une femme est énervée, elle en parle de manière émotive à ses amies ; un homme énervé reconstruira un moteur ou réparera un robinet qui fuit.

> Pour lui prouver son amour, il a gravi les plus hautes montagnes, plongé dans les océans les plus profonds et traversé les déserts les plus vastes. Elle l'a quand même quitté : il n'était jamais à la maison.

Alors que les femmes rêvent de romance et d'amour, les hommes fantasment sur les bolides, les gros ordinateurs, les bateaux et les motos. Toutes choses qu'ils sont capables d'utiliser et qui sont toutes liées à la capacité spatiale et au fait de "faire quelque chose".

Pourquoi les hommes et les femmes se quittent

L'ardent désir biologique d'un homme est de tout apporter à une femme, et l'appréciation de ses efforts est la preuve de son succès. Si elle est heureuse, il se sent heureux. Si elle n'est pas heureuse, il éprouve un sentiment d'échec, parce qu'il croit qu'il ne lui apporte pas suffisamment. Très fréquemment, les hommes confient à leurs amis : "Je suis incapable de la rendre heureuse." Et cela peut être une motivation suffisante pour qu'un homme quitte le foyer pour une autre femme qui semble heureuse de ce qu'il peut lui apporter.

> Les femmes quittent les hommes, non pas parce qu'elles ne sont pas heureuses de ce qu'ils peuvent leur apporter, mais parce qu'elles sont émotionnellement insatisfaites.

Elle veut de l'amour, de la romance et de la conversation. Il a besoin qu'une femme lui dise qu'il réussit dans ce qu'il fait et que ce qu'il lui apporte est parfait. Mais un homme doit être romantique et, par-dessus tout, il doit écouter quand une femme parle ; sans proposer de solution.

Pourquoi les hommes ont horreur d'avoir tort

Pour comprendre pourquoi les hommes détestent avoir tort, il est important de comprendre l'historique de cette attitude. Imaginez la scène. Dans la caverne, toute la famille est rassemblée autour du feu. L'homme se tient assis devant l'entrée pour surveiller les alentours, l'œil rivé sur le paysage et l'horizon à l'affût de tout mouvement, suspect ou non. La femme et les enfants n'ont pas mangé depuis des jours, et il sait qu'il doit retourner à la chasse à la première occasion que lui fourniront les conditions météorologiques. Et il ne rentrera pas tant qu'il n'aura pas trouvé de quoi manger. C'est son rôle et sa famille dépend de lui. Ils ont faim mais ont confiance et savent qu'il est capable de réussir comme il l'a toujours fait. Réussira-t-il cette fois encore ? Sa famille va-t-elle manquer de nourriture ? Les autres hommes de la tribu le tueront-ils parce qu'il est faible à cause du manque de nourriture ? En attendant, il est là à regarder, sans expression sur le visage, les yeux dans le vague. Il ne doit montrer aucun signe de peur à sa famille. Il ne veut pas les voir démoralisés. Il doit être fort.

> En ayant tort, un homme considère qu'il est en situation d'échec parce qu'il n'a pas été capable de faire correctement son travail.

Lc sentiment que, depuis un million d'années, les hommes ne veulent pas reconnaître l'échec semble être profondément ancré dans leur cerveau d'homme moderne. La plupart des femmes ignorent qu'un homme, quand il est seul en voiture, est capable de s'arrêter pour demander sa route. Mais le faire alors qu'elle se trouve dans la voiture lui donne un sentiment d'échec parce qu'il a été incapable de l'emmener là où il devait.

Quand une femme dit : “Demandons notre chemin”, un homme comprend : “Tu es nul. Tu n’as pas le sens de l’orientation.” Si d’aventure, elle dit : “Le robinet de la cuisine fuit. On n’a qu’à appeler un plombier”, il entendra : “Tu es inutile. Je vais trouver un autre homme pour le faire !” C’est également la raison pour laquelle les hommes ont du mal à dire : “Je suis désolé.”

Les hommes considèrent que reconnaître son tort, c’est reconnaître son échec.

Pour gérer ce problème, une femme doit s’assurer qu’elle ne donne pas le sentiment à un homme qu’il a tort quand elle aborde des problèmes avec lui. Même le simple fait d’offrir un livre de bricolage à un homme pour son anniversaire est souvent interprété par lui comme : "Tu n'es pas assez bon."

> Les hommes ont horreur des critiques, c'est pourquoi ils adorent épouser des vierges.

L'homme doit comprendre que l'objectif de la femme n'est pas de lui faire comprendre qu'il a tort ; c'est de l'aider et il ne devrait pas prendre cela strictement au pied de la lettre. Une femme veut améliorer l'homme qu'elle aime, mais lui interprète cela comme signifiant qu'il n'est pas assez bon. Un homme ne reconnaîtra pas ses erreurs de crainte que sa femme ne l'aime plus. Mais la réalité est qu'une femme aime davantage un homme quand il commence à reconnaître ses erreurs.

Pourquoi les hommes dissimulent leurs émotions

Les hommes modernes portent encore l'héritage génétique qui veut qu'ils soient courageux et ne montrer aucun signe de faiblesse. Un peu partout dans le monde, les femmes interrogent : "Pourquoi doit-il toujours montrer qu'il est si fort ? Pourquoi ne peut-il pas simplement me montrer ce qu'il ressent ?" "Quand il est en colère ou énervé, il boit un verre puis se renferme ou devient distant.” “C’est comme si je lui arrachais les dents pour obtenir qu’il accepte de parler de ses problèmes.”

Par nature, un homme est soupçonneux, a l’esprit de compétition, se contrôle, est sur la défensive et est un solitaire qui cache son état émotionnel pour continuer à contrôler la situation. Pour les hommes, montrer leurs émotions c’est perdre le contrôle. Le conditionnement social renforce ce comportement chez les hommes en leur apprenant à “agir comme un homme”, “montrer un visage courageux” ou encore “les garçons ne pleurent pas”.

En tant que gardienne du nid, une femme a un cerveau pré-connecté pour être ouverte, confiante, coopérante, montrant de la vulnérabilité, des émotions tout en sachant qu’il n’est pas nécessaire d’avoir en permanence le contrôle de la situation. C’est pourquoi lorsqu’un homme et/ou une femme sont confrontés à des problèmes, ensemble, chacun est perturbé par les réactions de l’autre.

Pourquoi les hommes passent leur temps avec d’autres hommes

Pour notre homme des cavernes, les grosses prises étaient beaucoup trop grosses pour lui, aussi s’organisait-il pour créer avec les autres des groupes de chasse. Son cerveau supérieur lui permettait de créer l’équivalant antique du football pour la chasse, et il utilisait un système de signaux corporels qui lui permettait d'utiliser ses stratégies.

Ces groupes de chasse étaient presque toujours entièrement constitués d'hommes qui faisaient "un travail d'homme", c'est-à-dire lancer leurs sagaies en direction du "repas", tandis que les femmes, qui étaient généralement enceintes, faisaient "un travail de femme" en s'occupant des enfants, en cueillant des fruits, en s'occupant du foyer et en défendant le nid. Le besoin des hommes de chasser en groupe a mis des millions d'années pour s'insinuer dans le cerveau masculin, et il n'existe aucune méthode pour l'en retirer du jour au lendemain. C'est pourquoi les hommes modernes se rencontrent en groupes dans les bars ou les clubs, échangeant des blagues ou racontant des histoires sur leurs activités de chasse, puis, une fois rentrés chez eux, la plupart aiment à rester assis à "regarder le feu". En silence.

Pourquoi les hommes détestent les conseils

Un homme a besoin de sentir qu'il est capable de résoudre ses propres problèmes et considère qu'en discuter avec d'autres revient à imposer une charge à ces personnes. Il n'ennuie même pas son meilleur ami avec un problème, à moins qu'il ne pense que cet ami a une meilleure solution à lui proposer.

> Ne donnez aucun conseil à un homme à moins qu'il n'en fasse la demande. Dites-lui que vous avez confiance dans sa capacité à le résoudre.

Lorsqu'une femme essaye d'obtenir d'un homme qu'il parle de ses sentiments et de ses problèmes, il fait de la résistance parce qu'il voit cette démarche comme une critique, ou bien considère qu'elle doit penser qu'il est incompétent et qu'elle a une meilleure solution à lui proposer. En réalité, son objectif est de l'aider à se sentir mieux et, pour une femme, donner des conseils lui permet de bâtir la confiance dans une relation et n'est pas considéré comme un signe de faiblesse.

Pourquoi les hommes proposent des solutions

Les hommes ont un esprit logique orienté vers la résolution de problèmes. Lorsqu'un homme entre dans une salle de conférence ou un restaurant pour la première fois, il jette un coup d'œil circulaire pour voir les choses qui doivent être réparées, les images qu'il faudrait recaler et il imagine de meilleures solutions pour disposer la pièce. Son cerveau est une machine à résoudre les problèmes qui ne prend jamais de vacances. Même sur son lit de mort à l'hôpital, il continuerait à penser à de meilleures façons d'arranger sa chambre pour profiter de la lumière naturelle et de la vue sur la campagne.

> Parler de ses problèmes est le moyen qu'une femme utilise pour soulager son stress. Mais elle veut qu'on l'écoute, pas qu'on la répare.

Quand une femme parle de ses problèmes, l'homme l'interrompt continuellement pour lui proposer des solutions. Il ne peut pas s'en empêcher parce que son cerveau est programmé pour accomplir cette tâche. Il pense qu'elle se sentira beaucoup mieux lorsqu'elle aura une solution. Elle, elle veut simplement parler et ignore complètement ses solutions. Ce qui donne à l'homme le sentiment d'être incompétent ou nul ou encore que, probablement, elle lui reproche d'être à l'origine de ses problèmes. Les femmes ne veulent pas de solutions, elles veulent simplement parler et être écoutées.

Pourquoi les femmes stressées parlent

Dans une situation de stress ou sous la pression, les principales fonctions cérébrales d'un homme – capacité spatiale et logique – sont activées. Dans les mêmes conditions, c'est la fonction discursive de la femme qui est activée. Elle commence à parler, parfois non-stop. Si elle est stressée, elle parle, parle, et parle encore à quiconque l'écoute. Elle peut parler de ses problèmes pendant des heures à ses amies, en leur fournissant un rapport plus que détaillé puis, ensemble, elles se refont une rétrospective. Elle parle de ses problèmes présents, passés, des problèmes potentiels et des problèmes sans aucune solution. Lorsqu'elle parle, elle ne cherche pas une solution, mais elle reçoit du réconfort par le simple fait de parler. Son discours est déstructuré et elle peut aborder plusieurs sujets à n'importe quel moment sans jamais aboutir à aucune conclusion.

> Pour une femme, partager ses problèmes avec ses amies est un gage de confiance et d'amitié.

Pour un homme, écouter parler une femme de ses problèmes est un travail difficile, parce qu'il a le sentiment qu'elle attend de lui qu'il résolve chacun des problèmes qu'elle aborde et dont elle parle à voix haute. Lui ne veut pas simplement en parler, il veut faire quelque chose à leur sujet ! C'est pourquoi il aura tendance probablement à l'interrompre avec des questions du genre “Où est le problème ?” Le problème, c'est qu'il n'y a pas *besoin* qu'il y ait un problème. La leçon la plus profitable qu'un homme puisse apprendre est d'écouter en utilisant des mots, expressions ou gestes destinés à l'écoute, et de ne proposer aucune solution. Le problème c'est que, pour un homme, ce concept lui est totalement étranger dans la mesure où, lui, ne parle que lorsqu'il y a une solution à proposer.

> Lorsque vous avez affaire à une femme énervée ou angoissée, ne lui donnez aucune solution et n'essayez pas de défier ses sentiments. Montrez-lui simplement que vous l'écoutez.

Lorsqu'une femme refuse d'écouter ses solutions, la stratégie suivante d'un homme consiste à minimiser les problèmes en lui disant des choses comme : “Ça n'est pas très important”, “Tu en fais un peu trop”, “Oublie ça” ou encore “C'est vraiment pas grave”. Ce qui a le don de mettre une femme en colère, car elle commence à avoir le sentiment qu'il ne s'intéresse pas à elle puisqu'il ne l'écoute pas.

Pourquoi les hommes stressés ne parlent pas

Une femme parle hors de sa tête, c'est-à-dire qu'on peut l'entendre, tandis qu'un homme parle dans sa tête. Il ne dispose d'aucune région cérébrale spécifique pour la parole, ce qui l'arrange. Lorsqu'il y a un problème, il s'en parle à lui-même, alors qu'elle en parle aux autres.

C'est pourquoi, lorsque se présentent des situations problématiques ou de stress, un homme se renfermera et arrêtera de parler. Il utilise son hémisphère droit pour tenter de résoudre ses problèmes et trouver des solutions, et il arrête d'utiliser son hémisphère gauche pour écouter ou parler. Son cerveau ne peut faire "qu'une seule chose à la fois". Il ne peut pas résoudre ses problèmes et écouter ou parler en même temps. Ce silence est souvent crispant ou effrayant pour une femme. Les femmes disent alors à leur mari, fils ou frère : "Vas-y, tu dois en parler ! Tu te sentiras mieux !" Elles disent cela parce que c'est comme cela que ça marche pour elles. Mais lui veut simplement qu'on lui fiche la paix et qu'on le laisse tranquille à regarder des mouches voler, jusqu'à ce qu'il trouve une solution ou une réponse. Il ne veut en parler à personne, particulièrement à un thérapeute, parce qu'il considère cela comme un signe majeur de faiblesse.

Assis sur son rocher.

La célèbre sculpture du Penseur de Rodin symbolise un homme pensant à ses problèmes. Il veut s'asseoir sur son rocher et penser aux solutions ; pour ce faire, il a besoin d'être seul. Ici, le mot clé est seul : personne n'est jamais autorisé à l'accompagner sur son rocher, pas même ses meilleurs amis. En fait, ses amis masculins n'ont même jamais imaginé l'y accompagner. Une femme, elle, ressent le besoin de grimper sur ce rocher avec lui pour le réconforter. Le choc est rude pour elle quand il l'expulse de son rocher.

> Les hommes grimpent sur leur rocher pour résoudre les problèmes. Les femmes qui tentent de les y suivre se font expulser.

Si Rodin avait créé une sculpture similaire pour représenter la femme, il l'aurait probablement appelée la "Causeuse". Les femmes doivent comprendre que lorsqu'un homme est sur son rocher, elles doivent l'y laisser et le laisser réfléchir. De nombreuses femmes pensent que son silence signifie qu'il ne l'aime pas ou qu'il est en colère après elle, parce que si une femme ne parle pas, elle est en colère ou agacée. Mais si elle le laisse tranquille sur son rocher avec une tasse de café et un biscuit et ne lui demande pas instamment de parler, il sera heureux. Dès qu'il aura fini par trouver une solution, il redescendra de son rocher, se sentira heureux et recommencera à parler.

Utiliser l'espace pour résoudre les problèmes

Les hommes ont plusieurs manières de "s'asseoir sur leur rocher". Cela va de la lecture d'un quotidien ou d'un magazine à la pêche en passant par jouer au tennis, au squash ou au golf ou encore réparer quelque chose ou regarder la télévision. Il est probable qu'un homme sous pression en invite un autre à jouer au golf et que, pendant la partie, la conversation soit plus que limitée. Quand il a des problèmes, l'homme se réfugie dans son hémisphère frontal droit pour utiliser ses capacités spatiales pour jouer golf. Simultanément, il peut se servir de cette région cérébrale pour trouver des solutions à son problème. Il semble qu'en stimulant sa région spatiale, il accélère le processus de résolution du problème.

Pourquoi les hommes zappent

Pour les femmes, il n'y a probablement rien qu'elles détestent plus que de voir un homme en train de zapper. Il est là, assis comme un zombie, à zapper sans même faire attention à un programme en particulier. Quand un homme fait cela, il est mentalement assis sur son rocher. Et, très souvent, il ne sait même pas ce qui se passe sur son écran de télé. Il essaye simplement de deviner la fin de chacune des histoires. En zappant, il peut oublier ses problèmes et chercher des solutions pour les autres. Les femmes, elles, ne zappent pas : elles regardent un programme en entier et cherchent à en connaître la trame, les sentiments et les relations des personnages de l'histoire. L'accoutumance aux journaux sert le même objectif pour les hommes. Les femmes doivent comprendre que lorsque les hommes font ces choses, ils sont incapables d'écouter ou de se souvenir de grand-chose, c'est pourquoi il est difficile d'essayer de leur parler à ce moment-là. Prenez plutôt rendez-vous et fixez-lui un programme. Souvenez-vous que ses ancêtres ont passé un million d'années à rester assis, le visage impassible, sur un rocher à scruter l'horizon, c'est pourquoi cela lui vient naturellement et qu'il se sent à l'aise en le faisant.

Comment faire parler les garçons

Un peu partout dans le monde, les mères se plaignent du fait que leurs fils ne leur parlent pas. Leurs filles rentrent de l'école et libèrent leur cœur sur tout et n'importe quoi, que ce sujet soit important ou pas. Les mâles sont programmés pour "faire les choses", c'est la recette pour obtenir que les garçons parlent. Une mère qui veut communiquer davantage avec son fils doit s'impliquer dans une activité avec lui – peinture, sport, jeux vidéo – et parler pendant cette activité.

> Les garçons n'aiment pas trop les contacts visuels, alors que les mères les adorent.

De cette manière, il peut éviter tout contact visuel prolongé, même si la conversation peut sembler décousue parce qu'il doit cesser son activité de temps en temps pour répondre à une question. Il lui est difficile de faire deux choses à la fois, mais le principal objectif ici est d'obtenir de lui qu'il parle. La même stratégie fonctionne également avec un homme. Simplement, ne lui parlez pas à un moment critique, par exemple quand il est en train de changer une ampoule !

Quand tous deux sont stressés

Les hommes coincés ou rigides boivent ou envahissent d'autres pays. Les femmes coincées mangent du chocolat et... envahissent les centres commerciaux. Sous pression, les femmes parlent sans réfléchir et les hommes agissent sans réfléchir. C'est pourquoi 90 % des détenus sont des hommes et 90 % des patients des "psy" sont des femmes. Lorsque femmes et hommes sont tous deux sous pression, cela peut déboucher sur une mine émotionnelle que chacun des deux essaie de désamorcer. Les hommes s'arrêtent de parler et les femmes commencent à s'en inquiéter. Les femmes commencent à parler et les hommes sont incapables de maîtriser cela. Pour l'aider à se sentir mieux, elle essaie de l'encourager à parler du problème, ce qui est la pire des choscs qu'cllc puisse faire. Il lui demande de le laisser tranquille et se réfugie ailleurs.

> Les hommes doivent comprendre que lorsqu'une femme est stressée, elle veut – elle a besoin – de parler, et tout ce qu'ils doivent faire c'est d'écouter, pas de donner des solutions.

Parce qu'elle est également sous pression, elle veut parler de ses problèmes, ce qui l'énerve encore plus. Quand il se retire sur son rocher, elle se sent rejetée et pas aimée, elle appelle sa mère, sa sœur ou ses amies.

La fermeture totale

C'est l'une des différences entre les stress masculin et féminin les moins comprises. Un homme demandera à tout le monde de rester totalement silencieux lorsqu'il se retrouve en situation de stress extrême ou qu'il a besoin de trouver une solution à un problème grave. À ce moment, l'homme déconnecte totalement la partie de son cerveau qui contrôle l'émotion ; il se met en mode de résolution du problème et arrête de parler. Lorsqu'un homme est en mode de fermeture totale, cela peut être terrifiant pour une femme, parce qu'elle ne le fait que lorsqu'elle a été blessée, abusée ou qu'on lui a menti. Une femme suppose que l'homme a la même réaction : elle doit l'avoir heurté et il ne l'aime plus. Elle essaye de l'encourager à en parler mais il refuse, pensant qu'elle n'a plus confiance dans sa capacité à résoudre ses problèmes. Lorsqu'une femme se sent blessée, elle se ferme, et l'homme pense qu'elle a besoin d'espace, c'est pourquoi il va au café avec ses amis ou nettoie le carburateur de sa voiture. Si un homme se mure complètement dans le silence, laissez-le faire, il se sentira bien ; si une femme se ferme, il y a des problèmes en perspective et il est temps d'avoir une discussion en profondeur.

Comment les hommes aliènent les femmes

Si un homme soupçonne qu'une femme est stressée ou a un problème, il fait ce que les hommes font pour les autres hommes : il s'en va et lui donne un peu d'espace pour résoudre son problème. Il dit : "Est-ce que tout va bien chérie ?" Ce à quoi elle répond "Oui, ça va..." Ce qui est une manière indirecte de lui dire : "Si tu m'aimais vraiment, tu me demanderais d'en parler." Mais lui rétorque : "Parfait." Et va travailler sur son ordinateur. Elle pense alors : "Il n'a pas de cœur et se moque de mes problèmes." Elle appelle ses copines. Elles parlent de ce qu'elle ressent et de l'insensibilité de son homme.

Dans les temps anciens, les hommes n'avaient pas à être confrontés aux problèmes que connaissent les hommes modernes. Pour montrer son amour à sa femme et à sa famille, un homme faisait ce que tout homme avait toujours fait : il partait travailler et "rapportait le pain à la maison". C'est ainsi que cela a marché pendant des milliers d'années et cela vient naturellement à la plupart des hommes. Dans la plupart des pays, la moitié de la population active est constituée de femmes. Par conséquent, on n'attend plus autant des hommes qu'ils s'occupent entièrement de leur famille. On attend d'un homme qu'il communique : une capacité qui ne lui vient pas naturellement. Toutefois, la bonne nouvelle, c'est que cela s'apprend.

Pourquoi les hommes ne savent pas manier les femmes émotives

Quand une femme est affectée ou confrontée à une situation émotionnelle, elle peut pleurer, agiter les bras et ne pas arrêter de parler en utilisant des adjectifs émotionnels pour décrire ce qu'elle ressent. Elle veut être maternée, qu'on prenne soin d'elle et qu'on l'écoute ; mais un homme interprète son comportement en fonction de ses propres priorités et il comprend qu'elle est en train de lui dire : "Sauve-moi – règle mes problèmes !"

Alors, au lieu de se montrer rassurant et réconfortant, il lui donne des conseils, lui pose des questions indiscrètes ou bien lui demande de ne pas être aussi angoissée. "Arrête de pleurer !" dit-il avec un air horrifié. "Tu en fais trop ! Les choses ne sont pas aussi terribles !" Au lieu de la materner, il devient son père. Il a vu son père et son grand-père se comporter de cette manière et c'est ainsi que les hommes se sont toujours comportés depuis qu'ils sont descendus des arbres. Pour une femme, son étalage émotif est une forme de communication dont elle peut se passer et l'oublier rapidement, mais un homme se sent la responsabilité de lui trouver une solution et a un sentiment d'échec s'il n'y arrive pas. C'est pourquoi, lorsqu'une femme est en situation émotive, un homme s'énerve ou se met en colère et lui demande d'arrêter. Les hommes sont également effrayés à l'idée qu'une femme ne puisse pas s'arrêter de pleurer une fois qu'elle a commencé.

Le jeu des pleurs

Les femmes pleurent davantage que les hommes. Parce que l'évolution des hommes a fait qu'ils pleurent beaucoup moins, en particulier en public, et le conditionnement social est venu renforcer ce comportement. Quand un garçon joue au football et qu'il est victime d'une blessure réellement douloureuse, il peut tomber sur le sol en gémissant, mais aussitôt son entraîneur, les yeux exorbités, lui crie : "Debout ! Ne montre pas aux adversaires qu'ils t'ont fait mal ! Sois un homme !"

À l'inverse toutefois, on attend de la version New Age du garçon sensible qu'il pleure tout le temps et partout. Tout le monde l'y encourage : les psychanalystes, les conseillers, les magazines et même les communautés masculines où les hommes s'embrassent autour d'un feu de camp. On accuse les hommes modernes d'être froids ou de ne pas tourner rond s'ils "ne se laissent pas aller" à la moindre occasion. Parce que le cerveau féminin peut relier l'émotion à toutes ses autres fonctions cérébrales, il est évident qu'elle est capable de pleurer ou de montrer de l'émotion dans la plupart des situations.

> Les vrais hommes pleurent, mais uniquement lorsque la région cérébrale contrôlant les émotions située dans leur hémisphère droit est stimulée.

Les vrais hommes pleurent, mais uniquement lorsque la région cérébrale contrôlant les émotions située dans leur hémisphère droit est stimulée, et il est rare qu'un homme se le permette en public. Aussi, méfiez-vous d'un homme qui pleure régulièrement en public. Les femmes ont des capacités sensorielles supérieures aux hommes : elles reçoivent davantage d'informations détaillées que les hommes et sont davantage capables d'exprimer verbalement et émotionnellement ce qu'elles ressentent. Une femme peut pleurer après avoir été insultée parce qu'une insulte est généralement chargée émotionnellement, mais un homme peut très bien ne pas être conscient qu'il a été insulté. Cela n'a littéralement ou strictement aucune signification pour lui.

Manger dehors

Les femmes voient dans le fait de manger au restaurant une manière de construire et d'entretenir une relation, de discuter des problèmes ou de soutenir une amie. Les hommes considèrent cela comme une approche logique à la nourriture : pas de cuisine ni de courses ni de vaisselle. Lorsqu'elles dînent au restaurant, les femmes appellent chacun par son prénom parce que cela permet de bâtir les relations, mais les hommes, eux, évitent toute espèce d'intimité avec les autres. Par exemple, si Nathalie, Juliette, Nicole et Laure déjeunent ou dînent ensemble, elles s'appelleront naturellement Nathalie, Juliette, Nicole et Laure. Mais si Henri, Alain, Michel et William sortent prendre un verre, ils se donneront des surnoms tels que “Tête de nœud”, “Branleur”, “Crâne d’œuf” ou “Abruti”. Ces “petits noms” suppriment toute notion d’intimité.

Quand arrive la note, les femmes sortent leur calculatrice et calculent la part de chacun. Les hommes, eux, jettent 500 francs sur la table pour montrer qu’ils veulent payer pour avoir la vedette, chacun d’eux affirmant qu’ils n’ont vraiment pas besoin de la monnaie.

Le shopping : son plaisir, son angoisse

Pour les femmes, le shopping c’est comme parler : cela n’exige aucun objectif spécifique et peut se dérouler de manière anarchique pendant des heures. En outre, elles n’en attendent aucun résultat précis ou défini. Les femmes trouvent le shopping revigorant et relaxant, qu’elles finissent par acheter quelque chose ou non. Ce genre de shopping peut provoquer une hémorragie cérébrale chez un homme au bout de vingt minutes. Pour se sentir revigoré, un homme a besoin d’un objectif, une cible à atteindre et un programme. Après tout, c’est un chasseur de repas : c’est son travail. Il veut tuer sa proie rapidement et la rapporter à la maison.

> La plupart des hommes ont une hémorragie cérébrale après avoir passé vingt minutes à choisir ou acheter des vêtements.

Dans une boutique de vêtements, les hommes deviennent angoissés ou nerveux tandis que leur femme essaie un vêtement après l'autre, tout en lui demandant son avis avant de ressortir sans rien acheter. Les femmes adorent essayer une large gamme de vêtements parce que cela correspond à leur modèle cérébral – une variété d'émotions et de sentiments et un vêtement différent pour refléter chaque humeur. Les vêtements d'un homme reflètent le modèle cérébral masculin – prévisible, conservateur et fait pour aller droit au but sans aucune fantaisie. C'est pourquoi il est très facile de repérer un homme dont la femme achète les vêtements. Un homme bien habillé est généralement homosexuel ou a une femme qui choisit ses vêtements pour lui. Un homme sur huit est daltonien et ne distingue pas les couleurs, qu'il s'agisse du bleu, du rouge ou du vert, et la plupart ont une capacité médiocre pour marier les couleurs et les motifs. C'est pourquoi il est très facile de repérer un célibataire.

Pour inciter un homme à aller faire du shopping, donnez-lui des critères précis – couleurs, tailles, marques et styles – et dites-lui où il doit aller et combien de temps cela prendra. Avec des objectifs clairs (même si vous les avez inventés), vous serez étonnée de l'enthousiasme que peut mettre un homme à faire du shopping.

Comment faire un compliment sincère à une femme

Quand une femme essaie une nouvelle robe et demande à un homme : "Comment ça me va ?", elle obtient en général une réponse du genre "Bien" ou "Ça va" ce qui est loin, très loin de la satisfaire. Pour marquer des points avec une femme, un homme doit répondre comme le ferait une autre femme, en donnant des détails.

> Certains hommes sont réticents à l'idée de répondre en détail, mais si vous êtes prêt à vous y essayer, vous marquerez de bons points avec la plupart des femmes.

Par exemple, s'il dit : "Ouah ! Super ! Tourne pour voir. Laisse-moi voir le dos. Cette couleur te va vraiment bien ! La coupe te flatte. Ces boucles d'oreilles se marient parfaitement avec cette robe. Tu es merveilleuse !", la plupart des femmes seront extrêmement impressionnées.

NOTRE COCKTAIL CHIMIQUE

Chapitre 7

Pierre invite Pauline au restaurant et ils ont passé une bonne soirée. En fait, ils s'entendent si bien qu'ils décident d'avoir une relation stable. Un an plus tard, alors qu'ils rentrent du cinéma, Pauline demande à Pierre ce qu'il veut faire pour fêter le premier anniversaire de leur union. Et Pierre de répondre : "On pourrait se faire livrer une pizza et regarder le golf à la télé !" Silence de Pauline. Soupçonnant un problème, Pierre s'enfonce un peu plus et dit : "Bon, si tu n'as pas envie de pizza, on peut commander chinois." Ce à quoi Pauline réplique un "D'accord !" sec avant de replonger dans le silence.

Pierre pense alors : "Un an déjà ! Donc, comme on a commencé à sortir ensemble en janvier et que c'est à ce moment-là que j'ai acheté la voiture, il faudra que je pense à la visite de garantie. Le mécanicien m'a dit qu'il réparerait l'indicateur de niveau d'huile sur le tableau de bord... et la boite de vitesses, c'est toujours pas ça !"

De son côté, Pauline pense aussi : "Il n'en a pas grand-chose à faire de notre relation pour vouloir manger une pizza et regarder la télé le soir de notre anniversaire... La prochaine fois, il voudra peut-être que ses amis se joignent à nous. Moi, j'aurais voulu un dîner aux chandelles, danser et parler de notre avenir. À l'évidence, notre relation n'est pas aussi importante pour lui qu'elle l'est pour moi. Peut-être qu'il se sent coincé par cette relation. Je veux un plus grand engagement de sa part, mais il se sent menacé. À bien y regarder, parfois j'aimerais aussi avoir un espace bien à moi pour passer plus de temps avec mes amies. En fait, j'ai besoin de plus de temps pour voir où va notre relation… Je veux dire, où nous allons. Est-ce qu'on va simplement continuer à se voir ou est-ce qu'on va finir par se marier ? Avoir des enfants ? Ou bien quoi ? Suis-je prête pour un tel engagement ? Est-ce que je veux vraiment passer le reste de ma vie avec lui ?"

Pierre, lui, remarque que l'indicateur d'huile clignote de nouveau. Il grimace et pense : "Ces imbéciles du garage m'ont dit qu'ils répareraient cet indicateur et maintenant la garantie de la voiture est pratiquement arrivée à échéance !"

Pauline le regarde et se lance dans une autre pensée : "Il grimace… il n'est pas heureux… Je parie qu'il pense que je suis trop grosse et que je devrais m'habiller autrement. Je sais que je devrais moins me maquiller et faire plus d'exercice. Il me parle toujours de la forme éclatante de Charlotte et il dit que je devrais aller au gymnase avec elle. J'ai parlé à mes amies à ce sujet et elles pensent que Pierre devrait m'aimer telle que je suis et ne pas essayer de me changer… Peut-être qu'elles ont raison !"

Les pensées de Pierre sont à des années-lumière : "Je vais dire à ces mécaniciens d'aller se faire voir… Je vais aller leur dire d'aller…"

Pauline, elle, continue à fixer le visage de Pierre, tout en pensant : "Il est vraiment énervé maintenant… Je peux le voir sur son visage et je peux sentir son état de tension. Peut-être que je me trompe… peut-être qu'il attend plus de moi et il a senti que je me sens un peu moins sûre de mes sentiments... Oui, c'est ça ! C'est pourquoi il ne me parle pas... Il ne veut pas s'ouvrir à moi et me parler de ses sentiments, des fois que je le rejetterais. Je peux voir la blessure dans ses yeux."

Pierre replonge dans ses pensées : "Ils ont intérêt à le réparer cette fois ! Je leur ai dit que j'avais des problèmes et ils ont mis ça sur le dos du fabricant. Ils n'ont pas intérêt à me dire que ce genre de problème n'est pas couvert par la garantie ou ils vont avoir des ennuis... J'ai payé une fortune pour cette voiture, donc ils n'ont qu'à..."

"Pierre ?" dit Pauline.

"Quoi ?" rétorque aussitôt Pierre, visiblement ennuyé d'être dérangé dans ses pensées.

"S'il te plaît, ne te torture pas comme ça... j'ai peut-être tort de penser comme... Oh, je me sens si mal... Peut-être que j'ai besoin d'un peu de temps... Je veux dire que la vie n'est pas aussi facile..."

"Ça tu peux le dire !" grommelle Pierre.

"Tu penses peut-être que je suis un peu folle, n'est-ce pas ?"

"Non" répond Pierre, un peu perdu.

"C'est simplement que... Oh, je ne sais plus très bien... Je suis perdue... J'ai besoin d'un peu de temps pour penser à tout ça", dit-elle.

Pierre s'interroge : "De quoi diable parle-t-elle ? Je n'ai qu'à dire 'd'accord' et elle s'en remettra dès demain ! Ça doit être ses choses de femme."

"Merci, Pierre... Tu ne peux pas savoir combien c'est important pour moi", dit-elle. En le regardant dans les yeux, elle se rend compte combien c'est une personne à laquelle elle tient et qu'elle a besoin de vraiment réfléchir à leur relation.

Après avoir passé la nuit à se tourner et se retourner dans son lit, elle décide à la première heure du matin d'en parler à Charlotte. Elles se donnent rendez-vous pour déjeuner et parlent de Pierre et des problèmes. Entre-temps, Pierre est rentré à la maison, s'est servi une bière et à allumé la télé. Il pense que Pauline a un problème, sans doute ses règles qui vont arriver.

Le jour suivant, Pauline et Charlotte se revoient et parlent toute la nuit. Quelques jours plus tard, Pierre parle à Marc, le petit ami de Charlotte, qui lui dit : "Alors, il paraît que Pauline et toi, vous avez des problèmes ?" À présent, Pierre est complètement perdu. "Je n'ai vraiment aucune idée de ce qu'elle raconte !", rit Pierre, ... mais jette un œil à cet indicateur d'huile et dis-moi ce que tu en penses..."

Comment nos hormones nous contrôlent

Par le passé, on pensait que les hormones n'affectaient que le corps et non le cerveau. Nous savons maintenant que les hormones programment nos cerveaux avant la naissance, dictant ainsi nos pensées et nos comportements. La testostérone est de quinze à vingt fois plus présente chez les adolescents que chez les adolescentes, et la circulation de cette hormone chez les garçons est contrôlée et régulée à mesure que leur corps en a besoin.

À la puberté, le corps des garçons subit une brusque montée de testostérone, ce qui provoque chez lui une croissance de son corps avec un apport de 15 % de graisse et de 45 % de protéines. En devenant adolescent, son corps change pour satisfaire aux critères et à la description de sa fonction biologique, c'est-à-dire une machine à chasser les repas, mince et méchante. Les garçons excellent en sport parce que leur corps est construit d'un point de vue hormonal pour une respiration efficace ; ils ont une très bonne distribution de l'oxygène grâce aux globules rouges, ce qui leur permet de sauter, courir ou grimper. Les stéroïdes sont des hormones mâles qui fabriquent du surplus musculaire et donnent aux athlètes des capacités de "chasse" supplémentaires et un avantage déloyal sur les athlètes qui n'en prennent pas.

Les hormones femelles ont un effet différent sur les adolescentes. Elles ne sont pas régulées comme chez les garçons, mais surviennent par vagues énormes en fonction d'un cycle de 28 jours et peuvent provoquer pas mal de chamboulements chez de nombreuses filles et femmes en fonction des poussées et des chutes d'émotions qui se produisent avec elles. Les hormones femelles changent le corps des filles avec un ratio de 26 % de graisse et 20 % de protéines, suscitant l'agacement des femmes partout dans le monde. L'objet de ce surcroît de graisse est de fournir de l'énergie supplémentaire pour l'allaitement maternel et constitue une assurance contre les temps de vaches maigres, quand la nourriture vient à manquer. Parce que les hormones femelles engraissent le corps, elles sont utilisées pour engraisser le bétail. Les hormones mâles réduisent la graisse et fabriquent du muscle, c'est pourquoi on ne peut pas les utiliser pour engraisser les animaux.

La chimie de l'amour

Vous venez juste de LE/LA rencontrer : votre cœur bat la chamade, vos mains sont moites, votre estomac est noué, tout votre corps tremble. En dînant ensemble, vous avez l'impression de chevaucher un cerf-volant. À la fin de la soirée, IL/ELLE vous embrasse et cela vous fait fondre. Les jours qui suivent, vous n'avez aucun appétit, mais vous ne vous êtes jamais senti aussi bien, et en plus vous avez remarqué que votre rhume est guéri.

Des preuves neuronales montrent que le phénomène par lequel on "tombe amoureux" est une série de réactions chimiques qui se produisent dans le cerveau et provoquent des réactions mentales et physiques. On estime à 100 milliards le nombre de neurones qui forment le réseau de communication du cerveau. Candice Pert, de l'Institut américain de la santé, est à l'origine des recherches qui ont permis la découverte des neuropeptides, une chaîne d'acides aminés qui parcourent le corps et qui "s'accrochent" aux récepteurs accueillants. Aujourd'hui, soixante neuropeptides différents ont été découverts et tous déclenchent des réactions émotionnelles dans le corps lorsqu'ils "s'accrochent" aux récepteurs. En d'autres termes, toutes nos émotions – amour, joie, tristesse – sont de nature biochimique. Lorsque le chercheur anglais Francis Crick et ses collègues ont reçu le prix Nobel de médecine pour avoir déchiffré le code de l'ADN qui définit les gènes, il a étonné le monde médical en déclarant : "Vous, vos joies, vos tristesses, vos souvenirs, vos ambitions, votre sentiment d'identité, votre volonté et vos amours ne sont rien de plus que le résultat du comportement d'une vaste assemblée de cellules nerveuses."

Le principal produit chimique qui vous donne cette impression de transport physique dans le fait d'être amoureux a pour initiales PEA (phényléthylamine), ce produit est de la famille des amphétamines et on le trouve dans le... chocolat. La PEA est l'une des substances chimiques qui accélère votre rythme cardiaque, rend vos mains moites, dilate vos pupilles et vous noue l'estomac. Votre corps libère également de l'adrénaline, accélérant votre cœur, vous rendant alerte et vous aidant à vous sentir en grande forme. On trouve également des endorphines, qui participent à votre système immunitaire et qui guérissent votre rhume. Quand vous vous embrassez, vos cerveaux font une analyse chimique rapide des salives de chacun d'entre vous et prennent une décision sur vos compatibilités génétiques. Pendant ce temps, le cerveau de la femme a également déterminé chimiquement l'état du système immunitaire de l'homme.

Toutes ces réactions chimiques positives expliquent pourquoi il est démontré que les personnes amoureuses ont une meilleure santé et sont moins susceptibles de contracter une maladie que celles qui ne le sont pas. Être amoureux est généralement bon pour la santé.

Chimie hormonale

L'*œstrogène* est l'hormone femelle qui procure aux femmes un sentiment général de contentement et de bien-être, et qui joue un rôle majeur chez les femmes dans leur comportement maternel et de gardienne du nid. En raison de son effet calmant, l'œstrogène est également administré aux hommes dans les prisons pour contrôler les comportements violents. L'œstrogène favorise aussi la mémoire, ce qui explique pourquoi tant de femmes souffrent de problèmes de mémoire après la ménopause lorsque leur niveau d'œstrogène chute. Celles qui suivent un traitement hormonal substitutif ont une meilleure mémoire.

La *progestérone* est une hormone qui libère les sentiments parentaux et nourriciers, et son objectif est d'inciter les femmes à accomplir efficacement leur rôle de mère. La progestérone est libérée quand une femme voit un bébé, et des recherches ont montré que c'est la forme du bébé qui déclenche la libération de l'hormone. Un bébé a des jambes et des bras petits, trapus et ronds, un torse replet, une tête surdimensionnée et de grands yeux ; toutes ces formes sont connues comme des "déclencheurs". La réaction à cette forme est si forte que l'hormone est également déclenchée lorsqu'une femme voit ces formes dans un objet tel qu'une peluche. C'est pourquoi les jouets comme les ours en peluche et les bébés animaux se vendent si bien aux filles et aux femmes, alors que les jouets longilignes n'ont pas la cote. Une femme ou une fille pourra se saisir d'un nounours et soupirer : "Oh... il est trognon !" et la progestérone est libérée dans sa circulation sanguine.

Manquant de progestérone, la plupart des hommes ne comprennent pas qu'une femme puisse s'émerveiller devant une peluche hors de prix. Ce qui pourrait également expliquer pourquoi les femmes qui ont tendance à materner épousent des hommes petits, replets avec de bonnes joues.

1. Bébé – 2. Nounours – 3. Jouet longiligne.

Observez ces trois illustrations. Le fait de voir le bébé provoque la libération de progestérone chez les femmes, et le nounours de l'exemple 2 produit le même effet. L'exemple 3 n'a aucune forme “libératrice” et ne déclenchera pas de progestérone chez une femme. Les jouets qui se vendent le mieux ont toujours été des bébés joufflus et des bébés animaux.

Pourquoi les blondes sont plus fécondes

Les cheveux blonds sont un signe d'un niveau élevé de progestérone et fournissent une explication partielle de la forte attirance des hommes pour les blondes. C'est un indicateur de fécondité et c'est probablement l'explication de l'expression “blonde idiote”. Comme le disent les nombreuses blagues qui circulent à leur sujet, les ravissantes idiotes blondes ont un niveau élevé de fécondité, mais un raisonnement mathématique plus que médiocre. Les recherches ont montré que les adolescentes dont les mères ont pris des hormones mâles pendant leur grossesse ont de meilleurs résultats scolaires que les autres filles, et ont plus de chances d'être admises à l'université. Le revers de la médaille est que ces filles sont considérées comme étant moins féminines par nature et ont probablement un système pileux plus développé.

Après la naissance de son premier bébé, les cheveux d'une blonde foncent parce que son niveau d'œstrogène baisse. Ils s'assombrissent encore davantage après le deuxième enfant. La baisse du niveau d'œstrogène est la raison pour laquelle on compte moins de vraies blondes après 30 ans.

Syndrome prémenstruel et attirance sexuelle

Le syndrome prémenstruel est un problème majeur pour les femmes modernes et un problème auquel leurs aïeules n'ont jamais été confrontées. Jusque récemment, les femmes avaient tendance à se retrouver enceintes la plupart du temps, ce qui signifiait qu'en moyenne les femmes n'avaient à subir des problèmes liés à leurs règles que dix ou vingt fois au cours de leur vie. Pour une femme moderne, c'est douze fois par an. Si elle a une moyenne de 2,4 enfants, cela veut dire qu'une femme moderne a entre 350 et 400 fois les symptômes du syndrome prémenstruel au cours de sa vie entre 12 et 50 ans, près de 500 fois pour une femme qui n'a jamais eu d'enfant.

> *Pourquoi ont-ils envoyé autant de femmes souffrant du syndrome prémenstruel à la guerre du Golfe ?*
> *Elles se battent comme des lionnes et n'ont pas besoin d'eau pendant quatre jours.*

Jusqu'à l'arrivée de la pilule contraceptive, dans les années cinquante, personne n'avait remarqué que les femmes vivaient des hauts et des bas émotionnels. Pendant les 21 premiers jours après les règles, les œstrogènes créent une sensation de bien-être et procurent généralement des sentiments joyeux et une attitude positive chez la plupart des femmes non ménopausées. La libido augmente progressivement afin que la femme soit apte à concevoir à un moment spécifique, quelque part entre le 18e et le 21e jour après les règles, et c'est également le moment durant lequel son niveau de testostérone est le plus élevé.

La nature est intelligente : elle dispose d'un calendrier pour la plupart des femelles du monde animal qui les rend davantage portées sur la chose au moment le plus probable de la conception. C'est aisément observable chez les femelles de nombreuses espèces animales. Chez les chevaux, par exemple, la jument en chaleur va exciter le mâle mais ne le laissera la monter qu'à la seconde exacte où l'ovule sera dans la bonne position pour la fécondation. Les femmes ignorent le plus souvent qu'elles fonctionnent aussi avec un calendrier et des réactions similaires.

C'est pourquoi une femme peut, sans pouvoir se l'expliquer, se retrouver dans un lit avec un homme qu'elle vient juste de rencontrer pendant une soirée. Le lendemain, elle est complètement perdue et n'arrive pas à comprendre comment ou pourquoi cela a pu arriver. "Je ne sais pas ce qui s'est passé, déclare une femme. Je l'ai rencontré à une soirée, et avant même que je ne m'en rende compte, on était au lit ensemble. Je n'avais jamais fait ça avant !" Comme les autres femelles, elle a rencontré cet homme au bon moment du mois et au moment précis des meilleures chances de conception. La composition génétique, l'état de son système immunitaire et les autres caractéristiques mâles de son partenaire ont été inconsciemment décodés par le cerveau de la femme. Si ces critères dépassent un certain seuil d'acceptabilité qui fait qu'il peut être un père potentiel, la nature reprend le contrôle. Les femmes qui ont vécu cela ne savent comment l'expliquer, et nombreuses sont celles qui qualifient leur expérience de "destin" ou "d'étrange attirance magnétique", au lieu de comprendre simplement que ce sont leurs hormones qui ont pris le dessus. Conséquences fâcheuses de ces moments, de nombreuses femmes se retrouvent prisonnières pour la vie d'hommes qui s'avèrent être de mauvais partenaires. La plupart des hommes donneraient n'importe quoi pour savoir quand une femme a atteint son pic hormonal !

Le "blues" chimique des femmes

Entre 21 et 28 jours après les règles, les hormones femelles chutent de manière spectaculaire, provoquant des symptômes de retrait connus généralement sous le nom de syndrome prémenstruel. Chez de nombreuses femmes, cela entraîne un sentiment d'échec, de morosité, de dépression, voire de tendances suicidaires. Chez une femme sur vingt-cinq, ce déséquilibre hormonal peut être tel qu'il est susceptible d'entraîner un changement total de personnalité.

> Quelle est la différence entre une femme souffrant du syndrome prémenstruel et un terroriste ?
> On peut négocier avec un terroriste.

Plusieurs études ont permis de découvrir que la plupart des crimes ou délits commis par des femmes, tels qu'agressions ou vols à l'étalage, se produisent au cours de la période prémenstruelle du 21e au 28e jour. On a également découvert chez les détenues qu'au moins la moitié des agressions ou meurtres féminins sont commis par des femmes souffrant d'un syndrome prémenstruel. C'est au cours de cette phase que les visites des femmes chez les psychiatres, conseillers et autres astrologues connaissent le pic le plus important, et de nombreuses femmes sentent qu'elles "perdent les pédales" ou ont l'impression de "devenir folles".

Il existe de nombreuses études bien documentées qui montrent que les femmes souffrant d'un syndrome prémenstruel ont quatre à cinq fois plus de "risques" d'être impliquées dans un accident de la circulation ou d'avion lorsqu'elles sont aux commandes. Conclusion : si le pilote de votre prochain avion s'avère être une femme de mauvaise humeur, prenez le train.

Les hormones féminines sont utilisées depuis longtemps comme un moyen de calmer les gens habituellement agressifs. Dans certains pays, le syndrome prémenstruel est un facteur que les juges prennent en considération dans les procès de femmes inculpées de crimes violents.

Lorsqu'une femme atteint la ménopause, généralement à la fin de la quarantaine ou au début de la cinquantaine, elle traverse toute une série de changements psychologiques, émotionnels et hormonaux. Ces changements varient d'une femme à l'autre.

> Quelle est la différence entre un homme souffrant de la crise de la quarantaine et un clown ?
> Un clown sait qu'il porte des vêtements ridicules.

Chez l'homme, l'andropause est un événement parfaitement prévisible : il s'achète des lunettes d'aviateur, des gants pour conduire, se fait faire des implants de cheveux, a des envies de voiture de sport rouge ou de moto, et porte des vêtements ridicules.

La testostérone : bonus ou malédiction ?

Les hormones mâles, en particulier la testostérone, sont des hormones d'agression qui poussent les hommes à chasser et tuer des proies. La testostérone est largement responsable de la survie de l'espèce, dans la mesure où elle pousse les hommes à attraper la nourriture et à combattre ses agresseurs. C'est également l'hormone qui fait pousser la barbe des hommes, provoque la calvitie, leur donne une voix grave et améliore leur capacité spatiale. Des études sérieuses ont montré que les barytons avaient deux fois plus d'éjaculations en une semaine que… les ténors. De même, la plupart des personnes qui prennent un traitement à base de testostérone éprouvent moins de difficulté à lire les cartes routières. Il est également intéressant de noter que l'asthme et le fait d'être gaucher sont aussi liés à la testostérone, et l'on sait aujourd'hui que les hommes qui fument ou boivent ont un niveau inférieur de testostérone dans le sang.

Pour les hommes modernes, l'inconvénient de la testostérone est qu'à moins qu'elle ne trouve un exutoire physique pour s'exprimer, elle peut créer de l'agressivité et provoquer des problèmes de délinquance.

Entre 12 et 17 ans, au moment de la brusque montée de testostérone, les garçons entrent dans la fourchette de criminalité masculine la plus importante. Donnez de la testostérone à un homme passif et vous en ferez quelqu'un de plus affirmé et autosuffisant. Le même dosage donné à une femme augmentera également son degré d'agressivité mais sans le même effet chimique que chez un homme. Le cerveau masculin est pré-connecté pour réagir à la testostérone, alors que celui de la femme ne l'est pas. La raison à cela est encore incertaine, mais elle est forcément liée à la capacité spatiale.

> On devrait dire aux femmes de faire attention aux hommes gauchers, chauves, barbus, comptables avec une voix de baryton qui lisent les cartes routières et éternuent en même temps.

Quand les hommes atteignent la cinquantaine et la soixantaine, leur niveau de testostérone baisse et ils deviennent moins agressifs et plus soigneux. Chez les femmes, c'est l'inverse qui se produit : après la ménopause, le niveau d'œstrogène baisse, ce qui laisse la primauté à la progestérone. C'est pourquoi les femmes entre 45 et 50 ans deviennent brusquement plus affirmées et autosuffisantes. L'inconvénient est que ces femmes ont plus de probabilités de se voir pousser des poils sur le visage, de souffrir de stress et d'attaques cérébrales.

La vaisselle qui vole

L'auteur Barbara Pease ne savait pas, à l'époque, que sa nouvelle pilule contraceptive avait un fort dosage de testostérone. Son mari, Allan, a rapidement appris à maîtriser l'art de l'esquive pour éviter les assiettes volantes et autres objets aéroportés au cours de la phase de syndrome prémenstruel de Barbara ; il a également redécouvert la rapidité de ses 15 ans pour prendre la fuite sur de courtes distances. Toutefois, il est intéressant de noter que les capacités de stationnement de Barbara – ou plutôt leur absence– avaient cessé d'être un sujet de dispute. Ces capacités s'étaient considérablement améliorées grâce à cette pilule.

Des tests sanguins ont finalement révélé le surplus de testostérone de Barbara et elle a changé pour une pilule sans testostérone. En moins d'un mois, les sautes d'humeur de Barbara avaient pratiquement disparu ; mais bientôt Allan eut l'impression de vivre avec une bibliothécaire en formation pour devenir religieuse. Un autre changement de pilule a permis de retrouver un niveau de testostérone qui faisait un compromis heureux, plus sûr à la fois pour leur mariage et la vaisselle de la maison.

Pourquoi les hommes sont agressifs

La testostérone est l'hormone du succès, de la réussite et de l'esprit de compétition ; mais entre de mauvaises mains (ou testicules), la testostérone transforme les hommes et les mâles des autres espèces animales en êtres potentiellement dangereux. La plupart des parents connaissent le désir pratiquement insatiable de leurs jeunes garçons de regarder des films violents et combien leurs fils peuvent décrire avec précision les scènes les plus violentes. Les filles, elles, ne s'intéressent en général pas à ce genre de films. Une étude réalisée par l'université de Sydney a montré que lorsqu'ils sont confrontés à un conflit potentiellement agressif comme une bagarre dans la cour de l'école, 74 % des garçons utilisent l'agressivité verbale ou physique pour résoudre le problème tandis que 78 % des filles essaient la fuite ou la négociation ; 92 % des coups de Klaxon au feu rouge sont le fait des hommes, de même que 96 % des cambriolages et 88 % des meurtres. Pratiquement tous les déviants sexuels sont des hommes, et les tests sur les femmes déviantes montrent qu'elles ont un fort niveau d'hormones mâles.

L'agressivité masculine est la principale responsable de la domination des hommes sur notre espèce. Nous n'enseignons pas l'agressivité chez les garçons, nous essayons même de les conditionner pour les en éloigner. L'agressivité est une caractéristique masculine qui ne peut pas être expliquée par le conditionnement social.

Les études sur les sportifs montrent que leur niveau de testostérone est beaucoup plus important à la fin d'une compétition qu'avant, démontrant nettement comment la compétition peut bâtir l'agressivité. On voit souvent les équipes néo-zélandaises danser la danse de guerre des Maori, le haka, juste avant le début du match. Cela sert deux objectifs : faire peur à leurs adversaires et augmenter le niveau de testostérone des coéquipiers. Dans de nombreux pays du monde, les "cheerleaders" et autres "pom-pom girls" ont exactement la même fonction : augmenter le niveau de testostérone des joueurs et de leurs supporters. Des études ont confirmé qu'il y avait davantage de violence dans les matches où l'on avait recours aux "cheerleaders".

Pourquoi les hommes travaillent si dur

Le Pr James Dabbs, de l'université américaine de Géorgie, a prélevé des échantillons de salive d'hommes aux professions différentes allant du cadre supérieur à l'homme politique en passant par le sportif, le religieux et le détenu. Il a découvert que les meilleurs d'entre eux dans chaque domaine avaient un niveau supérieur de testostérone aux moins bons, le niveau le plus bas étant constaté chez les religieux, montrant moins de domination et une vie sexuelle moins active. Il a également découvert que les femmes qui réussissaient le plus, comme les avocates ou les vendeuses, présentaient un niveau de testostérone plus élevé que la femme moyenne. En outre, le Pr Dabbs a découvert que non seulement la testostérone permet d'obtenir de meilleurs résultats, mais le succès entraîne une augmentation de la production de testostérone.

Nous avons observé le comportement animal de l'Afrique à la jungle de Bornéo et nous avons pu constater *de visu* ce que les scientifiques ont passé des années à rechercher : les mâles au niveau de testostérone le plus élevé dominent et font généralement la loi. Chez certains animaux, comme l'hyène tachetée, la testostérone est si fortement présente qu'ils naissent avec toutes leurs dents et sont si agressifs que les plus jeunes se dévorent souvent entre eux.

> Les créatures au niveau le plus élevé de testostérone dominent le monde animal.

Les meilleurs chiens, chats, chevaux, chèvres et singes sont ceux qui ont le plus haut niveau d'hormone mâle. À travers l'histoire, les mâles au niveau élevé de testostérone ont toujours dominé la race humaine et il est raisonnable de présumer que les dirigeantes exceptionnelles comme Jeanne d'Arc, Golda Meir ou Margaret Thatcher ont reçu une dose supplémentaire d'hormone mâle entre six et huit semaines de leur période fœtale.

Toutefois, il y a un grave inconvénient à avoir des niveaux constants de testostérone inutilisée. Un exemple effrayant nous est venu récemment des États Unis, où cent dix-huit étudiants en droit du Minnesota avaient accepté de se prêter à une évaluation de la personnalité. Cette expérience supposait que leur vie soit contrôlée et surveillée pendant trente ans. Ceux de ces étudiants qui avaient le niveau le plus élevé d'hostilité et d'agressivité avaient quatre fois plus de risques de mourir au cours de cette période. C'est une bonne raison pour encourager les jeunes garçons à pratiquer une activité physique ou un sport de manière régulière.

Testostérone et capacité spatiale

Vous êtes peut-être déjà arrivé à la conclusion que la capacité spatiale étant l'un des attributs masculins les plus forts, elle est liée à la testostérone. Dans le chapitre 3 nous avons vu comment la testostérone était principalement responsable de la configuration génétique du cerveau du fœtus mâle (XY) et de l'installation du "logiciel" lié aux capacités spatiales exigées pour la chasse. Par conséquent, plus le corps produit de testostérone, plus le cerveau aura un comportement masculin. Les rats mâles auxquels on injecte une dose supplémentaire d'hormone mâle trouvent leur chemin dans un labyrinthe plus facilement que les rats normaux. Les rats femelles connaissent également une amélioration de leur sens de l'orientation, mais de manière moins spectaculaire que les mâles. Dans le même temps, le niveau d'agressivité des deux sexes augmente.

Dans le test des méandres du cerveau, les mâles avec un niveau élevé de testostérone obtiennent des résultats situés entre – 50 et + 50 et ont généralement moins de mal à lire les cartes routières, à s'orienter, à jouer aux jeux vidéo ou à atteindre une cible. Ils ont une barbe qui pousse plus vite, ils aiment la “chasse”, les sports tels que le football, le billard, les courses de moto, et les créneaux ne leur posent aucun problème. La testostérone est également l'hormone qui favorise la ténacité et aide à combattre la fatigue. Des études ont montré que les volontaires à qui l'on a injecté de la testostérone avaient une plus grande endurance dans les activités physiques telles que la marche ou les courses de fond, et étaient capables de se concentrer sur des périodes plus longues. Il n'est pas surprenant que les lesbiennes possèdent également nombre de ces attributs. Susan Resnick, de l'Institut américain d'études sur le vieillissement, note dans ses recherches que les filles qui ont reçu une dose anormale d'hormone mâle durant la période fœtale avaient également des capacités spatiales supérieures à leurs sœurs qui n'ont pas reçu cette dose supplémentaire d'hormone mâle.

Pourquoi les femmes détestent les créneaux

Mais si la testostérone améliore la capacité spatiale, l'hormone femelle, l'œstrogène, l'annihile. Les femmes ont beaucoup moins de testostérone que les hommes ; résultat : plus le cerveau est féminin, moins il y a de place pour la capacité spatiale. C'est pourquoi les femmes très féminines sont peu ou très peu douées pour les créneaux ou pour lire une carte routière. Il existe un cas rarissime connu sous le nom de syndrome de Turner dans lequel il manque un chromosome X à une femelle génétique (XX) ; elle est alors désignée comme une fille XO. Ces filles sont ultra féminines dans tous leurs comportements et n'ont ni sens de l'orientation ni capacité spatiale. Ou alors très peu. Ne prêtez jamais votre voiture à une femme XO.

Des tests ont montré que le niveau de testostérone des Chinois est beaucoup moins important que chez les Occidentaux de race blanche, et cela est mis en évidence par l'absence ou le manque de poils sur le visage et une propension moindre à la calvitie. De même, les sociétés chinoises comptent moins d'hommes inculpés de crimes violents par rapport aux blancs ou aux noirs. Le viol y est moins courant que chez les blancs, probablement en raison des niveaux faibles de testostérone. Ce qui explique pourquoi, dans les tests, les Asiatiques ont une capacité moindre à réussir leurs créneaux.

Mathématiques et hormones

Les garçons se servent de leur hémisphère frontal droit pour résoudre les problèmes mathématiques. Chez les filles, la région spatiale est située dans les deux hémisphères cérébraux, et les tests montrent que nombreuses sont les femmes qui utilisent leur région verbale située dans l'hémisphère frontal gauche pour tenter de résoudre les problèmes mathématiques. Ceci est une explication probable du fait que de nombreuses femmes comptent à voix haute. Cela peut également expliquer pourquoi les filles sont meilleures en calcul mental et pourquoi leur coopération et leur engagement dans les études leur donnent un avantage sur les garçons dans les examens d'arithmétique et de mathématiques.

Le développement cérébral intervient plus tôt chez les filles que chez les garçons, ce qui explique en partie pourquoi elles sont meilleures plus tôt. Mais, après la puberté, les garçons rattrapent leur retard et excellent en mathématiques, dans la mesure où la testostérone amplifie leur capacité spatiale. Des tests sur la capacité mathématique ont été effectués par l'université John Hopkins de Boston sur des enfants doués âgés de 11 à 13 ans. Ces tests ont permis de découvrir que plus les tests étaient difficiles, plus la capacité des garçons était supérieure à celle des filles. À un niveau de difficulté inférieur, les garçons battaient les filles à raison de deux pour un ; aux niveaux intermédiaires, le ratio passe à quatre garçons pour une fille ; et au niveau le plus difficile, le ratio de réussite passe à treize garçons pour une fille.

En 1998, le Dr Doreen Kimura, une sommité canadienne dans le domaine de la recherche cérébrale, a découvert que si l'on double ou triple le niveau de testostérone chez un mâle, cela n'entraîne pas nécessairement un doublement ou triplement de ses capacités de raisonnement mathématique. Cela montre qu'il existe probablement un niveau optimal d'efficacité de la testostérone situé quelque part entre les niveaux inférieur et intermédiaire. En d'autres termes, King Kong n'aura pas nécessairement un meilleur raisonnement mathématique qu'un homme glabre. Il est également intéressant de noter que la testostérone n'améliore pas le raisonnement mathématique des femmes de manière plus importante qu'elle ne le fait chez les garçons. Par conséquent il est beaucoup plus probable qu'une femme à moustache fera un meilleur ingénieur qu'une femme ressemblant à une poupée Barbie. Les hommes obtiennent leurs meilleurs résultats en capacité de lecture des cartes routières à l'automne, quand leur niveau de testostérone est à son plus haut.

Le système éducatif favorise les garçons et désavantage les filles dans les examens de mathématiques : les études montrent que les filles qui souffrent d'un syndrome prémenstruel ont un niveau de testostérone qui est beaucoup moins élevé au cours de cette période. Une étude a notamment montré que les filles affligées d'un syndrome prémenstruel étaient 14 % plus mauvaises dans les examens de maths quand elles en souffraient que les filles n'en souffrant pas. Un système plus équitable consisterait à organiser les examens de manière à ce qu'ils correspondent au moment biologique le plus favorable pour les filles. Les garçons, eux, peuvent avoir leurs examens n'importe quand.

La chasse de l'homme moderne

Chez l'homme moderne, le sport est venu remplacer la chasse. La plupart des activités sportives sont nées après 1800. Avant cette date, une grande partie de la population mondiale continuait à chasser le gibier pour se nourrir ou s'amuser. La révolution industrielle de la fin du XVIIIe siècle et les techniques avancées d'agriculture ont supprimé la nécessité de chasser sa nourriture. Pendant des milliers d'années, les hommes avaient été programmés pour chasser. Cette époque a pris soudainement fin en n'offrant aucune issue aux hommes.

Le sport est apparu comme la solution. Plus de 90 % des sports ont été inventés entre 1800 et 1900 et quelques autres sont apparus au cours du XXe siècle. La plupart des sports supposent de courir, de chasser ou d'atteindre des cibles et de permettre aux hommes de dépenser leur surplus de testostérone. La recherche a montré que les garçons physiquement actifs ont moins de chance d'être impliqués dans un crime ou une agression, et que les jeunes hommes avec un casier judiciaire s'investissent moins dans une activité sportive. Simplement, quand la testostérone n'est pas "brûlée" sur le terrain de sport, elle peut réapparaître à travers la délinquance. Sur les routes et autoroutes, l'inconduite est une infraction presque exclusivement masculine. Sur la route, les hommes sont en compétition avec les autres hommes – il se trouve qu'il y a aussi des femmes qui y sont en même temps.

Avant d'adhérer à un club sportif, examinez ses objectifs et ses valeurs et étudiez la personnalité de ses dirigeants. S'ils sont là uniquement "pour le jeu" et que celui-ci est ce qu'il y a de plus important, il est plus que probable que ces gens sont encore esclaves de leur biologie – optez pour un club de pêche. Il existe de nombreux clubs tels que ceux de yoga ou d'arts martiaux qui enseignent encore les principes de la vie efficace tels que la santé, la relaxation et les valeurs d'un mode de vie sain. Évitez les clubs qui mettent l'accent sur les gains financiers de ses membres.

Pourquoi les hommes ont du ventre et les femmes des fesses

Mère Nature distribue l'excédent de graisse dans les organes vitaux de manière à ne pas gêner l'efficacité de leurs fonctions respectives. En général, on ne trouve que peu ou pas de graisse autour du cerveau, du cœur et de l'appareil génital. Les femmes disposent d'un organe vital supplémentaire : les ovaires. Par conséquent, les femmes capables d'enfanter ont tendance à ne pas accumuler de graisse excessive sur le ventre. N'ayant pas d'ovaires, les hommes stockent cet excès de graisse dans ce que l'on appelle communément un "bedon" ou un "pneu", et ils accumulent également de la graisse dans le dos. C'est pourquoi il est rare de voir des hommes avec de grosses jambes. Chez les femmes, l'excès de graisse se répartit sur les cuisses, les fesses et les bras de manière à être utilisé pour l'allaitement maternel. Si les hommes avaient des ovaires, ils auraient de plus grosses cuisses et un ventre plat. En cas d'ablation des ovaires, au cours d'un hystérectomie par exemple, la nature redirige la graisse vers le ventre.

LES GARÇONS SERONT TOUJOURS DES GARÇONS... ENFIN PAS TOUJOURS

Chapitre 8

Qu'est-ce qui fait qu'une femme est une femme, et qu'un homme est un homme ? Est-ce qu'être homosexuel est vraiment un choix ? Pourquoi une lesbienne préfère les femmes ? Comment les transsexuels se débrouillent-ils pour avoir un pied dans chaque camp ? Êtes-vous qui vous êtes parce que vous avez une mère agressive, ou parce que votre père était en travail posté et ne montrait aucune émotion, était froid ou détaché, ou bien était-ce ce sentiment confus que vous éprouviez pour votre instituteur en cours moyen 1ère année ? Êtes-vous ce que vous êtes parce que vous êtes le deuxième enfant, que vous avez grandi dans une famille pauvre, que vous êtes orphelin, que vous avez grandi dans une famille déchirée, que vous êtes Lion ascendant Scorpion ou parce que vous êtes la réincarnation d'un chat ?

Dans ce chapitre, nous verrons ce qui arrive quand un fœtus humain reçoit trop ou trop peu d'hormone mâle.

Homosexuels, lesbiennes et transsexuels

La recherche montre que le modèle élémentaire pour le corps et le cerveau du fœtus humain est féminin dans sa structure. Résultat : les hommes bénéficient de caractéristiques féminines superflues telles que des mamelons. Les hommes ont aussi des glandes mammaires qui ne fonctionnent pas mais qui sont potentiellement capables de donner du lait. Il existe des milliers de cas de lactation chez les prisonniers de guerre masculins quand la faim conduisait à un dysfonctionnement du foie devenu incapable d'assimiler les hormones nécessaires à l'allaitement maternel.

Comme nous le savons maintenant, six à huit semaines après la conception, un fœtus mâle (XY) reçoit une dose massive d'hormones mâles appelées androgènes qui assurent d'abord la formation des testicules, ensuite une deuxième dose modifie le cerveau du format féminin en une configuration masculine. Si le fœtus mâle ne reçoit pas suffisamment d'hormone mâle en temps voulu, deux choses peuvent se produire. D'abord, un bébé garçon peut naître avec une structure cérébrale plus féminine que masculine (en d'autres termes, dans cette configuration, un garçon aura plus de chance d'être "gay" à la puberté). Ensuite, un garçon génétique peut naître avec un cerveau entièrement féminin et un appareil génital masculin. Cette personne sera "transgenre", c'est-à-dire qu'elle appartient biologiquement à un sexe tout en sachant qu'elle appartient à l'autre sexe. Parfois, un mâle génétique naît avec deux appareils génitaux, féminin et masculin. Dans son livre novateur *Brainsex* (le sexe cérébral), la généticienne Anne Moir décrit les nombreux cas de garçons génétiques qui naissent en ressemblant à des filles et qui sont élevés en tant que telles, et qui voient soudain apparaître un pénis et des testicules à la puberté.

Cette bizarrerie a été découverte dans la République dominicaine, et une étude réalisée sur les parents de ces "petites filles" montre qu'ils les ont généralement élevées comme des filles en encourageant les comportements stéréotypés et en leur faisant porter des robes et jouer avec des poupées. Nombre de ces parents ont été très choqués de découvrir qu'ils se retrouvaient avec un fils "entièrement équipé" quand, à la puberté, les hormones mâles prennent le dessus et que leurs "filles" se retrouvent soudain avec un pénis et reprennent une apparence masculine avec des modèles de comportements masculins. Ce changement se produit en dépit de toutes les pressions sociales exercées pour qu'ils adoptent des comportements féminins.

Le fait que la plupart de ces "filles" réussissent à vivre le reste de leur vie comme des hommes met en lumière l'élément selon lequel leur environnement social et leur éducation n'ont qu'un impact limité sur leur vie d'adultes. En clair, leur biologie est le facteur-clé de la création de leur modèle comportemental.

L'homosexualité dans l'Histoire

Chez les Grecs de l'Antiquité, l'homosexualité était pas seulement permise : elle était très respectée. La silhouette du jeune éphèbe constituait alors un idéal de beauté, et l'on réalisait de nombreuses peintures et sculptures à son effigie. On écrivait des poèmes sur l'amour que portaient les vieux hommes pour les jeunes hommes. Les Grecs croyaient que l'homosexualité masculine servait une cause noble et inspirait les jeunes en les poussant à devenir des membres estimables de la communauté. Ils avaient également découvert que les jeunes homosexuels étaient parmi les plus courageux et faisaient de bons guerriers, dans la mesure où ils combattaient "côte à côte par amour pour l'autre".

> Dans la Rome antique, on décrivait Jules César comme "la femme de tous les hommes et l'homme de toutes les femmes".

Quand la chrétienté a commencé à froncer les sourcils sur les relations homosexuelles et que Dieu a manifesté son courroux et sa vengeance sur la cité de Sodome et ses habitants, l'homosexualité a été bannie, disparaissant dans le secret des alcôves pour ne réapparaître que très récemment au grand jour.

L'ère victorienne a refusé d'admettre l'existence de l'homosexualité et, même si elle le faisait, c'était pour la dénoncer comme une œuvre du Diable qui devait être sévèrement punie. Alors que nous abordons le XXIe siècle, la plupart des générations qui nous ont précédés croient encore que l'homosexualité est un phénomène récent et un comportement "antinaturel". La réalité, c'est que l'homosexualité existe depuis aussi longtemps que les fœtus mâles qui n'ont pas eu une dose suffisante d'hormones mâles. Le lesbianisme tire ainsi son nom de l'île grecque de Lesbos. L'homosexualité féminine n'a jamais suscité autant de mépris que l'homosexualité masculine, probablement parce qu'elle est associée davantage à l'intimité, et n'est pas autant considérée comme une "perversion".

Est-ce génétique ou une question de choix ?

La généticienne Anne Moir a révélé les résultats de ses recherches qui mettent en lumière ce que les scientifiques savaient depuis des années : l'homosexualité est génétique, ce n'est pas un choix.

Non seulement l'homosexualité est essentiellement innée, mais l'environnement dans lequel nous sommes élevés joue un rôle moindre dans notre comportement. Les scientifiques ont découvert que les efforts des parents pour réprimer les tendances homosexuelles de leur progéniture n'ont pratiquement aucun effet tant à l'adolescence qu'à l'âge adulte. Et, dans la mesure où l'impact de l'hormone mâle (ou son absence) sur le cerveau est le principal responsable, la plupart des homosexuels sont masculins.

> Il n'existe aucune preuve solide à l'idée selon laquelle l'éducation affecte la probabilité pour un enfant de devenir homosexuel.

Pour chaque lesbienne (un corps féminin avec un cerveau masculinisé), on compte de huit à dix homosexuels hommes. Si le mouvement gay et lesbien devait s'engager dans cette recherche, et si le système éducatif enseignait ces découvertes, l'ostracisme dont souffrent les homosexuels et les transsexuels serait certainement moins fort. La plupart des gens sont plus tolérants et acceptent davantage une personne née avec des différences qu'ils ne le sont pour une personne dont ils pensent, à tort ou à raison, qu'elle a fait un choix inacceptable, comme les homosexuels dont on présuppose qu'ils ont choisi leur mode de vie.

Peut-on se montrer critique à l'égard d'une personne née gauchère ou dyslexique ? Ou bien parce qu'elle a des yeux bleus ou des cheveux roux ? Ou avec un cerveau de femme dans un corps d'homme ? La plupart des homosexuels pensent à tort que leur homosexualité est un choix et, comme de nombreux autres groupes minoritaires, utilisent souvent les forums publics pour exposer leur "choix", ce qui leur cause douleur et peine et provoque des attitudes négatives de nombreuses personnes dans le public.

Tristement, les statistiques montrent qu'en Australie plus de 30 % des suicides d'adolescents sont commis par des gays et des lesbiennes, et qu'un transsexuel sur trois se suicide. Il semble que la prise de conscience du fait d'être confiné dans le "mauvais corps" pour le reste de leur vie est trop lourd à supporter pour eux. Une étude sur l'éducation de ces adolescents homosexuels a montré que la plupart d'entre eux ont grandi dans des familles ou des communautés qui cultivent la haine et le rejet des homosexuels, ou qu'ils ont été élevés dans des religions qui ont essayé de sauver quelques-unes des “victimes” à coup de prières ou de thérapies.

Pourquoi on accuse les pères

Quand un garçon devient gay, on accuse souvent son père. La famille affirme que le fils a été sa victime, ou bien qu’il l’a critiqué pour ne pas être suffisamment proche de lui ou bon à quelque chose de masculin pendant sa jeunesse. Cette théorie soutient que le garçon s’est rebellé contre son père et est devenu gay pour le punir, mais il n’existe aucune preuve scientifique pour soutenir cette thèse. L’explication probable est que le garçon s’intéressait davantage aux activités féminines qu’au football, aux courses de motos, aux voitures ou aux matches de boxe. Cela peut être une source permanente d’aggravation des rapports avec un père qui fondait de grands espoirs sur le développement masculin de son fils. En d’autres termes, il est plus probable que les tendances féminines de son fils aient contribué au comportement critique ou agressif plutôt que l’inverse.

Le Mardi Gras “gay” de Sydney

Le plus grand rassemblement homosexuel public du monde est la parade du Mardi Gras gay et lesbien de Sydney, en Australie, qui attire un million de personnes dans ce qui est décrit comme une fête de l'homosexualité. Des millions d'autres à travers le monde regardent le Mardi Gras à la télévision, et les communautés gay et lesbienne se sentent fières de penser à ce que cet événement accomplit pour leur reconnaissance. Mais la réalité est que parmi les millions d'hétérosexuels qui regardent ce défilé nombreux sont ceux qui le font avec condescendance à l'égard de ce qu'ils considèrent comme une espèce d'exhibition de monstres. Les sondages d'audience montrent que la plupart des téléspectateurs ont beaucoup ri en regardant les participants au Mardi Gras de Sydney ; ces mêmes sondages confirment les soupçons de nombreux hétérosexuels selon lesquels les homosexuels sont les déviants bizarres qu'ils ont toujours su ou pensé qu'ils étaient. Si les gays et les lesbiennes qui prennent part à ce défilé de Mardi Gras étaient vêtus de la tête aux pieds, peu de personnes voudraient y participer ou même le regarder.

Si les hétérosexuels voulaient organiser un rassemblement semblable pour leur communauté à travers les rues de Sydney, en sous-vêtement ou moins, non seulement ils auraient du mal à avoir des participants mais en plus ces participants seraient probablement interpellés pour comportement indécent !

> Les cheveux roux ou les taches de rousseur ont la même fréquence que l'homosexualité.

Si les gens comprenaient que les preuves scientifiques montrent que, pour l'essentiel, quand ce n'est pas complètement, l'homosexualité est innée, il n'y aurait pas plus d'intérêt à regarder un défilé gay qu'il n'y en aurait à regarder un défilé de gens avec des cheveux roux et des taches de rousseur, combinaison génétique qui se produit à la même fréquence que l'homosexualité. Les gens seraient plus tolérants envers l'homosexualité, et les gays et les lesbiennes n'auraient pas tant de problèmes d'amour-propre ; ils seraient traités avec plus de dignité et beaucoup moins de rejet et de ridicule. L'ignorance des deux côtés maintient les deux côtés éloignés l'un de l'autre.

Peut-on changer le "choix" ?

Les gays et les lesbiennes ne choisissent pas plus leur inclination sexuelle que ne le font les hétérosexuels. Les scientifiques et la plupart des spécialistes de la sexualité humaine sont d'accord pour dire que l'homosexualité est une orientation qu'on ne peut changer. Les chercheurs pensent que l'essentiel de l'orientation sexuelle se produit dans l'utérus, que les modèles homosexuels sont fermement ancrés vers l'âge de cinq ans et que cela se fait sans que la personne ne puisse le contrôler. Pendant des siècles, pour supprimer les sentiments homosexuels chez les "victimes", différentes techniques ont été utilisées parmi lesquelles l'amputation mammaire, la castration, l'ablation de l'utérus, les thérapies médicamenteuse ou par électrochoc, la lobotomie frontale, la psychothérapie, les réunions de prière, le conseil spirituel et l'exorcisme. Aucune de ces "thérapies" n'a jamais marché. Le seul résultat qu'elles ont pu avoir c'est de faire que certains bisexuels confinent leur sexualité aux membres du sexe opposé, de contraindre certains homosexuels au célibat dans la culpabilité et la crainte, et de pousser de nombreux autres au suicide.

> Les scientifiques montrent que l'homosexualité est une tendance irréversible, ce n'est pas un choix.

Il y a plus de 90 % de chances que vous, le lecteur, soyez hétérosexuel. Essayez de réfléchir à la difficulté de se sentir sexuellement attiré par une personne du même sexe que vous et vous commencerez à comprendre pourquoi il est pratiquement impossible d'inventer des sentiments qui n'existent pas déjà. Si l'homosexualité était un choix, comme de nombreuses personnes le proclament, pourquoi une personne intelligente choisirait-elle un mode de vie qui l'expose à autant d'hostilité, de préjugés ou de discrimination ? Ce sont les hormones qui sont responsables, pas les choix humains.

Le cas de deux vrais jumeaux homosexuels

Une recherche intensive a été réalisée sur de vrais jumeaux qui avaient été séparés à la naissance et élevés dans des familles et des environnements différents. De nombreux tests ont été effectués pour établir de manière fiable si certaines caractéristiques humaines étaient génétiques ou déterminées par le conditionnement social. Ce type de recherche montre que de nombreuses caractéristiques sont génétiquement héritées, y compris la tendance à la névrose, la dépression, les niveaux d'introversion ou d'extraversion, la domination, la facilité pour les sports et l'âge de la première activité sexuelle. En supposant qu'environ 5 % de la population masculine soit gay, si l'on étudiait 100 vrais jumeaux homosexuels qui auraient été séparés à la naissance, alors on s'attendrait à ce qu'environ 5 % des autres jumeaux soient également gays, sur la base de la présomption selon laquelle l'homosexualité est un choix. Divers groupes de recherche qui ont étudié cette question sont tous arrivés à la même conclusion et à la même réponse. Cette réponse a été démontrée par deux chercheurs américains. Le Dr Richard, de l'université de Boston, et le psychologue Michael Bailey, de l'université de North-Western, ont étudié l'orientation sexuelle de frères élevés ensemble. Voici leurs conclusions :

Les probabilités pour une homosexualité de frères sont de :
22 % pour de faux jumeaux.
10 % pour des frères non jumeaux ou adoptés.
52 % pour de vrais jumeaux qui partagent les mêmes gènes.

La recherche collective sur les vrais jumeaux gays séparés à la naissance révèle que plus de 50 % des jumeaux perdus étaient également homosexuels. Parmi ceux-ci, les chercheurs sont généralement d'accord pour dire qu'il est probable que 10 à 20 % des jumeaux qui revendiquent une hétérosexualité étaient sans doute des homosexuels qui n'arrivaient pas à l'admettre ou des bisexuels qui ont choisi de se décrire comme des hétérosexuels. Ce qui amène le pourcentage véritable de jumeaux partageant le même héritage génétique entre 60 et 70 %, soit deux sur trois, ce qui prouve de façon convaincante que l'essentiel de l'homosexualité se forme pendant la période intra-utérine. Cela confirme également que l'éducation n'a que peu ou pas d'influence sur l'orientation sexuelle.

C'est une affaire de gènes

Sur la base de la théorie selon laquelle l'homosexualité se forme dans le ventre de la mère, on s'attendrait à ce que tous les vrais jumeaux soient également gays, alors pourquoi n'est-ce pas le cas des 30 à 40 %

restants des frères jumeaux gays ? Les gènes ont une propriété appelée “pénétrance” qui est la mesure de l’efficacité d’un gène et qui détermine la probabilité que le gène soit activé et devienne un gène dominant. Par exemple, la variété de gène qui provoque la maladie de Huntington est 100 % pénétrant, tandis que le gène qui cause le diabète de type 1 n’a qu’une “pénétrance” de 30 %. Cela signifie que si des vrais jumeaux ont chacun les gènes de la maladie de Huntington et du diabète, chacun d’entre eux a 100 % de risques de développer la maladie de Huntington, mais a seulement 30 % de risques d’avoir un diabète.

Ceux qui portent le gène “gay”, comme on l’appelle maintenant, ont de 50 à 70 % de probabilité de devenir homosexuels, et cette théorie explique pourquoi tous les vrais jumeaux n’étaient pas gays. On estime qu’environ 10 % de tous les mâles portent le gène “gay” et qu’environ la moitié de ces hommes deviendront gay en fonction du facteur de “pénétrance” de 50 à 70 % du gène. Des expériences menées en laboratoire sur des rats et des singes ont prouvé que cette chaîne d’événements se produisait également chez d’autres espèces. Si ces expériences sur l’altération sexuelle chez les humains sont interdites, et considérées comme allant à l’encontre de l’éthique, nous savons que ces expériences ont été réalisées en Russie et ont abouti aux mêmes conclusions.

Le gène "gay"

Dean Hamer, de l'Institut américain de recherche sur le cancer, a comparé l'ADN de quarante paires de frères homosexuels et découvert que trente-trois d'entre eux avaient les mêmes marqueurs génétiques dans la région X928 du chromosome X, ce que les chercheurs ont déterminé comme la localisation approximative du gène "gay". Dean Hamer a également comparé l'ADN de trente-six paires de sœurs lesbiennes, mais n'a découvert aucun modèle correspondant. Cette étude montre ainsi que non seulement l'homosexualité est une condition affectant principalement les mâles mais est génétique de façon quasi certaine. La probabilité que ce gène devienne pénétrant semble être largement dépendante de la présence de testostérone de six à huit semaines après la conception. En outre, il y a une petite probabilité pour que d'autres facteurs, y compris le conditionnement social, puisse activer le gène aux cours des premières années de la vie, généralement avant l'âge de cinq ans.

Les empreintes "gay"

En 1998, le Dr Doreen Kimura, une pionnière dans la recherche sur le cerveau, a annoncé qu'elle avait réalisé une étude sur le nombre de sillons entre deux points spécifiques de l'empreinte digitale. Elle a découvert que les gens ayant un grand nombre de sillons sur la main gauche étaient meilleurs pour les tâches "féminines".

Le Dr Kimura a découvert que la plupart des personnes avaient un plus grand nombre de sillons sur la main droite mais que, en moyenne, les femmes et les homosexuels avaient davantage de sillons sur la main gauche.

Les familles "gay"

Une autre étude sur les hommes gays, réalisée par l'Institut américain de recherche sur le cancer, a montré que l'homosexualité était héréditaire. Les données recueillies sur la génétique des membres des familles de cent quatorze homosexuels montrent qu'il y a trois fois plus de probabilités que les frères, oncles, cousins ou parents d'un homosexuel soient également gays. La plupart des membres masculins de la famille du gay venaient du côté maternel de la famille, et on en trouvait peu du côté paternel. Cela ne peut être que génétique, et cela montre qu'il existe un gène particulier quelque part sur le chromosome X. Ce chromosome est le seul qu'une mère puisse fournir (elle a deux X), ce qui démontre encore une fois le transfert génétique de l'homosexualité masculine.

Comment changer le sexe d'un rat

Les rats sont les animaux préférés des chercheurs pour deux raisons : d'abord, ils ont des hormones, des gènes et un système nerveux central comme les humains, ensuite, contrairement aux humains, leur cerveau ne se développe pas dans le ventre de la mère : il se développe après la naissance, ce qui nous permet de voir ce qui se passe. Castrez un rat mâle, et il pensera qu'il est une femelle et deviendra, socialement, un rat gardien de nid. Donnez de la testostérone à un bébé rat femelle, et elle pensera qu'elle est un mâle, deviendra agressive et essaiera de couvrir les autres femelles. Chez les oiseaux, certaines femelles, chez les canaris par exemple, ne savent pas chanter mais si, toutes jeunes, on leur injecte de la testostérone, elles sont capables de chanter comme les mâles. Cela tient au fait que la testostérone affecte les connexions de leur cerveau et donc leurs capacités.

Pour obtenir ce changement de sexe, le cerveau doit être altéré au stade embryonnaire. Des tests similaires réalisés sur des mâles chez les rats, les oiseaux et les singes, n'ont pas produit les mêmes résultats spectaculaires parce que le cerveau est "connecté" au cours du stade embryonnaire. Chez les humains, le cerveau est "connecté" six à huit semaines après la conception. Ce qui revient à dire que les rats les plus âgés ne changeront plus beaucoup, pas plus que les humains plus âgés.

Lors d'un séminaire que nous avons donné en Russie, nous avons rencontré un professeur de neurochirurgie d'une université du pays qui nous a révélé que, dans l'ex-URSS, des expériences secrètes d'altération du cerveau avaient été réalisées pendant un temps sur des humains, et les résultats étaient les mêmes que ceux obtenus avec les rats : ils avaient changé des garçons en filles et des filles en garçons en modifiant leur cerveau dans l'utérus de la mère par l'adjonction d'hormone mâle. Ils avaient fabriqué leurs propres gays, lesbiennes et transsexuels. Ce même professeur russe nous a également affirmé que, dans certains cas, le fœtus soit ne recevait pas suffisamment d'hormone mâle soit on lui administrait les hormones à un mauvais stade de son développement. L'un des résultats obtenus fut un bébé garçon né avec deux organes génitaux – un masculin et un féminin. Cet accident génétique se produit parfois naturellement (comme cela a été le cas en République dominicaine) et explique comment un bébé né petite fille se transforme brusquement en garçon à l'adolescence.

Ces recherches montrent que les scientifiques savent qu'en contrôlant le sexe du cerveau avec des hormones, on peut déterminer la sexualité d'un fœtus avec une injection au bon moment. Toutefois, et avec raison, cela soulèverait des questions évidentes de morale, d'éthique et d'humanité.

Comment se font les bébés gays

Si, au cours des premiers stades de la grossesse, on supprime la testostérone et que le fœtus est un mâle, les probabilités de donner naissance à un garçon efféminé ou gay augmentent spectaculairement, dans la mesure où les hormones femelles deviennent les hormones utilisées pour configurer le cerveau. Une étude réalisée en Allemagne, dans les années soixante-dix, montre que les mères qui souffraient d'un grave stress dans les premiers mois de la grossesse avaient six fois plus de probabilités de donner naissance à un fils gay. Une recherche effectuée par le Pr Lee Ellis, du département de sociologie de l'université d'État du Dakota du Nord, a également montré que les grossesses sous stress donnaient des bébés homosexuels. Si le fœtus est une fille, elle peut devenir ultra féminine et n'aura probablement peu ou aucune capacité spatiale. Autrement dit, elle sera très maternelle et attentionnée, mais ne saura pas faire un créneau ni retrouver le Nord. Brian Gladue, de l'université d'État du Dakota du Nord, a montré que les hommes hétérosexuels sont dotés d'une capacité spatiale meilleure que celle des homosexuels, et que les lesbiennes ont une meilleure capacité spatiale que les femmes hétérosexuelles. Pourquoi ? Parce qu'il y a davantage d'hormones mâles impliquées dans la connexion de leur cerveau. Alors, qu'est-ce qui élimine la testostérone ? Les principaux responsables en sont le stress, la maladie et certains médicaments.

Vous pouvez être dans une situation de stress quand vos dettes atteignent un niveau trop élevé, quand vous risquez de perdre votre emploi, quand vous vous disputez avec vos voisins ou votre partenaire, ou que vous souffrez de la mort d'un ami proche ou d'un membre de votre famille. Si, en même temps, vous êtes dans les premières semaines de la grossesse, alors vous entrez dans la catégorie des femmes ayant de fortes probabilités de donner naissance à un fils gay ou une fille très efféminée.

De la même manière, par exemple, si vous souffrez d'une très grosse grippe ou si vous prenez des médicaments inhibiteurs de la testostérone, vous courez le même risque. Dans la Chine antique, lorsque l'impératrice était enceinte, elle n'avait pas le droit de voir ou d'écouter quoi que ce soit de déplaisant. Elle n'avait pas non plus le droit d'utiliser des expressions ou des mots grossiers, et il lui était interdit d'avoir des pensées négatives ou d'être en contact avec des gens malades ou déprimés. Cela pour éviter tout incident pour l'enfant royal à naître. La recherche moderne est venue confirmer le bien-fondé et l'importance de ces précautions.

Depuis quelque temps, nous connaissons les dangereux méfaits de l'alcool et du tabac sur le bébé à naître, et les effets positifs d'un régime adéquat et d'une vie sans stress. De nouvelles recherches réalisées par des spécialistes, tels que le Dr Vivette Glover, de l'hôpital Chelsea de Londres, montrent que les femmes enceintes stressées donnent naissance à des bébés qui sont également incapables de faire face à des situations de stress. Le Dr Glenn Wilson, de l'Institut de psychiatrie de Londres, a également abondamment étudié ce domaine. Il en a conclu que "certains médicaments chimiques peuvent interférer avec la fonction de la testostérone et le résultat peut être la naissance d'un bébé gay".

> Si vous envisagez d'être enceinte, prenez de longues vacances dans un endroit sans stress et évitez de rencontrer des gens négatifs ou malades

Aussi, si vous prévoyez d'être enceinte, il est bon de commencer à penser à faire une pause et de contrôler votre entourage pour éviter tout stress inutile. Il serait également sage de voir un médecin pour vérifier si aucun des médicaments que vous prenez ne supprime ou n'augmente vos niveaux hormonaux.

Comment les lesbiennes deviennent lesbiennes

Si le fœtus est une fille génétique (XX) et que le cerveau est imprégné d'hormones mâles, le résultat est un corps féminin avec des connexions cérébrales masculines. Dans leur enfance, ces filles sont généralement surnommées "garçons manqués" et elles sont plus rudes que leurs consœurs. Il est probable qu'à la puberté elles auront un système pileux plus développé que les autres filles. Elles sont meilleures dans les jeux de balle et, quand elles atteignent l'âge adulte, elles sont décrites comme étant "hommasses". Un fort pourcentage deviennent lesbiennes. Un dosage accidentel d'hormones mâles peut se produire si la mère enceinte prend des médicaments contenant une forte dose d'hormones mâles, comme dans certaines pilules contraceptives, certains médicaments pour diabétiques et d'autres médicaments.

Une étude réalisée sur les femmes diabétiques et enceintes dans les années cinquante et soixante a montré un taux anormalement élevé de petites filles devenues lesbiennes après l'adolescence parce que leur cerveau avait reçu une dose trop forte d'hormone mâle : des médicaments pour diabétiques avaient été administrés à leur mère à un moment critique du développement cérébral du fœtus.

De même, une autre étude a montré que les femmes de la génération à laquelle on avait administré des hormones femelles comme l'œstrogène, en pensant que cela pourrait favoriser une grossesse, avaient de cinq à dix fois plus de probabilités de donner naissance à un garçon homosexuel. Ce n'est qu'après l'adolescence que les connexions cérébrales sont déclenchées par un afflux massif d'hormones qui envahissent le corps de l'adolescent et qu'apparaît sa véritable sexualité.

Répondant à ces découvertes, les chercheurs de l'Institut Kinsey aux États unis ont découvert que les mères qui avaient pris des hormones mâles pendant leur grossesse avaient des filles décrites comme ayant une grande confiance en elles-mêmes et s'orientant en général vers des activités sportives agressives telles que le kickboxing ou le football. Enfants, ces filles sont souvent considérées comme des “garçons manqués”. Les mères qui ont pris des hormones femelles ont généralement de filles plus “féminines”, et des fils plus doux, gentils et dépendants que leurs pairs.

Le cerveau transsexuel

Les transsexuels sentent dès leur enfance qu’ils sont nés avec un corps du mauvais sexe. La région du cerveau essentielle pour le comportement sexuel est l’hypothalamus, et cette région est remarquablement plus petite chez la femme que chez l’homme. Le chercheur Dick Swaab et son équipe de l’Institut néerlandais de recherche sur le cerveau ont été les premiers, en 1995, à montrer que l’hypothalamus chez les transsexuels masculins était de la taille de celui des femmes ou même plus petit. Cela confirme les conclusions des recherches montrant que l’identité sexuelle vient de l’interaction entre le cerveau en développement et les hormones sexuelles. Cette théorie a d’abord été proposée par le Dr Gunther Dürner. Ce chercheur allemand a découvert que l’hypothalamus des hommes homosexuels réagit de la même manière que l’hypothalamus féminin quand on lui injecte une hormone féminine. Swaab note : “Notre étude est la première à montrer une structure cérébrale féminine chez les transsexuels génétiquement masculins.” En d’autres termes, c’est un cerveau de femme pris au piège d’un corps masculin.

Il existe une nouvelle opération par laquelle une femme peut devenir un homme : cela s'appelle une "ajoute-moi-un pénis… ectomie".

L'étiquette psychiatrique pour une personne transsexuelle est qu'elle souffre d'un désordre d'identité sexuelle, et environ 20 % de ces personnes subissent une opération pour changer de sexe. Cela implique l'ablation des testicules et la section du pénis à sa moitié et l'extraction des tissus intérieurs. La peau du pénis reste attachée, le canal urétral est réaligné et la peau du pénis est alors repliée à l'intérieur en une cavité créée chirurgicalement pour former un vagin fabriqué. Dans certains cas, la tête du pénis devient le clitoris et elle est capable d'orgasme. Tragiquement, le taux de suicide chez les transsexuels est cinq fois supérieur à celui du reste de la population. Un transsexuel australien sur cinq tente de se suicider.

Sommes-nous esclaves de notre biologie ?

Les scientifiques savent comment modifier la sexualité des rats et des singes quand ils sont encore dans l'utérus de leur mère. Certaines associations affirment que nous pouvons contrôler ce que nous aimons ou n'aimons pas par notre simple volonté ou choix. Ces associations soulignent que nous sommes tous capables de faire des créneaux ou de lire des cartes routières avec la même facilité. Mais les scientifiques, eux, savent parfaitement que c'est totalement irréaliste. On n'a pas besoin d'être un scientifique pour voir que les lapins ne savent pas voler, que les canards sont de piètres coureurs, que la plupart des femmes ont du mal à lire les cartes routières et que les hommes qui lisent un journal sont atteints d'une surdité temporaire. Le fait de comprendre les différences entre les structures cérébrales nous rend plus tolérants envers les autres et nous donne un meilleur contrôle sur notre destinée ainsi que des pensées positives à l'égard de nos orientations et choix.

L'intelligence humaine a évolué au point que nous contrôlons davantage nos émotions que les autres animaux et que nous sommes capables de réfléchir sur nos choix. Les autres animaux ne pensent pas, ils réagissent aux circonstances et cela les rend esclaves de leur biologie. Notre biologie est ce qui motive nombre de choix que nous faisons et qui, parfois, ne nous semblent pas logiques. Aussi, alors que nous arrivons mieux à nous contrôler que la plupart des autres animaux, nous ne pouvons pas lutter totalement contre l'ordre établi. Le plus grand obstacle auquel sont confrontés la plupart des gens est leur rejet de l'idée que nous ne sommes jamais qu'un autre animal avec un cerveau intelligent. Ce refus rend ces gens victimes de leur biologie.

Pourquoi l'appétit sexuel des gays et des lesbiennes est si grand

L'hypothalamus est le centre du sexe du cerveau qui réagit à la testostérone. Non seulement l'hypothalamus des hommes est plus grand que celui des femmes, mais un homme moyen a dix à vingt fois plus de testostérone dans son corps qu'une femme moyenne. C'est pourquoi les hommes sont toujours prêts à faire l'amour alors que les femmes ne le sont généralement pas.

> Un haut niveau de testostérone "met le feu" aux homosexuels.

La plupart des hommes gays ont le même appétit sexuel que les hétérosexuels et, en dépit de l'imagerie populaire, seule une minorité d'entre eux ont un comportement féminin stéréotypé. Mettez deux appétits sexuels masculins ensemble et vous comprendrez pourquoi les gays semblent très préoccupés par la chose. Aucun des deux ne sera opposé au sexe dans la mesure où les hormones mâles les dirigent tous les deux, et il n'est pas inhabituel pour un gay d'avoir des centaines de partenaires en une vie.

Les lesbiennes ont également un niveau de testostérone plus élevé que les femmes hétérosexuelles, ce qui leur confère un appétit sexuel plus important que les hétérosexuelles.

Pourquoi le comportement des gays n'est pas forcément révélateur

En termes simples, il y a deux centres principaux associés au comportement homosexuel, le "centre d'accouplement" et le "centre du comportement".

Le "centre d'accouplement" est situé dans l'hypothalamus et décide du sexe par lequel nous sommes attirés. Chez les mâles, ce centre doit recevoir des hormones mâles pour les convertir en fonction opérationnelle masculine, afin qu'un homme soit attiré par une femme. Si ce centre reçoit des hormones mâles en quantité insuffisante, il restera, dans une mesure plus ou moins grande, féminin dans son fonctionnement, et l'homme sera attiré par d'autres hommes.

Toutefois, le "centre du comportement" du cerveau peut ne pas avoir reçu suffisamment d'hormones mâles pour donner à l'homme un comportement, un discours et un langage corporel masculin. S'il n'en reçoit pas suffisamment pour une reconfiguration masculine, le comportement de l'homme sera essentiellement féminin.

La façon dont les centres d'accouplement et du comportement peuvent recevoir différentes quantités d'hormones mâles reste encore un mystère, mais cela démontre certainement pourquoi tous les hommes efféminés ne sont pas gays et pourquoi tous les machos se sont pas hétérosexuels.

Pourquoi le comportement des lesbiennes est encore moins révélateur

Si le cerveau d'un fœtus femelle reçoit accidentellement une dose supplémentaire d'hormones mâles, cela peut "masculiniser" le centre d'accouplement. Cela signifie qu'une femme sera attirée par d'autres femmes. Si son centre de comportement est également "masculinisé", elle adoptera un comportement, un discours et un langage corporel masculins, et on la qualifiera alors "d'hommasse".

D'un autre côté, si son centre du comportement n'est pas "converti" par un afflux d'hormones mâles, elle restera féminine dans son comportement, mais elle sera toujours attirée par les autres femmes. Ces résultats sont le fruit d'expériences réalisées sur des rates et des singes.

Alors que les lesbiennes "hommasses" sont clairement le produit de leur biologie, de nombreuses personnes résistent encore aujourd'hui à l'idée selon laquelle les lesbiennes féminines sont également prisonnières de leur formation. Ces mêmes personnes suggèrent que ces femmes doivent réellement avoir *choisi* d'être homosexuelles, parce qu'elles n'en ont vraiment pas l'air. Il suffit d'entendre les nombreux hommes qui affirment, quand ils voient une lesbienne vraiment féminine : "Je parie que je pourrais la faire changer d'avis."

Il n'en reste pas moins que ces femmes n'ont que peu de maîtrise sur leur destinée en tant que lesbiennes “hommasses” ou homosexuelles efféminées. Il n’y a pas eu autant de recherches définitives sur la sexualité des lesbiennes que sur celle de l’homosexualité masculine, mais la plupart des scientifiques s’accordent sur le fait que les lesbiennes peuvent être soit “hommasses” soit féminines tout en étant attirées par les autres femmes.

LES HOMMES, LES FEMMES ET LE SEXE

Chapitre 9

Clarisse et Thomas se sont rencontrés lors d'une soirée chez un ami commun. L'attirance mutuelle a été instantanée et a débouché sur une relation furieuse et rapide. Ils étaient follement amoureux l'un de l'autre et, physiquement, ils n'étaient jamais rassasiés. Leur spécialité, c'était le sexe dans la maison. Toute la maison : le salon, la chambre, la cuisine, la salle de bains, l'escalier ou le garage. Pour Thomas, le sexe était génial, aussi décida-t-il que Clarisse était faite pour lui. Pour Clarisse, c'était aussi formidable, aussi décida-t-elle qu'elle devait être amoureuse. Ils allaient vivre ensemble, pour toujours.

Deux ans plus tard, leur vie sexuelle était toujours aussi furieuse et agitée – lui était furieux, elle était agitée. Clarisse était heureuse de faire l'amour deux fois par semaine, mais pour Thomas le rêve aurait été de le faire tous les jours. Après tout, il avait laissé tomber sa vie de célibataire pour vivre cette relation aussi voulait-il un partage équitable. Mais plus il insistait pour faire l'amour, moins elle voulait le faire. Résultat : leurs relations sexuelles se cantonnèrent bientôt au périmètre de leur chambre. Puis, ils commencèrent à se battre pour des prétextes futiles ou des petits rien ; embrassades et câlins s'espacèrent avant de disparaître de leur vie quotidienne. Ils commençaient à ne remarquer que leurs côtés négatifs. Ils commençaient même à aller se coucher à des heures différentes. En s'évitant. À présent, ils en sont au stade de l'amour dans le couloir – en se croisant dans le couloir, ils se lancent des “Va te faire voir !” Thomas a de plus en plus le sentiment d'être une objection sexuelle – lui parlant de sexe et elle y objectant. Un soir, alors qu'ils étaient chacun de leur côté, l'un d'entre eux se rendit chez des amis communs et rencontra quelqu'un. L'attirance mutuelle fut instantanée et déboucha sur une relation furieuse et rapide. Ils étaient follement amoureux l'un de l'autre et, physiquement, ils n'étaient jamais rassasiés...

Comment le sexe a commencé

La vie a commencé avec une créature unicellulaire il y a environ 3,5 milliards d'années. Pour survivre, cette cellule a appris à se diviser en des copies exactes. Ainsi, resta-t-elle dans le même état pendant des milliers d'années et ne changeait son apparence que si, par accident, se produisait une mutation de sa structure ou bien si elle avait appris quelque chose de nouveau par l'expérience. La vie était lente.

Puis, il y a 800 millions d'années, la cellule a appris un truc fascinant, une fois encore probablement par accident. Elle s'est débrouillée pour trouver un moyen d'échanger ses gènes avec d'autres cellules. Cela signifia que tout avantage pour sa survie qu'une autre cellule avait acquis pouvait être transmis immédiatement à une nouvelle cellule, la rendant plus forte et résistante que ses parents. Aujourd'hui, il n'est plus nécessaire d'attendre un accident et des millions d'années pour faire muter la cellule et améliorer sa survie.

Ce fut un développement extraordinaire qui accéléra la croissance de nouvelles cellules pour faire de plus grandes et meilleures choses à une vitesse prodigieuse, à commencer par les créatures à corps mous comme les vers et les méduses. Il y a 600 millions d'années sont apparus des animaux avec des os et des coquilles, et, 300 millions d'années plus tard, le premier poisson a appris à respirer et s'est traîné tout seul sur la terre ferme. Et tout cela grâce au "commerce" des gènes.

Le sexe était alors à son comble. Dès que la nouvelle cellule était créée avec des gènes plus résistants, il était nécessaire que ses parents meurent. Cela pour deux raisons. D'abord, la nouvelle cellule était plus forte que ses cellules parentales et donc ses parents devenaient inutiles. Ensuite, les parents devaient mourir afin qu'ils ne puissent pas se croiser avec la nouvelle cellule, ce qui l'aurait affaiblie. La mort voulait dire que la nouvelle cellule, plus forte, pouvait survivre et partager ses gènes avec d'autres nouveaux survivants. Aussi l'objet originel du sexe était l'échange de gènes avec quelqu'un d'autre en vue de créer des gènes plus résistants pour la génération de cellules suivante. Toutefois, pour l'essentiel de notre histoire, aucun lien n'avait jamais été fait entre le sexe et les bébés, et il existe encore plusieurs tribus primitives qui n'ont pas encore fait ce lien.

Où le sexe se loge-t-il dans le cerveau ?

Votre centre du sexe est situé dans l'hypothalamus. C'est la partie du cerveau qui contrôle également les émotions, le rythme cardiaque et la pression sanguine. L'hypothalamus a la taille d'une cerise. Il pèse environ 4,5 grammes et est plus gros chez les hommes que chez les femmes, les homosexuels et les transsexuels.

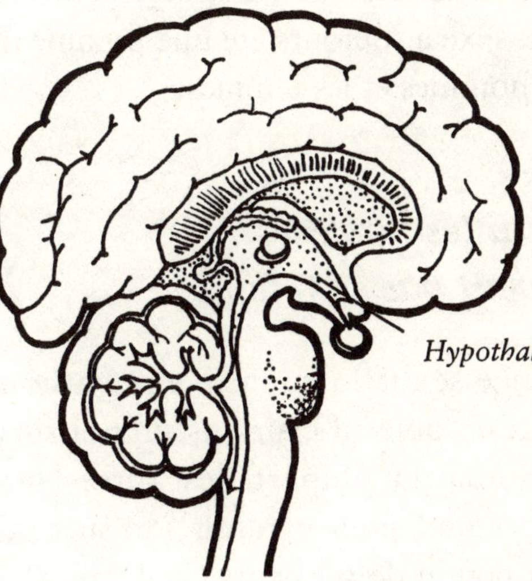

Le centre cérébral du sexe : l'hypothalamus.

C'est l'endroit dans lequel les hormones, notamment la testostérone, stimulent le désir sexuel. Sachant que les hommes ont dix à vingt fois plus de testostérone que les femmes et sont dotés d'un plus grand hypothalamus, cela explique à l'évidence pourquoi le désir sexuel des hommes est si puissant. C'est la raison pour laquelle les hommes peuvent faire l'amour pratiquement n'importe quand et quasiment n'importe où. Ajoutez à cela l'encouragement social dont ont bénéficié depuis des générations les hommes pour "jeter leur gourme" et l'anathème jetée par la société sur les femmes sexuellement actives ou aux "mœurs légères", il n'est franchement pas étonnant de constater que la différence de comportement vis-à-vis des choses du sexe a toujours été une pomme de discorde entre les hommes et les femmes.

Pourquoi les hommes ne peuvent pas se retenir

L'appétence sexuelle impulsive et enthousiaste des hommes a un objectif clair : assurer la survie de l'espèce. Comme la plupart des autres mammifères mâles, l'homme, pour garantir son succès, a dû évoluer en fonction de plusieurs éléments. D'abord, son désir sexuel devait être très concentré sans être facilement distrait. Cela lui permettait de faire l'amour dans pratiquement n'importe quelles conditions, comme la présence à proximité d'ennemis potentiels menaçants, ou dans n'importe quel endroit où pouvait se présenter une occasion sexuelle.

> Un homme doit être capable d'avoir autant d'orgasmes que possible dans le plus petit laps de temps pour lui éviter d'être attaqué ou pris par des prédateurs ou des ennemis.

Il doit également dispenser sa semence aussi loin et aussi souvent que possible. Aux États unis, le plus grand centre mondial de recherche sur le sexe, l'Institut Kinsey, soutient que, sans règle sociale, pratiquement tous les hommes auraient des mœurs légères, comme 80 % de toutes les sociétés humaines l'ont été depuis que l'homme est homme. Toutefois, depuis l'avènement de l'ère de la monogamie, le besoin biologique des hommes a provoqué des tensions constantes chez les couples essayant de bâtir une relation durable et il est la cause numéro un des problèmes des relations modernes.

Pourquoi les femmes sont fidèles

L'hypothalamus de la femme est plus petit que celui de l'homme et elle ne dispose que d'une toute petite quantité de testostérone pour l'activer. C'est pourquoi les femmes, dans leur ensemble, ont considérablement moins de désir sexuel que les hommes et sont moins agressives. Alors, pourquoi Mère Nature n'a-t-elle pas fait de la femme une nymphomane enragée pour assurer la perpétuation de l'espèce ? La réponse tient dans la longue période de temps nécessaire pour concevoir et élever un enfant jusqu'à l'autosuffisance.

Chez les espèces tels que les lapins, par exemple, la période de gestation est de seulement six semaines, et les lapereaux sont capables de se nourrir eux-mêmes, de courir et de se cacher à l'âge de deux semaines. Le père lapin n'a aucun besoin d'être là pour les défendre ou les nourrir. Un jeune éléphanteau ou un daim sont capables de courir avec la horde très peu de temps après leur naissance. Même nos cousins les plus proches, les chimpanzés, survivent même s'ils se retrouvent orphelins à l'âge de six mois. Chez l'espèce humaine, les femmes sont physiquement limitées pendant une grande partie de la période de grossesse. Et il faut au moins cinq ans avant qu'un petit d'homme puisse se nourrir ou se défendre seul. Pour cette raison, les femmes étudient très attentivement les caractéristiques du père potentiel telles que sa capacité à fournir nourriture et abri et combattre les ennemis.

> *Certains hommes pensent que le rôle de parent s'arrête à la conception.*

Le cerveau d'une femme est programmé pour trouver un homme qui prendra l'engagement de rester suffisamment longtemps pour s'occuper de ses enfants. Cela se reflète dans ce que recherchent les femmes dans un partenaire au long cours.

Les hommes sont des cuisinières à gaz, les femmes des fours électriques

Le désir sexuel masculin est comme une cuisinière à gaz : il s'allume instantanément et fonctionne à pleine capacité en quelques secondes, et peut s'éteindre tout aussi instantanément, une fois que... le plat est cuit. Le désir sexuel féminin, lui, fonctionne comme un four électrique : il chauffe doucement jusqu'à sa température maximale et il lui faut beaucoup plus de temps pour refroidir.

Ci-dessous, vous trouverez un graphique montrant la libido moyenne des hommes et des femmes au cours de leur vie. Ce graphique n'a pas été réajusté ne tient pas compte des différentes périodes de la vic au cours desquelles le désir sexuel peut être plus fort ou plus faible en fonction de facteurs de l'environnement tels que les naissances, les décès, la période de fréquentation, la retraite, et ainsi de suite.

Pour démontrer les différences entre les libidos masculine et féminine nous avons simplifié ce graphique pour illustrer les différences.

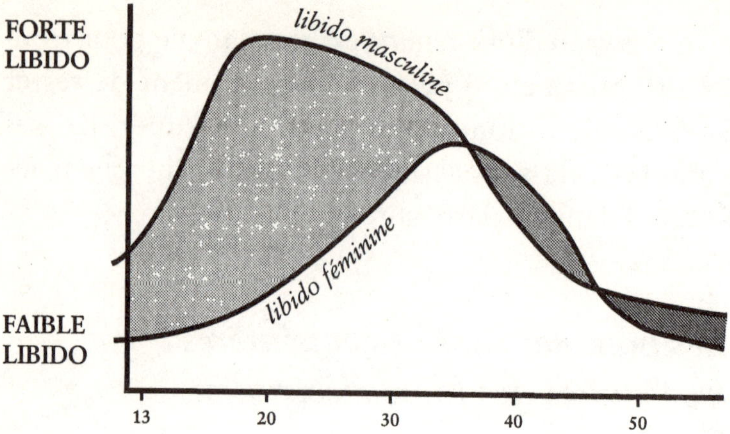

Graphique 9 – Libidos masculine et féminine.
(Source : Pease International Research, GB.)

Le niveau de testostérone d'un homme décroît lentement avec l'âge et sa libido décroît en conséquence. Le désir sexuel moyen chez la femme augmente progressivement pour atteindre un pic entre 36 et 38 ans, ce qui explique le syndrome du "gigolo" ou l'attirance que fait naître les jeunes hommes chez les femmes plus âgés. Les jeunes hommes ont les performances physiques dont rêvent les femmes plus âgées. Les performances sexuelles d'un jeune homme de 19 ans sont plus compatibles avec une femme de la quarantaine. Vous noterez également sur ce graphique que la libido d'un homme dans la quarantaine est compatible avec celle d'une femme entrant dans la vingtaine, ce qui explique la combinaison homme plus âgé et femme plus jeune. D'ordinaire, il y a une différence d'une vingtaine d'années entre ces deux combinaisons vieux/jeune.

Quand nous disons que la libido d'un homme atteint son pic à 19 ans puis décline très doucement ensuite, nous parlons de son niveau de performance physique. L'intérêt qu'il porte au sexe reste élevé pratiquement toute sa vie, ce qui veut dire qu'il peut tout autant s'intéresser à la chose à 70 ans qu'il l'était à 30 ans mais que ses performances ne seront pas aussi élevées. Une femme peut s'intéresser au sexe à la fin de son adolescence (en raison de ses relations à l'amour) mais n'a qu'un désir limité pour le sexe. Elle peut avoir le même intérêt à la trentaine mais, à ce moment-là, elle éprouve également un désir plus grand.

Pourquoi nous nous disputons à propos du sexe

Vous devez garder à l'esprit que nous parlons ici de la libido de tous les hommes en tant que groupe et de toutes les femmes en tant que groupe. La libido peut évidemment varier d'un individu à l'autre, mais, dans ce chapitre, nous ne parlons que des désirs sexuels typiques de la plupart des gens.

Une femme en tant qu'individu peut avoir une forte libido tandis qu'un homme peut montrer un appétit sexuel limité, mais ce sont des cas minoritaires qui ne reflètent pas la grande majorité. Dans l'absolu, la plupart des hommes ont une libido forte et la plupart des femmes ont une libido plus faible. Une étude réalisée par l'Institut Kinsey a montré que 37 % des hommes pensaient au sexe toutes les 30 minutes, alors que seulement 11 % de femmes y pensent aussi souvent. Pour un homme, un fort dosage continu de testostérone maintient sa libido à un haut niveau et c'est pourquoi, lorsqu'il s'agit de sexe, il est toujours prêt.

> Quand il s'agit de sexe, les femmes ont besoin d'une raison ; les hommes d'un endroit.

Les parties ombrées dans le graphique 9 sont les zones où la plupart des hommes et des femmes se disputent à propos du sexe. Jusqu'au début de la quarantaine, une femme se plaindra de la pression qu'elle subit du fait qu'un homme réclamera constamment de faire l'amour, provoquant ressentiment chez l'un et l'autre. Elle l'accusera souvent de "se servir" d'elle. Ce n'est qu'après, à la quarantaine, que le désir sexuel de la femme correspond à celui de l'homme, voire le surpasse. Cet appétit sexuel est la manière dont la nature la pousse une dernière fois à la fécondation avant l'arrivée de la ménopause. Un homme, au début de la quarantaine, se retrouve souvent pris par surprise par cette inversion des rôles. Son désir sexuel peut être plus faible que celui d'une femme du même âge alors que l'assurance de cette femme peut être plus forte. De nombreux hommes se plaignent de devoir "fournir à la commande". La balle se retrouve dans l'autre camp, si l'on peut dire. La plupart des gens ne se préoccupent pas de ces différences et chacun attend de l'autre qu'il comprenne ses besoins, mais ce n'est pas ainsi que la nature l'a prévu.

Les hommes et les femmes ont des appétits sexuels différents, et la plupart des couples connaissent des niveaux différents de désir sexuel à différents moments de la semaine, du mois ou de l'année. Il peut être de bon ton de suggérer que les hommes et les femmes modernes s'intéressent de manière égale au sexe, ou que les couples normaux s'entendent parfaitement de ce point de vue, mais ce n'est pas le cas dans la réalité.

Malgré ce que les poètes écrivent et ce que peuvent penser les romantiques, l'appétit sexuel est le résultat d'un cocktail hormonal fabriqué par le cerveau. La testostérone est la principale hormone qui crée le sentiment que nous appelons désir sexuel et, comme nous l'avons vu au chapitre 7, l'amour est une combinaison de réactions chimiques et électriques. Ceux qui pensent que l'amour passe entièrement par la tête ont en partie raison. Pour les femmes, les facteurs psychologiques tels que la confiance, la proximité et le bien-être général se combinent ensemble pour créer les conditions dans lesquelles le cocktail hormonal est libéré par le cerveau. Les hommes, eux, peuvent libérer ce cocktail n'importe où, n'importe quand.

Attirance sexuelle et stress

Le désir sexuel d'une femme est largement influencé par les événements de sa vie. Si elle est sur le point d'être licenciée, ou si elle est sur un projet très prenant, ou si les remboursements de la maison viennent brusquement de doubler, ou si les enfants sont malades, ou si elle rentre complètement trempée après avoir été surprise par la pluie, ou si le chien s'est carapaté, il n'est même pas question de lui parler de sexe. Tout ce qu'elle voudra faire, c'est aller au lit pour dormir.

Lorsque la même chose arrive à un homme, il voit dans le sexe un agréable somnifère – un moyen de se libérer des tensions accumulées dans la journée. Aussi, à la fin de la journée, il s'en prend durement à la femme, la qualifiant d'idiote insensible ou encore de frigide. Et il va se coucher sur le canapé. Cela ne vous rappelle rien ? Il est intéressant de noter que, lorsqu'on demande aux hommes de parler de l'état de leur couple, ils l'abordent généralement en termes de services personnels rendus par leur partenaire le jour même où on leur a posé la question ; par exemple, si elle lui a préparé son petit déjeuner, repassé sa chemise ou massé le cuir chevelu. Les femmes, elles, décrivent l'état de leur couple par rapport à des événements récents ; par exemple, l'attention qu'il lui a montré au cours des derniers mois, sa contribution aux tâches ménagères et son degré de communication avec elle. La plupart des hommes ne saisissent pas cette différence. Il peut avoir été un parfait gentleman toute la journée, mais elle lui refuse le sexe parce qu'elle n'a toujours pas digéré qu'il ait insulté sa mère, il y a deux semaines.

Notre dose de sexe

Une étude sur des couples effectuée en Australie en 1997 et 1998 a montré la fréquence moyenne de leurs rapports sexuels. Les couples qui ont participé à cette étude ont été choisis au hasard ; l'étude étant anonyme, il est probable que les personnes interrogées ont dit la vérité.

Âge	**Fréquence des rapports sexuels**
20 ans	144 fois par an
30 ans	112 fois par an
40 ans	78 fois par an
50 ans	63 fois par an
60 ans	61 fois par an

Gardez à l'esprit que ce sont des moyennes. Certaines personnes âgées de 65 ans font l'amour six fois par semaine et certaines personnes âgées de 20 ans n'ont jamais goûté au sexe, mais ce sont plutôt des exceptions. Chose intéressante, 81 % des couples affirment être heureux de leur vie sexuelle laquelle, en présumant qu'ils disent la vérité, signifie que les négociations n'ont pas dû manquer pour faire face au trop-plein de désir sexuel des hommes. Le pourcentage de couples en Occident qui affirment avoir une vie sexuelle satisfaisante tourne généralement autour des 60 %.

Une étude américaine a découvert que tous les Américains blancs avaient approximativement le même nombre de rapports sexuels, que les femmes originaires d'Amérique latine faisaient plus souvent l'amour que les femmes blanches ou noires (qui le faisaient environ le même nombre de fois) et que les femmes noires avaient 50 % plus de chances d'atteindre l'orgasme chaque fois qu'elles font l'amour. Cette étude a également montré que les hommes originaires d'Asie étaient ceux qui faisaient le moins l'amour, ce qui correspond logiquement avec leur niveau plus faible de testostérone.

Le sexe dans le cerveau

Le magazine *American Demographics* a publié les résultats d'une étude réalisée par un groupe de chercheurs et portant sur plus de 10 000 adultes en 1997. Cette étude a mis en évidence l'existence d'un lien entre intelligence et appétit sexuel. Les chercheurs ont ainsi découvert que plus on était intelligent, moins on faisait l'amour ou avait le désir de le faire. Les intellectuels avec des diplômes du troisième cycle font l'amour 52 fois par an, comparé à une moyenne de 61 rapports sexuels pour les diplômes du premier cycle et 59 rapports sexuels pour ceux qui ont abandonné leurs études supérieures. Les hommes occupant un emploi stable au horaires de bureau faisaient l'amour 48 fois par an contre 82 fois pour les hommes travaillant plus de soixante heures par semaine – le surcroît de testostérone explique probablement la différence entre leur charge de travail et leur appétit sexuel. Les amateurs de jazz font l'amour 34 % de plus que les fans de musique pop. Les amateurs de musique classique sont ceux qui font le moins l'amour.

> Une femme est plus en sécurité avec un Chinois qui aime la musique classique et qui travaille à mi-temps, mais elle devrait se méfier des pianistes de jazz qui font des heures supplémentaires.

Chez les hommes, la testostérone arrive en cinq à sept vagues quotidiennes avec un pic à l'aube – où le niveau est deux fois plus élevé qu'à n'importe quel autre moment de la journée – juste avant son départ pour la journée de chasse. En moyenne, le niveau de testostérone chez l'homme est 30 % moins élevé le soir quand il "contemple le feu".

"Un matin, je me suis réveillé à 6 heures alors que ma femme m'asticotait le dos avec un manche à balai", nous a dit un homme après une conférence que nous venions de donner. "Quand je lui ai demandé ce qu'elle était en train de faire, elle a répondu : essaie plutôt ça pour changer !"

Comment le sexe améliore votre santé

Les preuves abondent du fait que le sexe est excellent pour la santé. Une moyenne de trois rapports sexuels par semaine permet de brûler jusqu'à 35 000 kilojoules, ce qui revient à courir l'équivalant de 130 kilomètres en une année. Le sexe augmente votre niveau de testostérone, laquelle fortifie vos os et vos muscles et vous approvisionne en bon cholestérol. Selon le Dr Beverley Whipple, un chercheur sur la sexualité, "les endorphines, qui sont les analgésiques naturels du corps, sont libérées pendant l'acte sexuel et sont bonnes pour guérir les maux de tête, les traumatismes et l'arthrite".

L'hormone DHEA (déshydroépiandrostérone) est également libérée juste avant l'orgasme. Cette hormone améliore la connaissance, bâtit le système immunitaire, inhibe la croissance des tumeurs et construit les os. Chez une femme, l'ocytocine, l'hormone qui déclenche le désir d'être touchée, est libérée en grandes quantités au cours du rapport sexuel et ses niveaux d'œstrogène augmentent également. Dans son livre *The Power of Five*, le Dr Harold Bloomfield a montré comment l'œstrogène est associé à de meilleurs os et un meilleur système cardio-vasculaire chez les femmes. L'effet de toutes ces hormones est de protéger le cœur et d'allonger la vie ; conséquence : davantage de rapports sexuels égale une vie plus longue et moins de stress. Et la liste des avantages d'une vie sexuelle très active ne cesse de s'allonger.

Monogamie et polygamie

La polygamie est le système dans lequel un homme ou une femme peut avoir plus d'un partenaire à la fois. À ce stade, vous pouvez être arrivé à la conclusion que l'espèce humaine n'est pas monogame par nature. À l'évidence, avant la propagation de la morale judéo-chrétienne, plus de 80 % de toutes les sociétés humaines étaient des sociétés polygames, essentiellement pour des raisons de survie.

> Nombreux sont les hommes qui confondent mahogany et monogamie et qui pensent que la monogamie est une essence dont on fait les meubles.

La monogamie signifie qu'un mâle est accouplé de manière permanente avec une femelle, ce qui est l'état naturel pour de nombreuses espèces animales, telles que les renards, les oies et les aigles. Les animaux monogames mâles et femelles ont généralement la même taille physique et les responsabilités parentales sont partagées équitablement. Dans les espèces polygames, les mâles sont généralement plus grands, plus colorés, plus agressifs et ont un engagement minimal dans les obligations parentales. La maturité sexuelle des mâles des animaux polygames intervient plus tard que pour les femelles ; de cette manière, les conflits et les concurrences sont évités entre les mâles les plus âgés et les mâles plus jeunes et inexpérimentés, qui ont moins de chance de survivre à un combat. Les mâles humains correspondent aux caractéristiques physiques des espèces polygames ; il n'est donc pas étonnant que les hommes doivent mener une lutte permanente pour rester monogames.

Pourquoi les hommes ont des mœurs légères

Où s'inscrit le mariage dans le mode de vie d'une espèce animale dont le mâle a des mœurs légères ?

Le vagabondage sexuel est inscrit dans le cerveau masculin et il est un héritage de l'histoire de notre évolution. À travers l'histoire de l'humanité, les guerres ont considérablement réduit le nombre d'hommes, aussi était-il logique d'agrandir la tribu aussi souvent que possible. Le nombre d'hommes revenant des guerres était habituellement moins important que ceux qui y partaient, donc il y avait toujours un grand nombre de veuves. C'est pourquoi avoir un harem était une stratégie efficace pour assurer la survie de la tribu.

La naissance d'un garçon était toujours considérée comme un événement merveilleux, parce qu'on avait toujours besoin de mâles supplémentaires pour défendre la communauté. Les filles étaient une déception, parce que la tribu se retrouvait invariablement avec un surcroît de femmes. Cela a fonctionné ainsi pendant des centaines de milliers d'années. En outre, l'homme moderne continue à être doté d'un gros hypothalamus et d'une quantité considérable de testostérone pour satisfaire ce besoin antique de procréer. La réalité est que les hommes, comme la plupart des primates et des autres mammifères, ne sont pas biologiquement enclins à respecter la monogamie.

L'énorme industrie du sexe, essentiellement destinée aux hommes, apporte des preuves pertinentes. Pratiquement toute la pornographie, les cassettes érotiques, la prostitution ou les images X diffusées sur Internet s'adressent aux hommes, montrant ainsi que, si la plupart des hommes peuvent vivre une relation monogame, leurs connexions cérébrales exigent une stimulation mentale de type polygame. Toutefois, on doit comprendre qu'en parlant du besoin des hommes d'avoir des mœurs légères, nous parlons de leurs *tendances* ou *inclinations* biologiques. Nous ne faisons pas la promotion ou l'apologie du comportement léger ni ne fournissons aux hommes une excuse à l'infidélité. Nous vivons aujourd'hui dans un monde entièrement différent de celui de notre passé, et notre propre biologie est souvent totalement perdue face à nos attentes et nos exigences.

> La biologie humaine est dangereusement dépassée.

Le fait que quelque chose soit instinctif ou naturel ne signifie pas nécessairement que cela soit bon pour nous. Les connexions cérébrales d'un papillon de nuit font qu'il est instinctivement attiré par les sources de lumière et qu'il peut se diriger dans la nuit en utilisant les étoiles et la lune. Malheureusement, le papillon de nuit moderne vit également dans un monde considérablement différent de celui dans lequel il a évolué. Aujourd'hui, nous avons des papillons de nuit et des moustiques attirés par les ampoules électriques. En faisant ce qui est naturel et instinctif, le papillon de nuit vole vers l'ampoule et s'y brûle instantanément les ailes. En appréhendant leurs besoins biologiques, les hommes modernes ont le choix d'éviter l'auto-incinération qui résulte d'un acte dit naturel.

GABS.

Il existe un faible pourcentage de femmes aux mœurs aussi légères que celles des hommes, mais leur motivation est généralement différente de celle des hommes. Pour être sexuellement attirée, les connexions du cerveau d'une femme gardienne de nid doivent réagir à toute une série d'autres critères que la seule promesse du rapport sexuel. La plupart des femmes veulent une relation ou au moins la possibilité d'une quelconque attirance avant qu'elles ne ressentent un désir sexuel. La plupart des hommes ne se rendent pas compte qu'une fois ce lien émotionnel créé, une femme ne sera plus disposée à faire l'amour pendant les trois ou six mois suivants. À l'exception du très faible pourcentage de nymphomanes, la plupart des femmes ressentent le besoin impérieux d'un rapport sexuel pendant l'ovulation, qui peut durer plusieurs jours ou plusieurs heures.

S'ils ne savaient pas se retenir, la plupart des hommes tomberaient dans un puits sans fond de fornication machinale pour garantir la survie de la tribu. Une enquête réalisée par l'Institut américain de la santé a montré que 82 % des garçons âgés de 16 à 19 ans trouvent sympathique l'idée de participer à une orgie avec des inconnus, tandis que seulement 2 % des filles ne seraient pas contre ; 98 % des filles ont trouvé l'idée lamentable.

> Une femme veut beaucoup de sexe avec l'homme qu'elle aime. Un homme veut beaucoup de sexe.

"L'effet coq"

Un coq est un volatile mâle très porté sur la chose. Il est capable de copuler avec des poules quasi instantanément, plus de 60 fois en période d'accouplement. Toutefois, il est incapable de s'accoupler avec la même poule plus de cinq fois par jour. À la sixième fois, il n'y trouve plus aucun goût et il ne peut pas être "au meilleur de sa forme" mais, si jamais on lui présente une autre poulette, il peut la monter sans la moindre faiblesse et avec le même enthousiasme qu'il a manifesté avec la première poule. Cela est connu sous le nom "d'effet du coq".

Un taureau n'aura plus envie de copuler avec la même vache au bout de la septième fois, mais il retrouve son énergie avec la suivante. À la dixième nouvelle vachette, il reste encore très impressionnant.

Un bélier ne montera pas la même brebis plus de cinq fois, mais peut continuer à en monter d'autres avec un zèle incroyable. Même lorsque les anciennes conquêtes du bélier sont "déguisées" avec un nouveau parfum ou même un sac sur la tête, le bélier n'y arrive plus. Impossible de le tromper. C'est la manière par laquelle la nature s'assure que la semence du mâle sera répartie aussi équitablement que possible afin de permettre le plus grand nombre de conceptions et donc d'assurer la survie de l'espèce.

> Les hommes donnent un nom à leur pénis parce qu'ils détestent qu'un inconnu prenne 99 % de leurs décisions à leur place.

Pour les jeunes hommes en bonne santé, ce nombre tourne également autour de cinq. Un bon jour, il peut faire l'amour cinq fois avec la même femme mais généralement il s'arrête avant la sixième. Toutefois, présentez une autre femme et, comme les coqs, les taureaux ou les béliers, son intérêt (tout comme le reste de son anatomie) peut s'en retrouver rapidement revigoré.

Le besoin de sexe du mâle est si fort que le Dr Patrick Carnes, de l'Institut de guérison sexuelle à Los Angeles, estime que près de 8 % des hommes sont des drogués du sexe, contre moins de 3 % de femmes.

Pourquoi les hommes veulent que les femmes s'habillent comme des prostituées (mais jamais en public)

Le cerveau masculin a besoin de diversité. Comme la plupart des mammifères mâles, un homme est préconnecté pour chercher et s'accoupler avec autant de femelles en bonne santé que possible. C'est pourquoi les hommes adorent les nouveautés comme d'affriolantes lingeries fines dans une relation monogame. Contrairement aux autres mammifères, les hommes parviennent à se tromper eux-mêmes et se persuadent d'être à la tête d'un harem composé de femmes différentes en habillant leurs partenaires dans toute une série de vêtements ou de dessous excitants. En fait, il s'agit de leur façon de mettre un sac sur la tête de leur partenaire pour qu'ils aient l'impression d'une diversité de leur apparence. La plupart des femmes connaissent l'effet que peut avoir la lingerie fine sur les hommes, bien que peu d'entre elles comprennent pourquoi cet effet est aussi puissant.

Tous les ans, à No'l, les rayons de lingerie des grands magasins grouillent d'hommes fouinant dans l'espoir de dénicher un cadeau sexy pour leur (s) partenaire (s). En janvier, ces femmes font la queue à la caisse des remboursements des mêmes magasins. "Ca ne me va pas du tout, disent-elles, IL voudrait que je m'habille comme une p... !" Il n'empêche que la p... est une vendeuse professionnelle de sexe qui a fait des recherches sur les tendances du marché et qui est emballée pour être vendue. Une étude américaine a montré que les femmes qui n'hésitent pas à porter des lingeries osées ont généralement des hommes plus fidèles que les femmes qui préfèrent les culottes bouffantes. Et ce n'est qu'une des manières de satisfaire le besoin de diversité d'un homme engagé dans une relation monogame.

Pourquoi les hommes font des merveilles pendant trois minutes

Pour un homme en bonne santé, le temps moyen pour arriver à l'orgasme est de... deux minutes et trente secondes. En partant du démarrage à froid. Chez une femme également en bonne santé, il faut en moyenne... 13 minutes. Chez la plupart des mammifères, la copulation est une chose rapide, notamment parce que lorsqu'ils s'affairent à se retrouver tous deux, le mâle et la femelle se retrouvent à la merci de leurs prédateurs. Le "petit coup vite fait" était la manière qu'avait la nature de préserver l'espèce.

"Tu es vraiment nul comme amant !" hurla-t-elle. "Comment peux-tu dire ça au bout de deux minutes ?" répondit-il.

En fonction de l'âge, de la santé et de l'humeur, de nombreux hommes peuvent faire l'amour plusieurs fois par jour, en maintenant une érection pendant un temps plus ou moins long. C'est encore plus impressionnant chez le babouin d'Afrique, qui s'accouple pendant dix à vingt secondes, durant lesquelles il donne entre quatre et huit coups de reins par accouplement. Lequel babouin fait pâle figure face au rat sauvage à l'autre bout l'échelle ; celui-ci est capable de copuler jusqu'à quatre cents fois sur une période de dix heures. Mais le roi du sexe du monde animal est sans conteste la souris de Shaw, qui détient le record absolu avec plus de cent accouplements... par heure.

Le "jeu de boules"

"Il faut vraiment des couilles pour faire ça !" Cette expression courante souligne la manière dont, inconsciemment, nous admettons la relation existant entre la taille des testicules et l'affirmation de soi. Dans l'ensemble du monde animal, la taille des testicules – par rapport à la masse corporelle de leur propriétaire – est le principal facteur pour déterminer le niveau de testostérone. Toutefois, la taille des testicules n'est pas nécessairement liée à la taille du corps. Par exemple, un gorille pèse quatre fois plus qu'un chimpanzé, mais les testicules du chimpanzé sont quatre fois plus lourds que ceux du gorille. Par rapport à sa masse corporelle, les testicules d'un moineau sont huit fois plus gros que ceux d'un aigle, ce qui fait du moineau l'un des animaux les plus "chauds" du règne animal. Et maintenant, voici un autre élément : la taille des testicules détermine le degré de fidélité ou la monogamie du mâle. Le chimpanzé Bonobo d'Afrique possède les plus gros testicules de tous les primates et ne cesse de copuler avec toutes les femelles qui passent à sa portée, mais le puissant gorille, avec ses testicules relativement petits, pourra s'estimer heureux s'il copule une fois dans l'année, même s'il règne sur son propre harem. Selon le ratio masse corporelle/testicules, les testicules des hommes ont en moyenne la taille de ceux des primates. Cela signifie que les hommes produisent suffisamment de testostérone pour les inciter à folâtrer, mais pas assez pour rompre avec la monogamie imposée par des règles strictes appliquées par les femmes, la religion ou la société dans laquelle ils vivent.

À la lumière de tout ceci, il serait logique que des leaders politiques comme Bill Clinton, John Kennedy ou Saddam Hussein aient de plus gros testicules que la moyenne, bien que nous n'ayons pas été en mesure de nous en approcher pour vérifier.

Pierre fait défiler la cassette vidéo de son mariage en marche arrière. Il explique que, de cette manière, il peut se voir sortir de l'église, en homme libre.

Cela implique également que leur libido soit beaucoup plus exigeante que celle de l'homme de la rue et qu'ils aient besoin d'un exutoire. Le public place les individus dotés de gros testicules et d'un haut niveau de testostérone à des postes de pouvoir, puis attendent d'eux qu'ils se comportent avec autant de retenue sexuelle qu'un chat castré. La réalité, c'est que leur forte libido, qui les place en situation de pouvoir, peut, ironiquement, les en chasser.

Il n'existe qu'une seule solution garantie au problème de l'infidélité masculine : la castration. Non seulement l'homme serait définitivement monogame, mais il n'aurait plus besoin de se raser, il ne serait jamais chauve et il vivrait plus longtemps. Des études réalisées dans des institutions psychiatriques montrent que les hommes castrés vivent en moyenne 69 ans, tandis que la moyenne des hommes intacts n'est que de 56 ans. Le même principe s'applique à votre chat.

On peut également s'attendre à ce que les hommes des générations futures soient moins puissants que les hommes modernes. La taille des testicules et la production de sperme ont diminué constamment depuis des générations. Les preuves montrent que nos ancêtres mâles avaient de bien plus gros testicules que les hommes modernes et, comparés aux primates, les hommes produisent des quantités bien moins importantes de sperme par gramme de tissu que leurs cousins gorille ou chimpanzé. Le taux de spermatozoïdes des hommes est approximativement la moitié de celui des hommes des années quarante, aussi fabriquons-nous à présent des mâles qui sont beaucoup moins masculins que leurs grands-pères.

Les testicules aussi ont une cervelle

Le Dr Robin Baker, de la faculté de biologie de l'université de Manchester, a effectué une recherche remarquable qui a permis de montrer que le cerveau de l'homme est capable de détecter inconsciemment, grâce au comportement de la femme, sa période d'ovulation.

Le corps de l'homme calcule et libère alors la dose exacte de sperme exigée à ce moment précis pour se donner les plus grandes chances de conception. Par exemple, si un couple fait l'amour chaque jour au moment de la période d'ovulation, l'homme libérera une moyenne de 100 millions de spermatozoïdes à chaque fois. S'il n'a pas vu la femme pendant trois jours, l'homme libérera 300 millions de spermatozoïdes au cours de leur accouplement, et 500 millions s'il ne l'a pas vue pendant cinq jours – même s'il a fait l'amour avec d'autres femmes pendant ces jours. Sur la base des calculs biologiques effectués par son cerveau, le corps masculin libérera juste ce qu'il faut pour accomplir le travail de conception et combattre tout autre sperme d'un adversaire qui pourrait être présent.

Les hommes et leur manie de "mater"

La stimulation des hommes se fait par les yeux, celle des femmes par les oreilles. Le cerveau masculin est programmé pour voir les formes féminines et c'est pourquoi les images érotiques ont un tel impact sur les hommes. Les femmes, elles, disposent de bien plus de récepteurs sensoriels. Elles veulent entendre des choses agréables. La sensibilité de la femme à l'écoute de compliments merveilleux est si forte que nombreuses sont les femmes qui ferment les yeux lorsque leur amant leur murmure des petits riens à l'oreille.

Les concours de Miss Univers attirent un large public composé d'hommes et de femmes, mais les sondages télé montrent qu'il y a davantage d'hommes que de femmes vissés devant leur téléviseur. C'est dû au fait que les hommes sont attirés par les formes féminines et que ces concours de beauté permettent aux hommes de "mater" sans être critiqué. À l'inverse, les concours de Monsieur Univers n'intéressent pratiquement personne et sont rarement télévisés. Cela tient au fait que ni les hommes ni les femmes ne sont intéressés par la forme passive masculine parce que l'attirance d'un homme dépend généralement de ses capacités et de ses prouesses physiques.

> Les concours de Miss Univers sont regardés principalement par les hommes, mais les concours de Monsieur Univers n'excitent personne.

Quand une femme bien faite passe à proximité d'un homme, l'homme, totalement dépourvu de vision périphérique, se retourne pour regarder et entre dans un état proche de la transe. Il arrête de cligner des yeux, il commence à saliver abondamment, un peu comme s'il en avait l'eau à la bouche. Si un couple descend une rue et qu'en face arrive en se déhanchant une "Miss Minijupe", la vision périphérique de la femme lui permet de la repérer bien avant l'homme. Elle fait rapidement la comparaison physique entre elle et l'adversaire potentielle, et cette comparaison tourne généralement à son désavantage. Quand l'homme la repère enfin, la réaction négative de la femme qui l'accompagne et qui lui reproche de "mater" le remet à sa place. Dans cette situation, la femme a deux pensées négatives : d'abord, elle pense à tort que l'homme qui l'accompagne peut lui préférer l'autre femme et, ensuite, qu'elle n'est pas aussi physiquement attirante que l'autre femme. Les hommes sont visuellement attirés par les courbes, la longueur des jambes et les formes. *N'importe quelle* femme remplissant ces critères physiques attirera son attention.

> Les hommes préfèrent les apparences physiques aux cervelles parce que la plupart des hommes voient mieux qu'ils ne pensent.

Cela ne veut pas dire que l'homme veut immédiatement sauter sur l'autre femme, mais elle lui rappelle qu'il est un homme et que son rôle "historiquc" de mâle est de chercher toutes les occasions d'accroître la taille de la tribu. Après tout, il ne connaît même pas l'autre femme et ne peut pas, de manière réaliste, envisager une longue relation avec elle. Ce même principe s'applique aux hommes regardant les pages centrales des magazines dits de charme. Quand il regarde la femme nue, il ne se demande pas quelle personnalité elle peut bien avoir, si elle sait cuisiner ou jouer du piano. Il regarde ses formes, ses courbes et son "équipement physique" – un point c'est tout. Pour lui, cela ne fait pas plus de différence que s'il regardait un jambon accroché à la devanture d'une charcuterie. Nous ne cherchons pas à fournir une excuse à la manière grossière et ostentatoire qu'ont certains hommes de regarder les femmes ; nous expliquons simplement que si un homme est pris en train de "mater", cela ne veut pas dire qu'il n'aime pas sa partenaire – c'est une simple question de biologie. Il est également intéressant de noter que, dans un endroit public comme une plage ou une piscine, les études montrent que les femmes "matent" plus que les hommes.

Ce que doivent faire les hommes

Un des plus beaux compliments qu'un homme puisse faire à sa femme est de ne pas "mater" à tout bout de champ et maladroitement, en particulier lorsqu'ils sont en public, ou alors de lui faire un compliment en même temps. Par exemple : "Bon d'accord, elle a de belles jambes, mais je parie qu'elle n'a aucun sens de l'humour... Vous ne boxez pas dans la même catégorie, chérie." Lorsque ce genre de compliment est lancé en présence de tiers, en particulier ses amies à elle, cela rapporte en général très gros à l'homme qui a le courage de s'y essayer. Les femmes doivent comprendre que l'homme est biologiquement contraint de regarder certaines formes et courbes féminines, et qu'elles ne devraient pas se sentir menacées par un tel comportement. Un moyen facile pour une femme de libérer l'homme de cette pression consiste à repérer l'autre femme la première et de s'offrir le premier commentaire. Un homme doit également comprendre qu'aucune femme n'apprécie qu'on "mate" maladroitement.

Ce que nous voulons vraiment à long terme

Le tableau ci-dessous est tiré d'une enquête réalisée auprès de plus de 15 000 hommes et femmes âgés de 17 à 60 ans. Ce tableau montre, par ordre d'importance, ce que les femmes recherchent chez un partenaire sexuel à long terme et ce que les hommes pensent que les femmes veulent.

A *Ce que recherchent les femmes*	B *Ce que les hommes pensent que les femmes recherchent*
1. Personnalité	1. Personnalité
2. Humour	2. Beau corps
3. Sensibilité	3. Humour
4. Intelligence	4. Sensibilité
5. Beau corps	5. Apparence

Bien que cette étude soit américaine (la plupart des autres recherches que nous avons analysées ne fournissaient pas une base de recherche suffisante), elle montre que les hommes ont une appréhension raisonnable de ce qu'une femme veut chez un homme. Les hommes ont placé "beau corps" presque tout en haut de la liste B, mais ce critère n'est pas aussi haut placé sur la liste des femmes. Et 15 % des hommes croyaient dur comme fer qu'avoir un grand pénis était important pour une femme, alors que seulement 2 % des femmes estiment que cela est important. Certains sont si convaincus que la taille du pénis est primordiale que des extensions de pénis sont désormais en vente dans les sex-shops et les magazines du monde entier.

Regardons maintenant ce que cherchent les hommes chez une partenaire sexuelle à long terme, et ce que les femmes pensent que les hommes veulent.

C *Ce que recherchent les hommes*	D *Ce que les femmes pensent que les hommes recherchent*
1. Personnalité	1. Apparence
2. Apparence	2. Beau corps
3. Intelligence	3. De la poitrine
4. Humour	4. Des fesses
5. Beau corps	5. Personnalité

Comme vous pouvez le constater, les femmes sont beaucoup moins conscientes des critères des hommes pour trouver un partenaire à long terme. Cela tient au fait que les femmes basent leurs présomptions sur les caractéristiques des comportements qu'elles ont pu observer ou entendre à propos des hommes – les hommes qui matent le corps des femmes. La liste A est à la fois un ensemble de critères à court et long termes de ce qu'une femme recherche chez un homme, mais, pour un homme, les choses sont différentes. La liste D correspond à ce que recherche un homme lorsqu'il rencontre une femme pour la première fois, mais la liste C est ce qu'il recherche vraiment pour une relation à long terme.

Pourquoi les hommes ne veulent "qu'une seule chose"

Les hommes veulent du sexe ; les femmes veulent de l'amour. On sait cela depuis des milliers d'années. Mais pourquoi est-ce ainsi et que faisons-nous à ce propos sont deux questions qui ne sont que très rarement un sujet de conversation. C'est pourtant une source majeure de plaintes et de disputes entre hommes et femmes. Demandez à la plupart des femmes ce qu'elles recherchent chez un homme et, d'habitude, elles vous répondront qu'elles veulent un homme avec de larges épaules, un petit tour de taille, des bras et des jambes solides – tout ce qu'il faut pour attraper ou lutter avec de grands animaux. En plus, il doit être attentionné, gentil, sensible au moindre de leurs besoins et aimer la conversation, ces dernières qualités étant toutes féminines. Malheureusement pour la plupart des femmes, la combinaison corps masculin et valeurs féminines ne se trouve généralement que chez les homosexuels ou les hommes efféminés.

Un homme doit se former à l'art de faire plaisir à une femme dans la mesure où ce n'est pas quelque chose de naturel pour lui. C'est un chasseur – son cerveau est programmé pour résoudre les problèmes, chasser le repas de la famille et combattre les ennemis. À la fin de la journée, tout ce qu'il veut, c'est "contempler le feu" et donner quelques coups de reins pour maintenir sa tribu à un niveau décent de population. Pour qu'une femme sente le désir sexuel, elle a besoin de se sentir aimée, adorée et importante. Il y a là un coup du sort dont la plupart des gens ne se rendent jamais compte. Un homme doit faire l'amour avant de pouvoir régler ses sentiments. Malheureusement, une femme a besoin qu'il fasse d'abord cela avant de se laisser aller au sexe. Un homme est programmé pour chasser. Son corps est conditionné pour faire cela quelles que soient les conditions météorologiques, qu'il neige, qu'il pleuve ou qu'il vente. Sa peau est insensibilisée afin qu'il ne soit pas handicapé ou gêné par une blessure, une brûlure ou le froid. Historiquement, le monde de l'homme est plein de bagarres et de morts – il n'y avait pas de place pour la sensiblerie ou les besoins, les communications et les sentiments des autres. Passer du temps à communiquer ou à exprimer de la compassion revenait pour un homme à se déconcentrer et à laisser la tribu sans défense face à une agression potentielle. Une femme doit comprendre que c'est la biologie dont sont faits les hommes modernes et qu'elles doivent trouver des stratégies appropriées pour y faire face.

Les mères enseignent à leurs filles que les hommes ne veulent "qu'une seule chose" – le sexe – mais ce n'est pas entièrement vrai. Les hommes veulent de l'amour, mais ils ne peuvent l'obtenir que *par* le sexe.

Les priorités sexuelles des hommes et des femmes sont si opposées qu'il est totalement absurde de fustiger les unes ou les autres. Aucun des deux ne peut s'en empêcher ; c'est comme cela qu'ils ont été conçus. En outre, les contraires s'attirent. C'est uniquement chez les partenaires du même sexe que le désir sexuel est généralement le même, ce qui explique également pourquoi les homosexuels, masculins ou féminins, ne se disputent pas aussi souvent à propos de l'amour et du sexe que les hétérosexuels.

Pourquoi le sexe s'arrête brusquement

La première personne qui a dit que le meilleur moyen de conquérir le cœur d'un homme était de viser son estomac visait sans aucun doute trop haut. Après l'amour, l'homme peut se laisser aller à libérer son côté féminin. Il peut écouter les oiseaux gazouiller, s'émerveiller de la couleur d'un arbre, sentir les fleurs ou s'émouvoir des paroles d'une chanson. Avant le sexe, il n'aurait sûrement remarqué les oiseaux que parce qu'ils lui auraient laissé un “souvenir” sur sa voiture. Mais un homme doit comprendre que le moment qui suit l'amour est l'une des choses qu'apprécient particulièrement les femmes et qu'elles trouvent formidablement séduisante. S'il peut s'entraîner à ressentir la même chose, il sera capable d'exciter la femme avant de faire l'amour. Dans le même temps, une femme doit comprendre l'importance de bien faire l'amour avec un homme, afin de pouvoir découvrir son côté féminin et dire combien c'était attrayant.

Au début d'une nouvelle relation, le sexe est toujours agréable et l'amour coule à flots. Elle lui donne plein de sexe et, en échange, il lui donne plein d'amour, l'un alimentant l'autre. Mais, après quelques années, l'homme se préoccupe davantage de la chasse des repas et la femme de son rôle de gardienne du nid, ce qui explique pourquoi l'amour et le sexe donnent l'impression de s'arrêter en même temps. Hommes et femmes sont également responsables du fait qu'ils ont une bonne ou mauvaise vie sexuelle, mais souvent chacun accuse l'autre quand les choses vont mal. Les hommes doivent comprendre qu'une femme a besoin qu'on soit plein d'attention, qu'on l'apprécie et qu'on la bichonne, et cela à de nombreuses reprises avant qu'elle ne consente à allumer son four électrique. Les femmes, elles, doivent se souvenir que ce sont des sentiments dont il est plus probable que les hommes les expriment après le sexe. Un homme doit se souvenir de ses sentiments après l'amour et les revivre avec une femme la prochaine fois qu'il fera l'amour avec elle. Les femmes doivent être prêtes à l'y aider.

Ici, le mot clé est sexe. Parce que quand le sexe est bon, la relation dans son entier s'améliore de manière spectaculaire.

Comment satisfaire une femme à chaque fois :

Caresser, apprécier, bichonner, savourer, masser, réparer des choses, sympathiser, donner une sérénade, complimenter, soutenir, nourrir, apaiser, allécher, faire rire, calmer, stimuler, consoler, embrasser, ignorer la graisse, cajoler, exciter, protéger, téléphoner, anticiper, bisouter, se blottir, pardonner, amuser, charmer, obliger, fasciner, prendre soin, faire confiance, défendre, habiller, sanctifier, admettre, gâter, tenir dans ses bras, mourir pour, rêver de, exciter, gratifier, serrer, céder, idolâtrer, révérer.

Comment satisfaire un homme à chaque fois :

Arriver nue.

Ce que les hommes recherchent dans le sexe

Pour les hommes c'est très simple – la libération de la tension par l'orgasme. Après l'amour, un homme pèse moins lourd (certains prétendent même que c'est parce que leur cerveau est vide) parce qu'il a perdu une partie de son corps et qu'il a besoin de repos pour récupérer. C'est pourquoi les hommes tombent souvent de sommeil après le sexe. Une femme peut se mettre en colère à cause de cela et a le sentiment qu'il n'est qu'un gros égoïste ou qu'il ne s'occupe pas d'elle.

Les hommes se servent également du sexe pour exprimer physiquement ce qu'ils ne peuvent pas exprimer par les émotions. Si un homme a un problème comme essayer de retrouver du travail, payer son découvert ou résoudre un conflit, il est probable qu'il aura recours au sexe pour soulager la tension de ses émotions. Généralement, les femmes ne le comprennent pas et ont le sentiment d'être "utilisées", oubliant au passage que l'homme avait un problème qu'il n'arrivait pas à affronter.

> Les hommes fantasment sur l'amour avec deux femmes. Les femmes partagent le même fantasme : comme ça elles ont quelqu'un à qui parler quand il s'endort.

Il existe quelques problèmes masculins que le sexe ne peut pas résoudre. Les tests montrent qu'un homme ayant un impérieux besoin de sexe a des difficultés à entendre, penser, conduire ou se servir d'un outillage lourd. Il subit également une distorsion du temps qui fait qu'il a le sentiment d'avoir passé quinze minutes alors que seulement trois minutes se sont écoulées. Si une femme veut obtenir une décision intelligente de la part d'un homme, elle a intérêt à parler avec lui après l'amour, quand son cerveau est vide.

Ce que les femmes recherchent dans le sexe

Pour qu'un homme se sente satisfait du sexe, il a besoin de libérer de la tension. Pour une femme, c'est exactement le contraire : elle a besoin de sentir la montée de la tension sur une longue période de temps, dans la mesure où elle exige beaucoup d'attention et de conversation. Il veut vider ; elle veut remplir. Le fait de comprendre cette différence transforme les hommes en amants plus attentionnés. La plupart des femmes ont besoin d'au moins une demi-heure de préliminaire avant d'être prêtes à faire l'amour. Les hommes ont besoin d'au moins... 30 secondes, et la plupart considèrent que le temps passé à la reconduire chez elle fait partie des préliminaires.

Après l'amour, une femme a un haut niveau d'hormones et elle est prête à conquérir le monde. Elle veut toucher, cajoler et parler. Un homme, lui, s'il n'est pas déjà endormi, se retire parfois en se levant pour "faire quelque chose" comme réparer une ampoule ou faire du café. Parce qu'un homme a besoin de se sentir maître de lui à chaque instant. Or, pendant l'orgasme, il a temporairement perdu le contrôle. Le fait de se lever et de faire quelque chose lui permet de retrouver la maîtrise de ce contrôle.

Pourquoi les hommes ne parlent pas pendant l'amour

Les hommes ne peuvent faire qu'une seule chose à la fois. Quand un homme a une érection, il éprouve de la difficulté à parler, entendre ou conduire, et c'est pourquoi les hommes parlent rarement pendant l'amour. Parfois, une femme a besoin d'écouter sa respiration pour surveiller sa progression. Les hommes adorent entendre les femmes dire avec des mots crus ce qu'elles peuvent lui faire ou lui fera – mais seulement avant l'amour, pas pendant. Un homme peut parfois se sentir perdu (et adieu son érection) quand une femme lui parle pendant l'amour. Pendant l'amour, un homme se sert de son hémisphère cérébral droit, et le scanner montre qu'il est si concentré sur ce qu'il fait qu'il est quasiment sourd.

> Pour qu'un homme puisse parler pendant l'amour, il doit brancher son hémisphère cérébral gauche. Une femme, elle, peut faire l'amour et parler en même temps.

Pour une femme, la parole est une partie cruciale des préliminaires, parce que les mots revêtent une importance capitale. Si, au cours de l'amour, un homme arrête de parler, une femme peut avoir le sentiment qu'il ne s'intéresse pas à elle. Un homme doit s'entraîner énormément au discours amoureux pendant les préliminaires pour satisfaire les besoins d'une femme. Toutefois, une femme doit s'arrêter de parler pendant l'amour et ne se servir que de voyelles appuyées pour maintenir l'attention de l'homme – beaucoup de ooh ! et de aaah ! – et lui donner la réaction dont il a besoin pour se sentir comblé. Si une femme parle pendant l'amour, un homme se sent obligé de lui répondre et cela peut le perturber.

Le cerveau de la femme n'est pas préprogrammé pour réagir à la chimie de la libido de manière aussi spectaculaire que le cerveau masculin. Pendant l'amour, une femme est parfaitement consciente des sons extérieurs ou des modifications de l'environnement tandis qu'un homme sera totalement concentré. C'est alors la biologie ancestrale de la gardienne du nid qui entre en action : elle contrôle les sons pour s'assurer que rien ne vient menacer ou s'emparer de sa progéniture. Comme de nombreux hommes ont pu s'en apercevoir, essayer d'inciter une femme à faire l'amour dans un endroit ouvert, ou dans une chambre aux murs étroits ou dont la porte n'est pas verrouillée peut s'avérer n'être rien d'autre qu'un moyen idéal pour entamer une dispute. Cela met également en lumière le fait que cette crainte est aussi le fantasme le plus secret de la plupart des femmes – faire l'amour sur une place publique.

Objectif Orgasme

“Elle ne fait que se servir de moi quand elle veut puis m'oublie. Je déteste être un objet sexuel !” On n'a jamais entendu un homme prononcer de tels mots. Le critère de l'homme pour l'épanouissement sexuel est l'orgasme et il présume, à tort, que c'est également celui de la femme. “Comment peut-elle se sentir épanouie sans orgasme ?” s'étonne-t-il. Un homme est incapable d'imaginer une telle situation pour lui-même, aussi se sert-il de l'orgasme féminin pour mesurer son propre succès en tant qu'amant. Cette attente masculine exerce une énorme pression sur les femmes et réduit en fait leurs chances d'atteindre l'orgasme. Une femme a besoin de ressentir proximité, chaleur et la montée d'une tension pour bien faire l'amour, et elle perçoit généralement l'orgasme comme un bonus, pas comme l'objectif. Un homme a besoin de toujours atteindre l'orgasme, mais une femme n'en a pas besoin. Les hommes voient dans les femmes leurs miroirs sexuels et passent des heures à “pomper” et donner des coups de reins en pensant que c’est ce qu’elles veulent vraiment. Observez le tableau suivant et étudiez les pics et les creux du désir sexuel d’une femme tout au long de l’année. Les pics correspondent aux moments les plus probables pour elle de vouloir atteindre l’orgasme – approximativement dans les périodes d’ovulation – et les creux sont les moments où elle a besoin de gros câlins et de caresses non sexuelles.

Un fantasme courant pour la plupart des hommes met en scène une femme aussi sensuelle qu’inconnue qui s’approche de lui en le trouvant irrésistible. Il satisfait chacun des besoins de la femme – de *ses* besoins. La mesure de la prouesse d’un homme en tant qu’amant est directement liée au niveau de satisfaction de la femme, aussi il surveille en permanence ses réactions pour s’assurer de la justesse ou de la valeur de son acte.

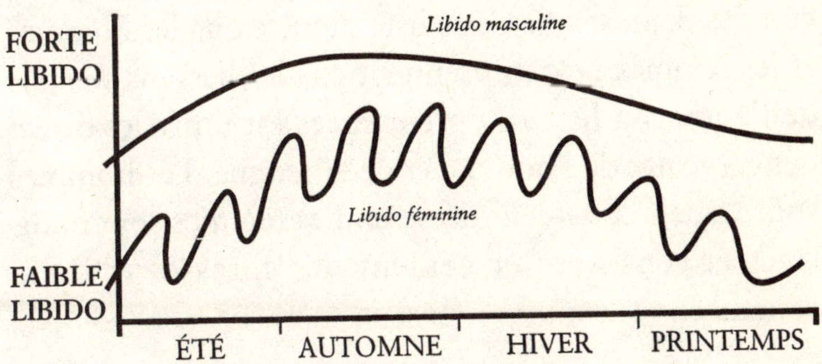

Libidos masculine et féminine
(source : Pease International Research, GB)

> Les hommes ne simulent pas l'orgasme :
> aucun homme ne veut faire cette tête-là exprès.

La plupart des hommes n'ont pas la capacité de sentir les sentiments et les émotions intimes d'une femme pendant l'amour. C'est une autre raison pour laquelle l'orgasme de la femme est si important pour lui. Il lui prouve qu'il a dû bien faire son travail, il a obtenu un résultat. La plupart des hommes ne comprendront jamais que l'orgasme obligatoire est un critère masculin de la réussite ; cela ne l'est pas nécessairement pour une femme. Chez la femme, l'orgasme est un bonus, pas une unité de mesure.

Qu'est-ce qui nous excite ?

Voici une liste des choses les plus excitantes pour chacun des deux sexes. Cette liste montre que les hommes et les femmes ne comprennent pas les besoins sexuels de l'autre. La liste des préférences est un reflet direct des cerveaux de l'homme et de la femme. Les hommes sont visuels et veulent du sexe. Les femmes sont auditives et sensitives et veulent des caresses et de la romance.

Les choses excitantes pour les femmes	*Les choses excitantes pour les hommes*
1. Romance	1. Pornographie
2. Engagement	2. Nudité féminine
3. Communication	3. Diversité sexuelle
4. Intimité	4. Lingerie fine
5. Caresses non sexuelles	5. Disponibilité de la femme

Le travail biologique d'un homme est de trouver autant de femmes en bonne santé que possible et de les aider à concevoir. Le rôle biologique d'une femme est de porter des enfants et de trouver un partenaire qui restera suffisamment longtemps pour les élever. Pour tous les deux, ce sont ces forces ancestrales qui les dirigent, bien que nous vivions à une époque dans laquelle la procréation pour la survie n'a plus la même importance. C'est pourquoi l'engagement est tellement excitant pour une femme, la romance qui la conduit contenant une promesse subtile que l'homme est prêt à contribuer à l'éducation des enfants potentiels. C'est pourquoi les femmes ont besoin de la monogamie, et nous aborderons cette question dans le chapitre suivant.

Pour une femme, critiquer le besoin de stimulation visuelle de l'homme revient à critiquer une femme qui voudrait parler ou aller au restaurant. La solution est d'avoir les deux.

Pourquoi les hommes sont grossiers

Les choses qui excitent les hommes sont souvent décrites comme étant sales, dégoûtantes, vulgaires ou perverses, en particulier par les femmes. Dans l'absolu, les femmes ne sont pas excitées par les choses qui excitent les hommes, et les hommes ne réagissent que peu ou pas aux choses qui excitent les femmes.

Le public glorifie généralement les choses qui excitent les femmes dans les films, les livres ou la publicité, et condamne les hommes comme étant pornographes ou vulgaires. Reste que, d'un point de vue biologique, chacun doit comprendre que ces éléments sont indispensables. La critique publique des facteurs d'excitation des hommes est ce qui les pousse à cacher leur magazine *Playboy* et à nier avoir des fantasmes secrets. Les besoins de nombreux hommes restent inassouvis, et nombreux se sentent coupables ou ont du ressentiment. Quand l'homme et la femme saisissent l'histoire et l'évolution de leurs désirs, il est plus facile de comprendre et d'accepter sans colère, ressentiment ou culpabilité. Personne ne devrait jamais faire une chose dans laquelle il ne se sentirait pas à l'aise. Mais avoir une discussion franche et à cœur ouvert sur les besoins de l'autre peut favoriser une relation plus aimante. Un homme doit également comprendre qu'il est moins difficile pour lui d'organiser un dîner romantique ou un week-end en amoureux à la campagne que pour une femme de porter des porte-jarretelles et de se suspendre au lustre.

Le mythe aphrodisiaque

Parmi la centaine d'aphrodisiaques ayant une certaine popularité, aucun n'a prouvé scientifiquement son efficacité. En fait, ils fonctionnent tous grâce à ce que l'on appelle "l'effet placebo" – si vous pensez que ça va marcher, ça marchera. Certains de ces prétendus aphrodisiaques peuvent même vous aider à inhiber ou entraver le désir sexuel, notamment lorsqu'ils irritent les reins ou provoquent des démangeaisons et des rougeurs. Les seuls aphrodisiaques dont nous garantissons qu'ils fonctionnent sont ceux qui se trouvent sur la liste de ce qui vous excite.

Les hommes et la pornographie

Les hommes aiment la pornographie et les femmes non. Chez les hommes, la pornographie s'adresse à leurs besoins biologiques en montrant clairement des formes, de stupre et de sexe, mais, pour de nombreuses femmes, la pornographie n'est rien d'autre que l'expression de la domination de femmes par des hommes insensibles. Il n'y a aucune preuve scientifique d'un lien entre la pornographie et les crimes sexuels. Toutefois, la pornographie peut être psychologiquement dommageable parce qu'elle montre des hommes montés comme des ânes et capables d'aller et venir machinalement pendant des heures. Cela peut affecter terriblement les attentes qu'un homme peut avoir de ses propres performances.

> Quelle est la différence entre l'érotisme
> et la perversion ?
> Dans l'érotisme, on utilise une plume ;
> dans la perversion c'est tout le poulet qui y passe.

La pornographie implique également que les hommes et les femmes ont le même critère visuel et physique d'excitation, et que le désir sexuel d'une femme est aussi ou plus fort que celui d'un homme. La pornographie peut également avoir un effet nuisible sur la femme. Le fait de montrer des femmes comme des objets sexuels exhibant un appétit pour l'amour physique totalement irréaliste peut blesser leur amour-propre. Les enquêtes effectuées auprès de personnes âgées de 18 à 23 ans montrent que 50 % des hommes ont le sentiment de ne pas avoir une vie sexuelle aussi riche que celle véhiculée par le cinéma, la télévision et les magazines, et que 62 % des femmes déclarent que leur vie sexuelle est aussi ou plus belle que celle dépeinte par les médias. Il apparaît donc que les hommes sont davantage affectés par les attentes de leurs performances que les femmes.

Les femmes sont-elles des maniaques du sexe ?

Si des extraterrestres venaient à nous rendre visite et faisaient une enquête sur l'image des hommes et des femmes véhiculée par nos magazines, livres et films, ils arriveraient rapidement à la conclusion que les femelles de l'espèce humaine sont toutes obsédées par le sexe, capables d'avoir plusieurs orgasmes et qu'elles ne sont jamais satisfaites. Si ces mêmes extraterrestres lisaient ou regardaient le type de pornographie que nous produisons de manière routinière, ils seraient certainement convaincus de l'insatiable appétit sexuel des femmes, capables de sauter sur pratiquement tous les hommes en pratiquement toutes les circonstances. C'est l'image, selon les médias, qui correspond à l'idée qu'on se fait de la femme moderne. En réalité, la femme obsédée sexuelle vorace n'est qu'un fantasme de la plupart des hommes. Elles ne comptent que pour moins de 1 % de toutes les femmes. Mais une femme moderne a beaucoup de mal à croire un homme quand il lui dit qu'il aime son corps alors qu'elle est nue. En général, cette image fantasmatique n'a d'influence que sur les hommes et les femmes modernes, parce que leurs parents et grands-parents n'ont jamais vécu avec l'idée d'une femme qui aurait le désir sexuel d'un homme. Toutefois, de nombreuses femmes ont le sentiment d'être anormales ou même d'être frigides parce que leurs sensations ou leur comportement ne correspondent pas à l'image renvoyée par les médias. De la même manière, les hommes ont été persuadés que les femmes d'aujourd'hui étaient de véritables ogres sexuels, ce qui provoque la colère ou la frustration chez les hommes quand les femmes ne prennent pas suffisamment l'initiative en matière de sexe. Avec des titres de magazines tels que "Atteignez plusieurs orgasmes en cinq jours !" "Comment mettre un latin lover dans son lit !" "Le sexe tantrique : pour que cela dure des heures !" ou encore "J'ai eu 300 amants en trois ans !" ou enfin "Comment le faire bander toute la nuit", il n'est pas étonnant que les hommes et les femmes soient perturbés par l'idée que les femmes ne font l'amour que dans leur tête.

> Le mouvement féministe a libéré les femmes modernes de leur comportement envers leur sexualité, mais il n'a pas accru leur besoin élémentaire de sexe.

La libido féminine est probablement restée la même pendant des millénaires, et tout ce qui a changé c'est qu'à présent le sexe peut être ouvertement discuté. Le désir sexuel de la femme moderne n'est sans doute pas fondamentalement différent de celui de sa mère ou de sa grand-mère, mais l'ancienne génération de femmes l'avait réprimé, et il n'était certainement pas question d'en parler. Avant l'arrivée de la pilule, les frustrations sexuelles devaient être autrement importantes. Mais certainement pas aussi élevées que les médias voudraient aujourd'hui nous pousser à le croire.

Lumières allumées ou éteintes ?

Comme nous le savons maintenant, les hommes sont “visuels” dès qu’il s’agit de sexe. Ils veulent des formes, des courbes, du nu, de la pornographie. L’Institut américain Kinsey a découvert que 76 % des hommes déclaraient vouloir faire l’amour la lumière allumée contre seulement 36 % des femmes. En général, les femmes ne sont pas stimulées par la nudité, à moins qu’il ne s’agisse d’un couple nu dans une scène suggestive ou romantique. Quand un homme voit une femme nue, il est instantanément stimulé et excité. Quand une femme voit un homme nu, en général elle éclate de rire.

Les femmes adorent les mots et les sentiments. Elles préfèrent faire l’amour dans une lumière tamisée ou éteinte et en fermant les yeux, parce que c’est ainsi qu’elle peut le mieux utiliser son équipement sensoriel très sophistiqué. De douces caresses sensuelles et des murmures de mots doux exciteront la plupart des femmes. Les doubles pages centrales d’hommes nus qui prolifèrent dans les magazines féminins essaient de nous persuader que les attitudes des femmes envers la nudité sont aujourd’hui les mêmes que celles des hommes. Ces pages centrales disparaissent aussi vite qu’elles sont apparues, mais il a été prouvé qu’elles permettaient une augmentation du lectorat grâce aux… lecteurs gays.

La plupart des femmes préfèrent faire l'amour la lumière éteinte : elles ne supportent pas de voir un homme se faire plaisir.

Les hommes préfèrent faire l'amour la lumière allumée : cela leur évite de se tromper sur le prénom ou le nom de la femme.

Toutes les tentatives pour vendre de la pornographie à des femmes se sont soldées par des échecs, bien que, au cours des années quatre-vingt-dix, on a constaté une augmentation des ventes de calendriers avec des hommes à moitié nus, qui ont même fini par dépasser les ventes des calendriers de femmes entièrement nues. Il est démontré que les acheteurs de calendriers d'hommes nus appartiennent à trois catégories : les adolescentes qui veulent avoir des photos de leurs vedettes favorites, les femmes qui veulent faire une bonne blague à leurs copines et les gays.

MARIAGE, AMOUR ET ROMANCE

Chapitre 10

L'union monogame, c'est-à-dire un homme – une femme, est le concept général de vie chez les humains depuis maintenant longtemps. C'était habituellement un arrangement par lequel un mâle gardait sa femelle favorite et, s'il était capable de les nourrir, plusieurs autres femelles, sans parler d'un nombre incalculable de coïts furtifs par-ci par-là.

Le mariage moderne est une invention de la morale judéo-chrétienne qui avait un objectif clair : le recrutement. En convaincant deux adultes de s'engager pour un ensemble de règles et de lois exigeant l'obéissance et la soumission à un Dieu supérieur, la progéniture née de ce mariage naîtrait automatiquement dans la religion de leurs parents.

> Le mariage a ses bons côtés. Il vous enseigne la loyauté, le sentiment de filiation, la tolérance, la retenue et d'autres qualités appréciables dont vous vous passeriez si vous étiez resté célibataire.

Toutefois, dès lors qu'une activité humaine, quelle qu'elle soit, est assujettie à des rituels sophistiqués et des déclarations publiques, elle est généralement contraire à notre biologie, et a pour but de faire que les gens fassent quelque chose qu'ils ne feraient pas naturellement. Les oiseaux n'ont pas besoin d'une cérémonie élaborée pour se "marier" : c'est leur état biologique. Insister pour qu'un animal polygame comme le bélier accepte de contracter un mariage avec une seule brebis est tout aussi ridicule. Ce n'est pas pour dire que le mariage n'a pas sa place dans la société moderne – nous, les auteurs, sommes mariés – mais il est important de comprendre l'histoire du mariage et sa relation à notre biologie.

Alors, quel est l'avantage du mariage pour les hommes ? Il n'y en a aucun, si l'on ne parle qu'en termes élémentaires de l'évolution. L'homme est comme le coq qui a besoin de répandre sa semence génétique aussi souvent et autant que possible. Pourtant, la majorité des hommes continuent à se marier, les divorcés à se remarier ou à vivre dans un état quasi marital. Cela tient à la remarquable capacité de notre société à réfréner les hommes aux mœurs biologiquement légères.

> Pour les femmes, le sexe est le prix à payer pour se marier. Le mariage est pour les hommes le prix à payer pour avoir du sexe.

Quand on leur demande "Que peut vous apporter le mariage ?", la plupart des hommes marmonnent quelque chose sur le fait d'avoir un refuge chaleureux et sécurisant, quelqu'un qui leur fait la cuisine et repasse leurs vêtements. À la base, ils veulent quelqu'un qui serait un croisement de leur mère et d'un domestique. Sigmund Freud a dit que de tels hommes ont probablement une relation mère/fils avec leur femme. Seuls 22 % des hommes parlent de leur partenaire féminine comme de leur meilleure amie. Le meilleur ami de la plupart des hommes est généralement un autre homme, parce qu'ils comprennent le processus de pensée l'un de l'autre. Quand on leur demande "Qui est votre meilleur ami ?" 86 % des femmes déclarent que c'est une autre femme, en d'autres termes quelqu'un disposant des mêmes connexions cérébrales.

Quand ils s'avancent vers leur promise dans l'allée centrale de l'église, de nombreux hommes considèrent cela comme le début d'un approvisionnement sans fin de sexe à la commande, mais cette attente, qui n'est jamais discutée avant le mariage, n'est pas ce qu'y voient les femmes. Les enquêtes révèlent toutefois que les hommes mariés font davantage l'amour que les célibataires. En fait, la moyenne pour les hommes mariés âgés de 25 à 50 ans est de trois fois par semaine. Seule la moitié des célibataires atteignent ce rythme hebdomadaire. La moyenne des célibataires est de moins d'une fois par semaine. En 1997, en Australie, 21 % des célibataires n'avaient pas eu de relations sexuelles au cours de l'année de l'enquête, tout comme 3 % des hommes mariés. Comme nous l'avons déjà abordé, le sexe est une chose merveilleuse pour la santé en général. Les hommes non mariés ou veufs ont également un taux de mortalité prématurée plus élevé que celui des hommes mariés.

Pourquoi les femmes ont besoin de la monogamie

Bien que d'un point de vue légal, dans les sociétés occidentales, le mariage soit devenu un tigre édenté (de papier ?), il est toujours en tête des ambitions de la plupart des femmes, et 91 % des gens continuent à se marier. Cela tient au fait que, pour une femme, le mariage constitue la déclaration, à la face du monde, qu'un homme la considère comme "particulière" ou "spéciale" et qu'il entend avoir avec elle une relation monogame. Ce sentiment d'être "spéciale" a un effet spectaculaire sur l'activité chimique du cerveau d'une femme. Cela a été mis en évidence par des recherches qui ont montré que le taux d'orgasme d'une femme est quatre à cinq fois plus élevé dans un lit marital et de deux à trois fois plus élevé dans une relation monogame.

Parmi les personnes plus âgées, il existe un sentiment selon lequel le mariage est une institution dépassée chez les jeunes. Une étude réalisée en 1998 auprès de 2 344 étudiants et étudiantes âgés de 18 à 23 ans, également répartis entre les deux sexes, a permis de découvrir que ce n'était pas le cas. Quand elles sont interrogées sur leur engagement, 84 % des femmes – contre 70 % des hommes – déclarent qu'elles finiront par se marier un jour ou l'autre. Seuls 5 % des hommes et 2 % des femmes ont estimé que le mariage était une institution dépassée.

Chez les membres des deux sexes, 92 % ont estimé que l'amitié était plus importante que les relations sexuelles. Quant au fait d'être marié à la même personne pour le reste de leur vie, 86 % des femmes ont aimé l'idée contre 75 % des hommes. Seuls 35 % des couples ont eu le sentiment que les relations actuelles étaient meilleures que celles qu'entretenait la génération de leurs parents. La fidélité figure au premier rang des priorités des femmes : 44 % des moins de 30 ans affirment qu'elles mettraient fin à une relation si un homme leur était infidèle. Ce chiffre tombe à 32 % pour les femmes dans la trentaine ; à la quarantaine, ce chiffre passe à 28 % et seules 11 % des femmes dans la soixantaine mettraient fin à leur relation pour infidélité avérée. Tout cela montre que plus une femme est jeune, plus elle se montre dure à l'égard de l'homme coureur, et plus la fidélité et la monogamie sont importantes pour son système de valeurs.

C'est une différence que la plupart des hommes n'arrivent jamais à saisir. La majorité d'entre eux croient qu'une petite aventure n'affectera pas leur relation parce qu'ils n'ont aucun problème pour faire la distinction entre sexe et amour. Mais, chez les femmes, sexe et amour s'entrecroisent. Une liaison strictement sexuelle avec une autre femme pourra être considérée comme la dernière des trahisons et une bonne raison pour mettre un terme à une relation.

Pourquoi les hommes évitent de s'engager

Un homme marié ou qui vit une longue relation s'inquiète toujours en secret du fait que ces copains célibataires font plus l'amour et s'amusent davantage. Il s'imagine des parties de célibataires endiablées, des accouplements sans engagement et des jacuzzis pleins de top models nus. Il s'inquiète des occasions passant à sa portée et qu'il a ratées. Il lui importe peu de savoir que, lorsqu'il était célibataire, de telles occasions ne s'étaient de toute façon jamais présentées. Il a totalement oublié ces soirées passées seul à manger des sardines à même la boîte de conserve, les humiliations des refus répétés de femmes devant des amis au cours de soirées et les longues périodes d'abstinence sexuelle. Il ne peut tout simplement pas s'empêcher de penser qu'engagement égale occasions manquées.

> Les hommes veulent attendre la partenaire parfaite, mais tout ce qu'en général ils réussissent à prendre, c'est de l'âge.

Où se niche l'amour dans le cerveau ?

L'anthropologue américaine, le Dr Helen Fisher de l'université Rutgers dans le New Jersey, a effectué des études novatrices grâce à l'utilisation de scanners cérébraux pour localiser l'amour dans le cerveau. Si ses recherches en sont encore au stade préliminaire, elle a réussi à localiser trois types d'émotion dans le cerveau : le désir, l'engouement et l'attachement. Chacun de ces sentiments a sa propre chimie cérébrale spécifique qui excite le cerveau quand son propriétaire est attiré par quelqu'un. En termes biologiques, ces trois composants de l'amour ont évolué pour servir la fonction vitale d'assurer la reproduction. Une fois que la conception est en route, le système se désactive et le processus amoureux s'arrête.

La première étape, le désir, est l'attirance physique et non verbale abordée précédemment. Selon le Dr Fisher, "l'engouement est un stade au cours duquel une personne ne cesse d'envahir votre cerveau sans que vous puissiez l'en chasser. Votre cerveau se concentre sur les qualités positives de l'être cher et occulte ses mauvais côtés."

L'objet de l'engouement est la tentative du cerveau d'établir un lien avec un partenaire potentiel, et c'est une émotion si puissante qu'elle peut provoquer une euphorie incroyable. Si quelqu'un est rejeté, elle peut aussi causer un extraordinaire désespoir qui peut conduire à l'obsession. Dans les cas extrêmes, cela peut même se terminer en meurtre. Au stade de l'engouement, plusieurs produits chimiques sont libérés par le cerveau et provoquent des sentiments d'allégresse. La dopamine donne le sentiment de bien-être, la phényléthylamine augmente le niveau d'excitation, la sérotonine crée un sentiment de stabilité émotionnelle et la noradrénaline induit le sentiment que vous pouvez arriver à quelque chose. Un drogué du sexe est quelqu'un qui vit un phénomène d'accoutumance au cocktail hormonal du stade de l'engouement et qui veut se maintenir en permanence à ce stade. Mais l'engouement est un sentiment temporaire qui dure, en moyenne, de trois à douze mois, alors que la plupart des gens définissent, à tort, ce sentiment comme de l'amour. En fait, il s'agit d'une astuce biologique que la nature nous impose pour garantir qu'un homme et une femme se retrouvent ensemble suffisamment longtemps pour procréer. Le danger de ce stade est que les amants croient que leurs désirs sexuels se marient parfaitement, mais uniquement parce qu'ils font l'amour comme des lapins. Les véritables différences entre leurs désirs sexuels ne se révèlent qu'à la fin du stade de l'engouement et au début du stade de l'attachement.

> L'engouement est une astuce biologique de la nature pour s'assurer qu'un homme et une femme resteront suffisamment longtemps ensemble pour procréer.

Quand la réalité reprend enfin le dessus sur l'engouement, soit l'un des partenaires – ou les deux à la fois – rejettera l'autre, soit l'attachement apparaîtra, avec pour point central un lien de coopération qui durera suffisamment longtemps pour permettre d'élever des enfants. L'avancement des recherches et les progrès dans le domaine de l'imagerie médicale aidant, le Dr Fisher espère bientôt trouver une formule pour trouver le siège de l'amour et des émotions chez l'homme et la femme. Le fait de comprendre ces trois stades permet de mieux aborder le stade de l'engouement et d'être prêt à subir ses inconvénients potentiels.

L'amour : pourquoi les hommes y tombent et les femmes en sortent

On dit de l'amour qu'il est perturbant et déroutant, et c'est particulièrement vrai pour les hommes. Ils sont pleins jusqu'aux yeux de testostérone, ce qui les conduit facilement à la phase luxurieuse de l'amour. Lors du stade de l'engouement, les hommes sont si excités par la testostérone que la plupart sont incapables de distinguer leur gauche de leur droite. Quand elle frappe à votre porte, la réalité peut avoir la main très lourde. La femme qui était si excitante à minuit la veille peut ne pas être aussi attirante le lendemain matin au lever du soleil – et pas aussi intelligente non plus. Mais, parce que les centres de l'émotion et de la raison sont mieux connectés dans le cerveau d'une femme – et qu'elle maîtrise tout de même son niveau de testostérone – elle trouve plus facile d'apprécier si un homme est potentiellement le bon partenaire pour elle. C'est pourquoi la plupart des relations finissent du fait des femmes et qu'autant d'hommes sont perturbés par ce qui s'est passé. Dans une séparation, les femmes sont douces même quand ce sont elles qui quittent. Dans la lettre d'adieu qu'elles adressent à un homme qu'elles quittent, certaines femmes concluront par le dessin d'un visage souriant ou en disant qu'elles l'aimeront toujours.

Pourquoi les hommes ne savent pas dire "Je t'aime"

Dire "Je t'aime" n'a jamais posé un problème à une femme. Les connexions cérébrales de la femme sont pleines de sentiments, d'émotions, de communication et de mots. Une femme sait quand elle se sent voulue, adorée et qu'elle se trouve au stade de l'attachement, quand elle est probablement amoureuse. Mais, pour un homme, les choses ne vont pas autant de soi. Il n'est pas vraiment sûr de ce qu'est l'amour, et il est probable qu'il confondra luxure et engouement avec l'amour. Tout ce qu'il sait, c'est qu'il ne peut pas s'empêcher de la toucher, alors... peut-être est-ce cela l'amour ? Son cerveau est aveuglé par la testostérone, il a une érection permanente et il est incapable de réfléchir. Souvent, ce n'est que des années après le début d'une relation qu'un homme admet qu'il était amoureux, mais il le fait a posteriori. De manière rétrospective. Les femmes savent tout de suite quand il n'y a pas d'amour, et c'est pourquoi ce sont les femmes qui mettent un terme à la plupart des relations.

De nombreux hommes font une véritable phobie de l'engagement. Ils sont effrayés à l'idée de prononcer le mot avec un grand "A" et que ce mot les engage pour le reste de leur vie. Ce qui signifie pour eux la fin de toute possibilité de conquérir des top models lascivement installées dans des jacuzzis.

> Les femmes savent quand il n'y a pas ou plus d'amour. C'est pourquoi elles sont plus promptes à mettre fin à une relation.

Une fois qu'il a franchi la ligne et qu'il a fini par le dire, il veut le dire à tout le monde et partout. Toutefois, la plupart des hommes ne remarquent pas l'augmentation du taux d'orgasme de la femme après qu'il a prononcé le mot avec un grand "A".

Comment les hommes peuvent différencier l'amour du sexe

L'homme marié heureux qui a une aventure est rare, mais l'homme marié heureux "voyageur" est courant. Plus de 90 % des relations extraconjugales sont le fait des hommes, mais plus de 80 % sont terminées par des femmes. Cela tient au fait que lorsqu'une femme commence à se rendre compte que cette relation n'aura aucun engagement émotionnel et qu'elle restera strictement physique, elle veut en sortir. De son côté, l'homme, avec son cerveau compartimenté doué de la capacité de séparer l'amour du sexe, continue à ne voir qu'une seule chose à la fois. Par conséquent, il est souvent heureux de n'avoir qu'une bonne relation physique – cela lui demande toute son attention. On ignore encore où se situe précisément l'amour dans le cerveau, mais les recherches indiquent que le cerveau de la femme dispose d'un réseau de connexions entre son centre de l'amour et son centre consacré au sexe (l'hypothalamus), et que son centre d'amour doit être activé avant que le centre du sexe ne puisse l'être. Il semble que les hommes ne soient pas pourvus de ces connexions, c'est pourquoi ils sont capables de gérer le sexe et l'amour séparément. Pour un homme, le sexe c'est le sexe et l'amour c'est l'amour. Parfois, il arrive que ces deux choses se produisent ensemble.

La première question qu'une femme posera à un homme surpris dans une relation extraconjugale est : "Est-ce que tu l'aimes ?" La réponse est le plus souvent : "Non, c'est purement physique. Cela n'avait aucune signification." Ce qui est probablement la vérité, parce qu'il est capable de séparer le sexe et l'amour. Malheureusement pour l'homme, le cerveau de la femme n'est pas conçu pour comprendre (admettre ?) cette réponse, et c'est pourquoi de nombreuses femmes trouvent difficile de croire un homme qui affirme que son incartade n'était que physique, parce que, pour elle, le sexe équivaut à l'amour. Dans l'esprit d'une femme, ce n'est pas tant l'acte sexuel avec l'autre femme qui la meurtrit que la violation d'un contrat émotionnel et de confiance qu'elle avait passé avec son homme. En revanche, si une femme a une aventure et affirme qu'elle n'avait aucune importance, elle ment probablement. Pour qu'une femme franchisse la ligne jaune et fasse l'amour, elle doit d'abord établir un lien émotionnel avec ce nouvel homme.

> Chez les femmes, l'amour et le sexe sont liés. L'un équivaut à l'autre.

Quand les femmes font l'amour, les hommes "baisent"

Un vieil adage veut que faire l'amour est ce que fait la femme tandis qu'un homme la culbute. Cependant, la réalité déclenche pas mal de disputes entre les amants un peu partout dans le monde. Alors qu'un homme appellera un chat un chat, et donc le sexe, le "sexe", une femme aura tendance à mal le prendre parce que ce mot ne correspond pas à sa définition de la chose. Une femme "fait l'amour", ce qui veut dire qu'elle a besoin de sentir aimée et d'avoir des sentiments amoureux avant de vouloir... avoir une relation sexuelle. Pour la plupart des femmes, l'acte du "sexe" est généralement perçu comme étant un acte gratuit sans amour parce que les connexions de leur cerveau féminin ne s'identifient pas à cette définition.

Quand un homme parle de "sexe", il veut parfois simplement parler de l'acte physique, mais cela ne veut pas dire qu'il n'aime pas sa femme. Quand un homme veut "faire l'amour", il continuera probablement à l'appeler "sexe". Cela peut avoir des effets négatifs sur une femme, mais le fait d'utiliser l'expression "faire l'amour" peut donner à de nombreux hommes l'impression de sonner faux ou de se moquer d'elle, parce que parfois il ne veut que du sexe. Quand hommes et femmes comprennent la perspective l'un de l'autre et acceptent de ne pas porter de jugement sur la définition de l'autre, cet obstacle cesse d'être la pierre d'achoppement de leur relation.

Pourquoi les bons partenaires ont l'air attirants

Des études réalisées par l'Institut Kinsey révèlent qu'au cours de l'acte sexuel la perception qu'a l'homme de la femme est liée à la profondeur des sentiments qu'il éprouve pour elle. Cela signifie qu'il la classe assez haut sur son échelle d'appréciation physique s'il est follement amoureux d'elle, même si les autres pensent que lorsqu'elle est nue elle ressemble au Bibendum Michelin. La même femme se retrouvera au bas de cette échelle d'appréciation physique s'il n'en a rien à faire, même si c'est un "canon". Quand un homme est excité par une femme, la taille de ses cuisses est le cadet de ses soucis. En fait, ces cuisses sont devenues parfaites. Cela signifie que l'attirance physique d'une femme est importante quand elle rencontre un homme pour la première fois, mais qu'un partenariat et une entente revêtent encore plus d'importance pour son attirance sur le long terme. Cela a été confirmé par les enquêtes sur "Ce que nous recherchons" au chapitre 9. Toutefois, ce n'est pas le cas pour l'attirance qu'une femme peut exercer sur un homme. Cela a été mis en lumière par quelques enquêtes intéressantes réalisées dans les bars pour célibataires. Les chercheurs ont découvert que, plus il se faisait tard, plus les femmes encore disponibles devenaient attirantes pour les hommes encore seuls. En clair, sur une échelle de 1 à 10, une femme notée 5 à 19 heures, peut se retrouver avec un 7 à 22 h 30 et 8,5 à minuit, l'alcool aidant à pousser ces résultats. En revanche, avec les femmes, un homme noté 5 sur 10 à 19 heures aura toujours la même note à minuit.

> Avec les femmes, un homme noté 5 sur 10 à 19 heures aura toujours la même note à minuit, peu importe ce qu'elle aura bien pu boire.

L'alcool n'a pas augmenté son niveau d'attirance et, dans certains cas, il aurait même tendance à le faire baisser. Les femmes estiment encore la viabilité d'un homme en tant que partenaire par ses caractéristiques personnelles plus que par son apparence physique, quels que soient l'heure ou l'alcool ingurgité. Les hommes, eux, calculent l'attirance que peut avoir une femme en fonction des probabilités selon lesquelles elle lui laissera la possibilité de faire son travail de donateur professionnel de sperme.

Les contraires s'attirent-ils ?

Des études novatrices réalisées par des scientifiques en 1962 ont découvert que nous étions attirés par des personnes avec lesquelles nous partagions les mêmes valeurs, intérêts, comportements et perceptions, et qu'avec ces personnes nous étions instantanément “en phase”. Des études suivantes ont également montré que les amants avaient davantage de chances d'établir une relation de longue durée dans ces conditions. Reste que trop de similitudes peut aussi parfois conduire à l'ennui. Nous avons besoin de suffisamment de différences pour rendre la relation intéressante et compléter notre propre personnalité, mais pas trop afin que ces différences n'interfèrent pas sur notre mode de vie. Par exemple, un homme au tempérament casanier et calme peut être attiré par une femme extravertie et aimant sortir, et une femme angoissée au naturel peut fondre devant un partenaire serein, détendu et apparemment insouciant.

Les contraires physiques s'attirent

Observez les études ou enquêtes sur ce qui nous attire physiquement chez le sexe opposé et vous découvrirez que nous préférons des traits physiques opposés aux nôtres. Les hommes préfèrent les femmes aux formes et courbes douces là où eux-mêmes n'ont que fermeté ou... platitude. Les hommes préfèrent les femmes aux hanches larges, à la taille menue, aux longues jambes et à la poitrine généreuse – autant d'attributs qu'ils ne pourront jamais avoir qu'en rêve. Ils préfèrent aussi un petit nez, un petit menton et un ventre plat dans la mesure où eux-mêmes ne les auront plus très longtemps.

Les femmes préfèrent également l'opposé chez les hommes, y compris des épaules larges, des hanches plus étroites, des jambes et des bras plus épais, des mentons forts et de vrais nez. Pourtant, il y a des exceptions très intéressantes. Par exemple, certaines études ont permis de découvrir que les hommes qui ne boivent pas préfèrent les femmes à la poitrine menue, les femmes à la poitrine généreuse préfèrent les hommes au petit nez, et les hommes au grand nez adorent généralement les femmes "plates". Les hommes extravertis préfèrent les femmes avec une très grosse poitrine.

Le ratio hanches-taille est LA solution

Si vous étudiez les goûts des hommes tout au long des siècles, vous verrez qu'ils ont fantasmé sur à peu près tout, des modèles bien en chair du xvie siècle aux top models maigrichonnes façon planche à pain. Toutefois, la seule chose qui soit restée constante, c'est le ratio hanches-taille de la femme qui n'a jamais manqué d'attirer l'attention des hommes. Il a été prouvé que les femmes dont la taille correspond à 70 % de la taille de ses hanches avaient un taux de fécondité supérieur et une meilleure santé que les autres femmes. Le Dr Devendra Singh, de l'université de Cambridge, a effectué une enquête auprès d'hommes de plusieurs nationalités et a découvert que les hommes ont appris de manière inconsciente à lire cette information quelque part dans leur passé et qu'elle figure dans les connexions de leur cerveau.

La bonne nouvelle, pour les femmes, c'est que si votre tour de taille se situe entre 67 et 80 % de celui de vos hanches, vous attirerez l'attention des hommes, même si vous avez cinq ou dix kilos à perdre, dans la mesure où les courbes sont les critères essentiels.

> Partout dans le monde, les femmes préfèrent un homme avec de toutes petites fesses, même si peu de femmes savent pourquoi.

Les femmes craquent encore pour les hommes à la carrure en V, avec de larges épaules, une petite taille et des bras forts, autant d'éléments originels qui étaient indispensables pour un chasseur de repas habile. Partout dans le monde, les femmes préfèrent les hommes avec de petites fesses et, sans bien savoir pourquoi, elles trouvent cela attirant. Nous sommes les seuls primates dotés d'un postérieur saillant et ce postérieur a deux objectifs : d'abord, il nous permet de nous tenir debout ; ensuite, il est l'assurance qu'un homme pourra, pendant l'acte sexuel, donner le dernier coup de rein indispensable à la fécondation.

Les hommes et la romance

Ce n'est pas que les hommes ne veuillent pas faire la cour aux femmes, c'est simplement qu'ils ne comprennent pas l'importance que cela revêt pour elles. Les livres que nous achetons sont une indication claire des choses qui nous intéressent. Les femmes dépensent des millions chaque année dans des romans d'amour comme ceux de la collection Harlequin. Les magazines féminins sont axés sur l'amour, la romance, les histoires des autres ou encore sur la manière de mieux faire de l'exercice, de manger et de s'habiller pour avoir encore plus d'histoires d'amour. Une étude australienne a montré que les femmes qui lisaient des romans d'amour faisaient deux fois plus l'amour que celles qui n'en lisaient pas. De la même manière, les hommes dépensent des millions dans des livres et des magazines de bricolage ou sur des sujets techniques liés à la capacité spatiale, allant de l'ordinateur à l'appareillage mécanique en passant par les activités de chasse du repas comme la pêche, la chasse ou le football.

Il n'est pas étonnant que, dès qu'il s'agit de romance, les hommes ne sachent généralement pas quoi faire. Dès lors, on comprend que l'homme moderne n'ait jamais eu un rôle de modèle. Son père ne savait pas quoi faire non plus, dans la mesure où cela ne lui a jamais posé de problème. Lors de l'une de nos conférences, une femme nous a déclaré qu'elle avait demandé à son mari de lui montrer davantage d'affection : il lui a lavé et nettoyé sa voiture. Cela montre la manière dont les hommes “font les choses” pour montrer qu'ils sont attentionnés. Le même époux lui a acheté un cric pour son anniversaire et, pour leur dixième anniversaire de mariage, il a réussi à avoir deux places dans les rangées de devant pour un match de catch.

> N'oubliez jamais qu'une femme est romantique. Elle apprécie le vin, les fleurs et le chocolat. Faites-lui savoir que, vous aussi, vous n'oubliez pas toutes ces choses... en en parlant de temps en temps.

Si les Européens ont la réputation quelque peu exagérée de savoir faire la cour, l'immense majorité des hommes, aux quatre coins du monde, n'en ont pas la moindre idée. Les précédentes générations d'hommes étaient trop occupées à joindre les deux bouts pour s'inquiéter de telles finesses. En outre, le cerveau des hommes est programmé pour la technique, pas pour l'esthétique. Ce n'est pas qu'un homme n'essaye pas, c'est qu'il ne comprend tout simplement pas l'importance d'ouvrir la portière d'une voiture, d'envoyer des fleurs, de danser, de faire la cuisine pour une femme ou de changer le rouleau de papier toilettes. Une femme aborde une nouvelle relation en recherchant romantisme et amour. Le sexe n'en est que la conséquence. Les hommes abordent fréquemment une nouvelle relation par le sexe puis, seulement après, cherchent à savoir si cela peut déboucher sur une relation durable.

Quelques bons tuyaux pour les hommes

Les femmes n'ont aucun problème quand il s'agit d'amour et de romance, mais la plupart des hommes sont dans le noir total sur le sujet, aussi s'assurent-ils simplement d'être prêts à faire l'amour en toutes circonstances, quel que soit l'endroit. Les capacités romantiques (ou leur absence) d'un homme sont un élément important par lequel une femme se sentira ou non disposée à faire l'amour avec lui. Par conséquent, voici six choses testées et vérifiées qui marchent aujourd'hui encore pour les hommes comme elles ont marché pour leurs ancêtres, il y a cinq mille ans.

> Comment savoir qu'un homme est prêt pour le sexe ?
> Il respire.

1. **Faites attention à l'environnement.** Quand on connaît la sensibilité d'une femme face à son environnement et la haute réceptivité de ses sens aux stimulations extérieures, il est logique qu'un homme fasse attention à l'environnement. Les œstrogènes rendent la femme sensible à l'éclairage : des pièces plongées dans une lumière diffuse dilatent les pupilles, et les gens semblent attirants parce que les imperfections de la peau et les rides se voient ou se remarquent moins. La capacité auditive d'une femme, supérieure à celle de l'homme, signifie également qu'il faut une musique adéquate ; de même, une caverne propre et sûre vaut mieux qu'une caverne pleine d'enfants ou pouvant être envahie par n'importe qui à tout moment. L'insistance des femmes pour faire l'amour dans la plus stricte intimité explique le fantasme courant chez les femmes d'avoir envie de faire l'amour en public, alors que le fantasme de l'homme est de faire l'amour avec une inconnue.

2. **Nourrissez-la.** Ayant évolué en tant que chasseur de repas, vous pensez qu'il viendrait à l'idée de l'homme que fournir de la nourriture à une femme pourrait exciter ses sentiments primaires de femme. C'est pourquoi emmener une femme au restaurant est un événement important pour elle, même si elle n'a pas faim parce que l'apport de nourriture lui témoigne

l'attention que lui porte l'homme pour assurer son bien-être et sa survie. Préparer le dîner pour une femme a une signification encore plus intrinsèque, dans la mesure où ce geste fait ressortir les sentiments primitifs chez l'homme et la femme.

3. **Allumez un feu.** Ramasser du bois et allumer un feu pour apporter chaleur et protection sont deux gestes accomplis par les hommes pour les femmes depuis des centaines de milliers d'années, et chatouillent le romantisme de la plupart des femmes. Même si c'est un chauffage au gaz qu'elle pourrait très facilement allumer elle-même, c'est lui qui doit l'allumer s'il veut installer une atmosphère romantique. La récompense vient de l'acte de subvenir à ses besoins, et non pas dans le feu lui-même.

4. **Offrez des fleurs.** La plupart des hommes ne saisissent pas le pouvoir d'un bouquet de fleurs fraîchement coupées. Les hommes se disent : "Pourquoi dépenser autant d'argent dans quelque chose qui va mourir et qu'on va jeter dans quelques jours ?" Il est logique dans l'esprit d'un homme d'offrir à une femme une plante en pot car, si elle s'en occupe et lui prodigue des soins, la plante survivra – en fait, elle pourrait même en tirer profit ! Hélas pour l'homme, la femme ne l'entend pas de cette oreille : elle veut un bouquet de fleurs fraîchement coupées. Après quelques jours, les fleurs dépérissent, meurent et elle les jette, ce qui donne à l'homme l'occasion de lui offrir un autre bouquet et de revigorer son romantisme en s'occupant de ses besoins.

5. **Dansez.** Ce n'est pas que les hommes n'aiment pas danser, c'est juste que nombre d'entre eux n'ont pas dans leur hémisphère cérébral droit la capacité requise du rythme. Allez dans n'importe quelle salle de gym pour y suivre un cours d'aérobic et vous verrez les hommes (si jamais il y en a) essayer de suivre le rythme pour faire leurs exercices. Quand un homme prend des cours de danse pour apprendre les rudiments de la valse ou du rock, il est assuré d'un franc succès chez *toutes* les femmes du cours. On a qualifié la danse comme un acte vertical exprimant un désir horizontal et là est toute son histoire : c'est un rituel qui a évolué pour permettre de rapprocher et de favoriser le contact des corps de l'homme et de la femme à la cour, tout comme cela a servi aux autres animaux.

6. **Achetez du chocolat et du champagne.** Cette combinaison a été longtemps associée à la romance, bien que peu de personnes sachent pourquoi. Le champagne contient une substance chimique qu'on ne trouve pas dans les autres boissons alcoolisées et qui augmente le taux de testostérone. Le chocolat contient de la phényléthylamine qui stimule le centre d'amour du cerveau de la femme. Une recherche récente entreprise par Danielle Piomella, de l'Institut des sciences neurologiques de San Diego, a découvert trois nouvelles substances chimiques appelées N-acyléthanolamines qui s'agrippent aux récepteurs du cannabis dans le cerveau de la femme, lui procurant des sensations similaires à celles de la marijuana. Ces substances chimiques se trouvent dans le chocolat

noir et le cacao, mais pas dans le chocolat blanc ou le café.

Pourquoi les hommes s'arrêtent de toucher et de parler

"Avant que nous soyons mariés, il me tenait la main en public, me caressait le dos et me parlait sans cesse. Aujourd'hui, on ne se tient plus jamais la main, il ne veut plus parler et il ne me touche que quand il veut avoir un rapport sexuel." Cela ne vous rappelle rien ?

> Après le mariage, un homme sait tout ce qu'il a besoin de savoir sur sa partenaire et ne voit aucun intérêt à trop parler.

Pendant qu'il fait sa cour, un homme caresse sa petite amie davantage que pendant tout le reste de leur relation. C'est pourquoi il meurt d'envie de "poser ses mains sur elle", mais comme il n'a pas encore vu le feu passer au vert qui lui autoriserait des caresses sexuelles, il la caresse partout ailleurs. Dès que le feu est passé au vert pour les attouchements sexuels, son cerveau ne voit plus d'intérêt à revenir à "avant". Alors il se concentre sur les "bonnes parties". Il parle énormément durant sa cour pour collecter de l'information – faits et données sur sa petite amie – et pour lui donner de l'information sur lui-même. Une fois marié, il sait tout ce qu'il a besoin de savoir sur elle et ne voit pas l'intérêt de se répandre en parlottes. Mais quand un homme comprend que le cerveau d'une femme est programmé pour communiquer par la parole et que sa sensibilité à l'attouchement et aux caresses est dix fois plus importante que la sienne, il peut apprendre à acquérir une certaine habileté dans ce domaine, et la qualité globale de sa vie amoureuse s'améliorera de manière spectaculaire.

Pourquoi les hommes "pelotent" et les femmes pas ?

L'ocytocine est l'hormone connue sous le nom "d'hormone du câlin". Elle est libérée quand la peau d'une personne est gentiment caressée ou qu'elle est câlinée. Cette hormone accroît la sensibilité à la caresse et le sentiment de liens. C'est un élément majeur dans le comportement des femmes envers les bébés et les hommes. Quand une femme commence à donner le sein, l'ocytocine déclenche le réflexe de "relâchement" qui libère le lait du sein.

Si une femme veut faire plaisir à un homme en le caressant, elle le fait normalement de la manière dont elle voudrait qu'on la caresse. Elle lui gratte la tête, lui caresse le visage, lui frotte le dos ou lui passe tendrement la main dans les cheveux. Ce type de caresse n'a que peu d'impact sur la plupart des hommes, et ils peuvent même trouver cela agaçant. La peau de l'homme est infiniment moins sensible à la caresse que celle de la femme, de manière à ce qu'il ne ressente pas une blessure ou une douleur au cours de la chasse. Les hommes préfèrent qu'on les caresse à un seul endroit spécifique, et le plus souvent possible. Ce qui provoque d'importants problèmes relationnels. Quand un homme décide de caresser une femme de manière sensuelle, il la caresse à des endroits que lui aime – il lui tripote les seins et l'entrecuisse. Or, ces deux endroits sont tout en haut de la liste des endroits où une femme déteste qu'on la touche, ce qui entraîne du ressentiment chez l'homme comme chez la femme. Quand un homme et une femme apprennent à se prodiguer chacun des caresses sensuelles en fonction de leurs propres besoins et sensibilité de peau, leur relation devient encore plus riche.

Y a-t-il de l'amour au printemps ?

L'horloge biologique de la nature fonctionne de manière à permettre aux femelles des animaux de donner naissance pendant la période chaude de l'année pour assurer la survie de leur progéniture. Si, par exemple, il faut à une espèce trois mois pour donner la vie, la nature fait que les mâles sont davantage portés sur la chose au printemps afin que les nouveau-nés arrivent à l'été. Chez les humains, la gestation est de neuf mois, donc le taux de testostérone de l'homme est le plus élevé neuf mois auparavant, c'est-à-dire à l'automne. Le vieil adage qui veut que "au printemps, l'humeur de l'homme soit à l'amour" ne s'applique qu'aux espèces animales dont la gestation est courte et n'excède pas trois mois.

> "L'amour au printemps" ne s'applique qu'aux animaux dont la période de gestation est courte.

La recherche a montré que le niveau de testostérone des hommes est le plus élevé en mars dans l'hémisphère Sud, et en septembre dans l'hémisphère Nord. Il a été également démontré que les hommes sont davantage capables de lire les cartes routières au cours de ces mois parce que la testostérone améliore leur capacité spatiale. (Reportez-vous au graphique de la page 369 au chapitre 9 et vous verrez comment cela se produit.)

Comment penser "sexe"

Parce que l'esprit est un cocktail de réactions chimiques, il vous est possible de penser par vous-même à des choses sexy. Cette technique est enseignée par de nombreux sexologues. Elle implique que vous vous concentriez uniquement sur les aspects positifs de votre partenaire et que vous vous rappeliez les expériences sexuelles excitantes que vous avez eues ensemble. Le cerveau réagit alors en activant les substances chimiques indispensables à vos désirs et besoins sexuels et vous rend porté sur la chose. Cette réaction est évidente au cours du stade de l'engouement ou de la cour, lorsqu'un amoureux ne voit que les bons côtés de l'élu(e) de son cœur et que leurs appétits sexuels semblent ne pas avoir de limites. Il est également possible de vous ôter l'envie de faire l'amour en vous concentrant sur les aspects négatifs de votre partenaire, ce qui inhibe le cerveau et l'empêche de libérer les substances chimiques indispensables à l'expression de la libido.

Revivre une amourette

La bonne nouvelle, c'est que, comme vous pouvez vous mettre des idées de sexe en tête, vous pouvez aussi vous mettre en situation d'engouement quand vous le voulez, en recréant les routines de la cour qui existaient au début de votre relation. C'est pourquoi les dîners aux chandelles, les marches romantiques le long de plages et les week-ends en amoureux marchent si bien en procurant aux couples "l'allumage" hormonal nécessaire – un sentiment souvent décrit comme étant une "euphorie naturelle" ou une "ivresse amoureuse". Les amants qui s'attendent à ce que l'euphorie du stade de l'engouement dure toujours sont souvent très déçus mais, grâce à une organisation efficace, ils peuvent recréer ce sentiment quand ou dès qu'ils en ressentent le besoin.

Comment trouver le bon partenaire

L'amour commence avec le désir qui peut parfois ne durer que quelques heures, quelques jours ou semaines. Puis vient l'engouement qui dure, en moyenne, de trois à douze mois avant que l'attachement ne prenne la place. Quand les effets aveuglants du cocktail hormonal s'estompent ou retombent, après environ une année, nous pouvons voir notre partenaire à la lumière crue du jour et ses petites habitudes que nous trouvions si attendrissantes peuvent devenir tout d'un coup irritantes.

> La fleur de l'amour est la rose. Après trois jours, les pétales tombent et il ne reste plus qu'une chose moche et étriquée.

Au début, vous trouviez cela touchant qu'il soit incapable de trouver quoi que ce soit dans le réfrigérateur ; à présent cette incapacité vous fait hurler. Il adorait vous écouter parler de tout et n'importe quoi ; à présent toutes ces petites choses lui donnent des envies de meurtre. Vous vous demandez en silence : "Est-ce que je peux continuer comme ça le reste de ma vie ? Qu'avons-nous vraiment en commun ?"

Il est probable que vous n'aviez pas grand-chose en commun, pas même un sujet de conversation à partager. L'objectif de la nature est de jeter les hommes et les femmes dans les bras l'un de l'autre sous l'influence d'un puissant cocktail hormonal qui les amène à procréer et surtout à ne pas penser. Trouver le bon partenaire signifie qu'il faut trouver un terrain d'entente commun avec l'autre à long terme, et il faut penser à cela avant que les effets aveuglants du cocktail hormonal ne mettent leur grain de sel. Une fois l'engouement passé – et cela arrivera – pourrez-vous entretenir une relation durable basée sur l'amitié et les intérêts communs ? Dressez une liste des caractéristiques et des intérêts que vous souhaitez trouver chez un partenaire à long terme, et alors vous saurez *exactement* qui vous recherchez. Un homme pourra bien avoir en tête une liste des qualités de sa partenaire idéale, mais, quand il arrive dans une soirée, son cerveau est totalement obscurci par l'afflux de testostérone. Sa recherche se résumera alors à une femme "idéale" en fonction de ses pulsions hormonales : de belles jambes, un ventre plat, de belles fesses, une bonne paire de seins, et ainsi de suite, autant de caractéristiques liées au court terme et à la procréation. Les femmes veulent un homme qui soit sensible et attentionné, avec un torse en V et une forte personnalité. Toutes ces "qualités" sont liées à l'éducation des enfants, la chasse des repas et la protection. Elles correspondent également à des besoins biologiques à court terme et n'entrent que très peu en jeu dans une relation moderne. Quand vous dressez une liste des caractéristiques que vous désirez trouver chez un partenaire pour le long terme et que vous la gardez à portée de main, cela vous aide à rester objectif face à un nouveau partenaire potentiel chaque fois que la nature essaie de prendre le contrôle de vos pensées et de vos désirs.

La nature veut vous voir procréer aussi souvent que possible et elle utilise ses drogues puissantes pour vous y pousser. Quand vous aurez compris cela et que vous aurez établi une description précise de votre partenaire idéal à long terme, vous serez moins facilement abusé et vous aurez plus de chance dans votre quête de ce partenaire parfait avec lequel vous serez enfin capable de vivre heureux pour toujours.

VERS UN AVENIR DIFFÉRENT

Chapitre 11

Il paraît que c'est génial d'être un homme parce qu'on peut marcher le torse nu sur les plages de Tunisie sans courir le risque d'être lapidé, qu'on n'a pas non plus à se souvenir d'où on a laissé ses affaires ou encore qu'on peut manger une banane devant des ouvriers du bâtiment. C'est génial d'être une femme parce qu'on peut acheter ses propres vêtements, croiser les jambes sans remettre ses "choses" en place et gifler un homme en public et tout le monde pensera que vous avez raison.

> *C'est génial d'être un homme parce qu'on peut acheter des concombres et des courgettes sans être gêné.*

Les hommes et les femmes sont différents. Ni pires ni meilleurs – mais différents. La science le sait, mais le politiquement correct fait tout ce qu'il peut pour le nier. Il existe une vision politique et sociale selon laquelle hommes et femmes devraient être également traités, sur la base de la curieuse croyance que les hommes et les femmes c'est la même chose. On peut aisément démontrer le contraire.

Que veulent vraiment les hommes et les femmes ?

Pour les hommes modernes, les choses n'ont pas vraiment changé au cours des siècles. Aujourd'hui, 87 %

des hommes affirment que leur travail est la chose la plus importante dans leur vie, et 99 % déclarent vouloir une vie sexuelle intense. En revanche, pour les femmes modernes, nombre de leurs priorités ne sont pas celles qu'avaient leurs mères et leurs grands-mères.

De nombreuses femmes ont choisi certaines carrières professionnelles parce qu'elles veulent quelques-unes des choses que possèdent les hommes : l'argent, le prestige et le pouvoir. Les études montrent à présent que les femmes carriéristes connaissent les mêmes problèmes que les hommes : problèmes cardiaques, ulcères, stress et décès prématuré. Les femmes carriéristes boivent et fument plus qu'à n'importe quelle autre époque de l'histoire humaine. Aujourd'hui, en Grande-Bretagne, une femme qui travaille sur trois fume.

Plus d'une femme sur trois prend neuf jours de repos chaque année en raison du stress.

Quarante-quatre pour cent des femmes qui travaillent déclarent que leur travail est aujourd'hui leur plus grande source de stress. Une étude réalisée auprès de 5 000 femmes par la compagnie d'assurance britannique BUPA et le magazine *Top Santé* a montré que 66 % d'entre elles ont le sentiment que les heures supplémentaires faisaient courir un risque à leur santé.

La plupart des femmes déclarent également que l'argent n'est pas le plus important, qu'elles préféreraient être femme au foyer ou "dame de compagnie", et seules 19 % d'entre elles affirment vouloir réussir leur carrière. Dans une enquête similaire en Australie, la carrière ne constituait une priorité que pour 5 % des femmes interrogées âgées de 18 à 65 ans, tandis que la maternité était la priorité des priorités dans toutes les catégories d'âge ; 60 % des femmes du groupe 31-39 ans ont affirmé que la maternité était leur priorité contre seulement 2 % qui désignaient leur carrière. Pour 31 % des femmes âgées de 18 à 30 ans, la maternité était également la première des priorités, la carrière n'étant primordiale pour 18 % d'entre elles.

Sur l'ensemble, 80 % de toutes les femmes interrogées placent l'éducation de leurs enfants dans les traditions de la famille comme leur priorité, montrant ainsi que ni les médias ni le mouvement féministe n'ont eu jusque-là l'impact que l'on imaginait sur le comportement des femmes. Les valeurs et les priorités des femmes modernes sont restées fondamentalement les mêmes depuis des siècles. La différence spectaculaire tient dans le fait que 93 % des femmes modernes déclarent que l'indépendance financière est capitale pour elles, et 62 % veulent plus de pouvoir politique – en d'autres termes, elles ne veulent pas dépendre des hommes.

En ce qui concerne leur vie personnelle, le sexe ne constitue la principale priorité que pour 1 % des femmes, tandis que 45 % désignent la confiance et

22 % le respect. Seules 20 % des femmes affirment que leur vie sexuelle est fantastique, et 63 % déclarent que leur partenaire n'est pas un amant merveilleux. La vérité, c'est que la maternité continue d'occuper, pour la plupart des femmes, le haut de la liste des choses qui leur donnent le plus de satisfaction. De nombreuses femmes qui travaillent déclarent le faire pour l'argent, et la plupart de ces femmes vivent dans des villes où deux revenus sont indispensables pour s'en sortir. De nombreuses femmes semblent croire que gagner de l'argent pour nourrir, habiller et éduquer la génération suivante est une cause plus noble que celle de la cultiver. Les femmes apprécient plus leur rôle de parent que les hommes et, malheureusement, la plupart des hommes ne l'apprécient guère avant l'âge d'être grands-pères.

Choisir son métier

Dans l'absolu, les choix de métier n'ont pas beaucoup changé pour les hommes, et les carrières faisant appel à leur capacité spatiale restent parmi celles qu'ils choisissent. Il y a eu un nombre croissant d'hommes choisissant des métiers traditionnellement féminins, mais une étude de ces hommes montrerait qu'ils ont, à un degré plus ou moins grand, un cerveau féminin. C'est évident dans des domaines comme la coiffure et les arts créatifs, et moins évident dans les métiers de conseil ou l'enseignement.

Toutefois, pour les femmes, certaines choses ont changé, avec 84 % de femmes actives aux États unis travaillant dans les secteurs de l'information et des services. Dans le monde occidental, entre la moitié et les deux tiers de toutes les entreprises appartiennent à des femmes, et celles-ci détiennent à présent plus de 40 % des postes administratifs, de gestion et de direction.

> Si vous êtes une femme travaillant dans une hiérarchie masculine traditionnelle, vous n'avez le choix qu'entre deux choses : démissionner ou vous masculiniser.

Dans les hiérarchies masculines traditionnelles, les femmes doivent vraiment se battre pour atteindre les postes les plus élevés et, comme nous l'avons vu, la plupart des femmes n'en veulent pas de toute façon. Dans la majorité des systèmes politiques, moins de 5 % du personnel politique est constitué de femmes, bien qu'elles semblent attirer 50 % de la couverture médiatique. Si vous êtes une femme et que vous travaillez dans une hiérarchie masculine traditionnelle, vous n'avez le choix qu'entre deux choses si vous voulez réussir : soit démissionner et trouver un emploi dans lequel vous serez traitée équitablement, soit vous comporter davantage comme un homme. La masculinité ouvre encore des portes, et des études confirment que les femmes à l'habillement plus masculin ont de meilleures chances d'être choisies pour occuper des postes de direction que les femmes plus féminines – même lorsque le grand patron est une femme. Les recruteurs masculins ont également une préférence pour les candidats qui ne se parfument pas.

La féminisation de l'entreprise

Les caractéristiques et les valeurs masculines permettent de gravir tous les échelons de la hiérarchie jusqu'au sommet, mais les valeurs féminines sont en train de devenir rapidement celles qui permettent de rester sur ce sommet.

Traditionnellement, la plupart des organisations ont été contrôlées par une hiérarchie masculine avec un dirigeant mâle dominant dont le mot d'ordre était "Suivez-moi ou partez !" Aujourd'hui, ce type d'organisation est une espèce en voie d'extinction, tout comme le caïd de l'école, qui s'était élevé au sommet à la force de ses biceps au détriment des cerveaux qui le respectaient, est aujourd'hui parfaitement ignoré. Toute personne qui souhaite accéder au sommet doit appréhender les priorités masculines, mais le système des valeurs féminines convient mieux aujourd'hui pour accomplir tout le travail plus efficacement, harmonieusement et donc victorieusement.

Au plus haut niveau, l'accent mis sur les valeurs masculines conduit à des luttes internes pour le pouvoir. Les individus veulent "la jouer perso" quand ils ne parviennent pas à un accord. L'initiative et l'intuition n'ont pas leur place dans le combat pour paraître et être le meilleur, sans savoir si de nouvelles stratégies ou des approches différentes pourraient encourager de nouveaux développements et croissances. D'un autre côté, les valeurs féminines encouragent le travail en équipe, la collaboration et l'interdépendance, qui correspondent mieux aux capacités stratégiques et aux ressources humaines d'une organisation. Cela ne veut pas dire qu'un homme doit être efféminé ou qu'une femme doit être masculine, mais hommes et femmes doivent comprendre que le système de pensée de l'autre est primordial à des étapes différentes de l'accession au sommet de la pyramide.

Est-ce que tout ceci est politiquement correct ?

Nous avons enquêté auprès de plus de 10 000 participants à nos conférences dans six pays dans lesquels le politiquement correct était fortement en vogue, et nous avons découvert que 98 % des hommes et 94 % des femmes avaient le sentiment que le politiquement correct était devenu un concept oppressant qui étouffait leur liberté de dire ce qu'ils ressentaient sans aucune censure.

Le politiquement correct, par rapport aux deux sexes, était à l'origine destiné à lutter contre les comportements et le langage sexistes, l'inégalité homme/femme. Les femmes étaient prétendument opprimées par des hommes dominateurs mais, à l'évidence, le politiquement correct ne recueille pas les suffrages de tout le monde. Alors est-ce que cela marchera un jour ? Selon les scientifiques, c'est peu probable. Il a fallu un million d'années aux hommes et aux femmes pour arriver au stade où ils en sont aujourd'hui, et il faudra probablement un autre million d'années pour qu'ils deviennent des êtres qui se fondent dans un environnement politiquement correct. Le plus gros problème auquel doit faire face l'humanité aujourd'hui est que ces nobles idéaux et concepts de comportements ont un million d'années d'avance sur la réalité génétique.

Notre biologie n'a pas tellement changé

Les garçons aiment jouer avec des choses ; les filles veulent dialoguer avec les gens. Les garçons veulent contrôler, dominer et atteindre le sommet, mais les filles sont préoccupées par la moralité, les relations et les gens. Les femmes sont encore minoritaires dans le monde des affaires et la vie politique, non à cause de l'oppression masculine, mais simplement parce que les femmes ne s'intéressent pas à ces choses-là.

En dépit des meilleures intentions des employeurs prônant l'égalité, les garçons s'obstinent à chercher un travail faisant appel à l'espace et à la mécanique, et les filles semblent obligées de chercher un emploi impliquant un dialogue avec les autres.

Pendant des années, les kibboutz en Israël ont tenté de gommer les stéréotypes sexués entre filles et garçons. Les vêtements, les chaussures, la coupe de cheveux, les modes de vie des enfants étaient conçus selon un modèle neutre et asexué. On encourageait les garçons à jouer avec des poupées, à coudre, tricoter, cuisiner et faire le ménage, et on incitait les filles à jouer au football, grimper aux arbres et jouer aux fléchettes.

L'idée généreuse du kibboutz était d'aboutir à une société sexuellement neutre dans laquelle il n'existerait aucun carcan rigide pour chacun des deux sexes, et chacun des membres du kibboutz avait une égalité des chances et des responsabilités au sein du groupe. Le langage sexiste et des expressions comme “les grands garçons ne pleurent pas” et “les petites filles ne se roulent pas dans la poussière” étaient bannis du langage, et les kibboutzniks affirmaient pouvoir démontrer la totale interchangeabilité des rôles entre les deux sexes. Et que s'est-il passé ?

Après quatre-vingt-dix ans d'existence, des études ont montré que les petits garçons dans les kibboutz continuaient à manifester constamment un comportement agressif et désobéissant, à créer des groupes de pouvoir, à se battre entre eux, à former des hiérarchies induites et à passer des "accords", tandis que les filles coopéraient les unes avec les autres, évitaient les conflits, agissaient avec affection, se faisaient des amies et partageaient les unes avec les autres. Ayant la liberté de choisir leurs propres cours et sujets, chacun choisissaient des cours spécifiques en fonction de leur sexe, les garçons optant pour la physique, la mécanique et les sports, les filles devenant enseignantes, conseillères, infirmières et directrices du personnel. Leur biologie les a dirigés vers des emplois et des occupations correspondant à leurs connexions cérébrales respectives.

Des études réalisées sur des enfants élevés de manière neutre dans ces sociétés ont montré que la suppression du lien mère/enfant n'a pas réduit les différences entre les sexes ou les préférences chez ces enfants. Cela crée même plutôt une génération d'enfants qui se sentent négligés et confus et deviendront probablement des adultes perturbés.

Le mot de la fin

Les relations entre hommes et femmes fonctionnent malgré des différences sexuelles écrasantes. L'essentiel de ce fonctionnement est ici à mettre au crédit des femmes parce qu'elles disposent des capacités nécessaires pour gérer relations et famille. Elles sont dotées de la capacité de sentir les motivations et le sens caché des mots et des comportements, et peuvent par conséquent prévoir les résultats ou agir suffisamment tôt pour éviter les problèmes. Ce seul facteur pourrait faire de notre monde un monde beaucoup plus sûr si tous les pays avaient une dirigeante à leur tête. Les hommes sont équipés pour chasser et rapporter les repas, retrouver leur chemin jusqu'à la maison, se reposer et procréer – un point c'est tout. Ils doivent apprendre de nouvelles méthodes pour la survie moderne tout comme les femmes le font.

Les relations deviennent difficiles quand les hommes et les femmes refusent d'admettre qu'ils sont biologiquement différents et que chacun attend de l'autre qu'il vive en fonction de ses propres attentes. La majeure partie du stress que nous subissons dans les relations vient de la fausse idée que les hommes et les femmes sont pareils, qu'ils ont les mêmes priorités, les mêmes envies et les mêmes désirs.

Pour la première fois dans l'histoire de l'homme, nous élevons et éduquons nos fils et nos filles de manière identique, en leur enseignant qu'ils sont pareils et que chacun est aussi capable que l'autre. Puis, à l'âge adulte, ils se marient et se réveillent un beau matin pour découvrir qu'ils sont différents de l'autre sous tous les aspects et formes. Il n'est pas surprenant que les relations et les mariages des jeunes gens soient aussi désastreux. Tout concept construit sur l'uniformité sexuelle est dangereux à la base parce qu'il exige le même comportement de la part des hommes et des femmes, alors qu'ils ont des cerveaux totalement différents. Il est parfois difficile de saisir pourquoi la nature aurait mis au point une telle incompatibilité apparente entre les deux sexes, mais ce n'est qu'une apparence, parce que notre biologie est tellement en contradiction avec notre environnement actuel.

La bonne nouvelle, c'est qu'une fois que vous avez compris et admis les origines de ces différences, non seulement vous trouverez plus facile de vivre avec elles, mais vous pourriez finir par être capable de les maîtriser, de les apprécier et peut-être même de les adorer.

Les hommes veulent du pouvoir, de la réussite et du sexe. Les femmes veulent des relations, de la stabilité et de l'amour. Se sentir contrarié par cela est aussi utile que de danser en regardant le ciel pour faire pleuvoir. Si jamais il se met à pleuvoir, vous vous accommodez du temps en portant un imperméable ou en vous abritant sous un parapluie, et cela ne vous pose plus aucun problème. De la même manière, anticiper les difficultés ou les situations conflictuelles qui peuvent survenir dans des relations à cause de nos différences vous permet de les anticiper et de les désactiver avant que ces situations ne se produisent.

Chaque jour, des scanners cérébraux nous apportent leur lot de découvertes fascinantes sur la manière dont notre cerveau fonctionne et nous fournissent des explications sur nombre de choses que nous considérons comme allant de soi ou comme évidentes. Quand une fille souffrant d'anorexie se regarde dans un miroir, elle se voit grosse, voire obèse. Ce qu'elle voit est d'une certaine manière une distorsion de sa réalité. En 1998, le Dr Bryan Lask, de l'hôpital Great Ormond Street de Londres, a fait des scanners cérébraux d'adolescentes anorexiques. Il a découvert que presque toutes avaient une circulation sanguine réduite dans la partie du cerveau qui commande la vision. Cette étude n'est qu'une parmi des dizaines d'autres qui nous permettent maintenant de mieux comprendre ce qui se passe dans le cerveau quand les choses déraillent.

Des preuves solides et incontestables proviennent de scientifiques du monde entier qui montrent que la biochimie dans l'utérus forme et dirige la structure de notre cerveau qui, à son tour, dicte nos préférences. Mais la plupart d'entre nous n'avons pas besoin d'un scanner de plusieurs millions de francs pour savoir que les hommes n'écoutent pas et que les femmes ne savent pas lire les cartes routières ; l'équipement sophistiqué sert simplement à expliquer ce qui parfois est l'évidence même.

En écrivant ce livre, nous avons présenté des informations que vous connaissiez peut-être déjà dans votre subconscient, mais sur lesquelles vous ne vous étiez jamais arrêté consciemment pour les comprendre.

Il est étonnant de voir qu'à l'aube du XXIe siècle nous n'enseignons pas encore une compréhension des relations entre hommes et femmes dans nos écoles.

Nous préférons étudier des rats qui déambulent dans des labyrinthes ou regarder un singe faire un saut périlleux arrière quand il est conditionné par l'alléchante récompense d'une banane. La science est une discipline lente qui avance d'un pas pesant et il lui faut des années pour instiller ses découvertes dans le système éducatif.

Par conséquent, c'est à vous, lecteur, qu'il appartient de vous éduquer. Ce n'est qu'à ce moment-là que vous pourrez espérer avoir les relations heureuses et enrichissantes que méritent tous les hommes et les femmes.

Aubin Imprimeur
LIGUGÉ, POITIERS

Reproduit et achevé d'imprimer en mars 2007
N° d'impression L 70769